U0567930

中国式现代化研究丛书
张东刚 刘 伟 总主编

新型城镇化
与区域协调发展

孙久文 席强敏 易淑昶 ◎ 著

中国人民大学出版社
·北京·

中国式现代化：
强国建设、民族复兴的必由之路

历史总是在时代浪潮的涌动中不断前行。只有与历史同步伐、与时代共命运，敢于承担历史责任、勇于承担历史使命，才能赢得光明的未来。2022 年 10 月，习近平总书记在党的二十大报告中庄严宣示："从现在起，中国共产党的中心任务就是团结带领全国各族人民全面建成社会主义现代化强国、实现第二个百年奋斗目标，以中国式现代化全面推进中华民族伟大复兴。"2023 年 2 月，习近平总书记在学习贯彻党的二十大精神研讨班开班式上发表重要讲话进一步强调："概括提出并深入阐述中国式现代化理论，是党的二十大的一个重大理论创新，是科学社会主义的最新重大成果。中国式现代化是我们党领导全国各族人民在长期探索和实践中历经千辛万苦、付出巨大代价取得的重大成果，我们必须倍加珍惜、始终坚持、不断拓展和深化。"习近平总书记围绕以中国式现代化推进中华民族伟大复兴发表的一系列重要讲话，深刻阐述了中国式现代化的一系列重大理论和实践问题，是对中国式现代化理论的极大丰富和发展，具有很强的政治性、理论性、针对性、指导性，对于我们正确理解中国式现代化，全面学习、全面把握、全面落实党的二十大精神，具有十分重要的意义。

现代化是人类社会发展到一定历史阶段的必然产物，是社会基本矛盾运动的必然结果，是人类文明发展进步的显著标志，也是世界各国人民的共同追求。实现现代化是鸦片战争以来中国人民孜孜以求的目标，也是中国社会发展的客观要求。从1840年到1921年的80余年间，无数仁人志士曾为此进行过艰苦卓绝的探索，甚至付出了血的代价，但均未成功。直到中国共产党成立后，中国的现代化才有了先进的领导力量，才找到了正确的前进方向。百余年来，中国共产党团结带领人民进行的一切奋斗都是围绕着实现中华民族伟大复兴这一主题展开的，中国式现代化是党团结带领全国人民实现中华民族伟大复兴的实践形态和基本路径。中国共产党百年奋斗的历史，与实现中华民族伟大复兴的奋斗史是内在统一的，内蕴着中国式现代化的历史逻辑、理论逻辑和实践逻辑。

一个时代有一个时代的主题，一代人有一代人的使命。马克思深刻指出："人们自己创造自己的历史，但是他们并不是随心所欲地创造，并不是在他们自己选定的条件下创造，而是在直接碰到的、既定的、从过去承继下来的条件下创造。"中国式现代化是中国共产党团结带领中国人民一代接着一代长期接续奋斗的结果。在新民主主义革命时期，党团结带领人民浴血奋战、百折不挠，经过北伐战争、土地革命战争、抗日战争、解放战争，推翻帝国主义、封建主义、官僚资本主义三座大山，建立了人民当家作主的新型政治制度，实现了民族独立、人民解放，提出了推进中国式现代化的一系列创造性设想，为实现现代化创造了根本社会条件。在社会主义革命和建设时期，党团结带领人民自力更生、发愤图强，进行社会主义革命，推进社会主义建设，确立社会主义基本制度，完成了中华民族有史以来最广泛而深刻的社会变革，提出并积极推进"四个现代化"的战略目标，建立起独立的比较完整的工业体系和国民经济体系，在实现什么样的现代化、怎样实现现代化的重大问题上作出了宝贵探索，积累了宝贵经验，为现代化建设奠定了根本政治前提和宝贵经验、理论准备、物质基础。在改革开放和社会主义建设新时期，党团结带领人民解放思想、锐意进取，实现了新中国成立以来党的历史上具有深远意义的伟大转折，确立党在社会主义初级阶段的基本路线，坚定不移推进改革开放，开创、坚持、捍卫、发展中国特色社会主义，在深刻总结我国社会主义现代化建设正反两方面经验基础上提出了"中国式现代化"的命题，提出了"建设富强、民主、文明的社会主义现代化国家"的目标，制定了到21世纪中叶分三步走、基本实现社会主义现代化的发展战略，让中国大踏步赶上时代，为中国式现代化提供了充满新的活力的体制保证和快速发展的物质条件。进入中国特色社会主义新时代，以习近平同志为核心的党中央团结带领人民自信自强、守正创新，成功推进和拓展了中国式现代化。我们党在认识上不断深化，创立了习近平新时代中国特色社会主义思想，实现了马克思主义中国化时代化新的飞跃，为中国式现代化提供了根本遵循。明确指出中国式现代化是人口规模巨大的现代化、是全体人民共同富裕的现代化、是物质文明和精神文明相协调的现代化、是人与自然和谐共生的现代化、是走和平发展道路的现代化，揭示了中国式现代化的中国特色和科学内涵。在实践基础上形成的中国式现代化，其本质要求是，坚持中国共产党领导，坚持中国特色社会主义，实现高质量发展，发展全过程人民民主，丰富人民精神世界，实现全体人民共同富裕，促进人与自然和谐共生，推动构建人类命运共同体，创造人类文明新形态。习近平总书记强调，在前进道路上，坚持和加强党的全面领导，坚持中国特色社会主义道路，坚持以人民为中心的发展思想，坚持深化改革开放，坚持发扬斗争精神，是全面建设社会主义现代化国家必须牢牢把握的重大原则。中国式现代化理论体系的初步构建，使中国式现代化理论与实践更加清晰、更加科学、更加可感可行。我们党在战略上不断完善，深入实施科教兴国战略、人才强国战略、乡村振兴战略等一系列重大战略，为中国式现代化提供坚实战略支撑。我们党在实践上不断丰富，推进一系列变革性实践、实现一系列突破性进展、取得一系列标志性成果，推动党和国家事业取得历史性成就、发生历史性变革，特别是消除了绝对贫困问题，全面建成小康社会，为中国式现代化提供了更为完善的制度保证、更为坚实的物质基础、更为主动的精神力量。

思想是行动的先导，理论是实践的指南。毛泽东同志深刻指出："自从中国人学会了马克思列宁主义以后，中国人在精神上就由被动转入主动。"中国共产党是为中国人民谋幸福、为中华民族谋复兴的使命型政党，也是由科学社会主义理论武装起来的学习型政党。中国共产党的百年奋斗史，也是马克思主义中国化时代化的历史。正如习近平总书记所指出的："中国共产党为什么能，中国特色社会主义为什么好，归根到底是马克思主义行，是中国化时代化的马克思主义行。"一百多年来，党团结带领人民在中国式现代化道路上推进中华民族伟大复兴，始终以马克思主义为指导，不断实现马克思主义基本原理同中国具体实际和中华优秀传统文化相结合，不断将马克思关于现代社会转型的伟大构想在中国具体化，不断彰显马克思主义现代性思想的时代精神和中华民族的文化性格。可以说，中国式现代化是科学社会主义先进本质与中华优秀传统文化的辩证统一，是根植于中国大地、反映中国人民意愿、适应中国和时代发展进步要求的现代化。中国式现代化理论是中国共产党团结带领人民在百年奋斗历程中的思想理论结晶，揭示了对时代发展规律的真理性认识，涵盖全面建设社会主义现代化强国的指导思想、目标任务、重大原则、领导力量、依靠力量、制度保障、发展道路、发展动力、发展战略、发展步骤、发展方式、发展路径、发展环境、发展机遇以及方法论原则等十分丰富的内容，其中习近平总书记关于中国式现代化的重要论述全面系统地回答了中国式现代化的指导思想、目标任务、基本特征、本质要求、重大原则、发展方向等一系列重大问题，是新时代推进中国式现代化的理论指导和行动指南。

大道之行，壮阔无垠。一百多年来，党团结带领人民百折不挠，砥砺前行，以中国式现代化全面推进中华民族伟大复兴，用几十年时间走过了西方发达国家几百年走过的现代化历程，在经济实力、国防实力、综合国力和国际竞争力等方面均取得巨大成就，国内生产总值稳居世界第二，中华民族伟大复兴展现出灿烂的前景。习近平总书记在庆祝中国共产党成立100周年大会上的讲话中指出："我们坚持和发展中国特色社会主义，推动物质文明、政治文明、精神文明、社会文明、生态文明协调发展，创造了中国式现代化新道路，创造了人类文明新形态。"我们党科学擘画了中国式现代化的蓝图，指明了中国式现代化的性质和方向。党团结带领人民开创和拓展中国式现代化的百年奋斗史，就是全面推进中华民族伟大复兴的历史，也是创造人类文明新形态的历史。伴随着中国人民迎来从站起来、富起来再到强起来的伟大飞跃，我们党推动社会主义物质文明、政治文明、精神文明、社会文明、生态文明协调发展，努力实现中华文明的现代重塑，为实现全体人民共同富裕奠定了坚实的物质基础。中国式现代化是马克思主义中国化时代化的实践场域，深深植根于不断实现创造性转化和创新性发展的中华优秀传统文化，蕴含着独特的世界观、价值观、历史观、文明观、民主观、生态观等，在文明交流互鉴中不断实现综合创新，代表着人类文明进步的发展方向。

从国家蒙辱到国家富强、从人民蒙难到人民安康、从文明蒙尘到文明复兴，体现了近代以来中华民族历经苦难、走向复兴的历史进程，反映了中国社会和人类社会、中华文明和人类文明发展的内在关联和实践逻辑。中国共产党在不同历史时期推进中国式现代化的实践史，激活了中华文明的内生动力，重塑了中华文明的历史主体性，以面向现代化、面向世界、面向未来的思路建设民族的、科学的、大众的社会主义文化，以开阔的世界眼光促进先进文化向文明的实践转化，勾勒了中国共产党百余年来持续塑造人类文明新形态的历史画卷。人类文明新形态是党团结带领人民独立自主地持续探索具有自身特色的革命、建设和改革发展道路的必然结果，是马克思主义现代性思想和世界历史理论同中国具体实际和中华优秀传统文化相结合的产物，是中国共产党百余年来持续推动中国现代化建设实践的结晶。习近平总书记指出："一个国家走向现代化，既要遵循现代化一般规律，更要符合本国实际，具有本国特色。中国式现代化既有各国现代化的共同特征，更有基于自己国情的鲜明特色。"世界上没有放之四海而皆准的现代化标准，我们党领导人民用几十年时间走完了西方发达国家几百年走过的工业化进程，在实践创造中进行文化创造，在世界文明之林中展现了彰显中华文化底蕴的一种文明新形态。这种文明新形态既不同于崇尚资本至上、见物不见人的资本主义文明形态，也不同于苏联东欧传统社会主义的文明模式，是中国共产党对人类文明发展作出的原创性贡献，体现了现代化的中国特色和世界历史发展的统一。

中国式现代化是一项开创性的系统工程，展现了顶层设计与实践探索、战略与策略、守正与创新、效率与公平、活力与秩序、自立自强与对外开放等一系列重大关系。深刻把握这一系列重大关系，要站在真理和道义的制高点上，回答"中华文明向何处去、人类文明向何处去"的重大问题，回答中国之问、世界之问、人民之问、时代之问，不断深化正确理解和大力推进中国式现代化的学理阐释，建构中国自主的知识体系，不断塑造发展新动能新优势，在理论与实践的良性互动中不断推进人类文明新形态和中国式现代化的实践创造。

胸怀千秋伟业，百年只是序章。习近平总书记强调："一个国家、一个民族要振兴，就必须在历史前进的逻辑中前进、在时代发展的潮流中发展。"道路决定命运，旗帜决定方向。今天，我们比历史上任何时期都更接近中华民族伟大复兴的目标，比历史上任何时期都更有信心、有能力实现这个宏伟目标。然而，我们必须清醒地看到，推进中国式现代化，是一项前无古人的开创性事业，必然会遇到各种可以预料和难以预料的风险挑战、艰难险阻甚至惊涛骇浪。因而，坚持运用中国化时代化马克思主义的思想方法和工作方法，坚持目标导向和问题导向相结合，理顺社会主义现代化发展的历史逻辑、理论逻辑、实践逻辑之间的内在关系，全方位、多角度解读中国式现代化从哪来、怎么走、何处去的问题，具有深远的理论价值和重大的现实意义。

作为中国共产党亲手创办的第一所新型正规大学，始终与党同呼吸、共命运，服务党和国家重大战略需要和决策是中国人民大学义不容辞的责任与义务。基于在人文社会科学领域"独树一帜"的学科优势，我们凝聚了一批高水平哲学社会科学研究团队，以习近平新时代中国特色社会主义思想为指导，以中国式现代化的理论与实践为研究对象，组织策划了这套"中国式现代化研究丛书"。"丛书"旨在通过客观深入的解剖，为构建完善中国式现代化体系添砖加瓦，推动更高起点、更高水平、更高层次的改革开放和现代化体系建设，服务于释放更大规模、更加持久、更为广泛的制度红利，激活经济、社会、政治等各个方面良性发展的内生动力，在高质量发展的基础上，促进全面建成社会主义现代化强国和中华民族伟大复兴目标的实现。"丛书"既从宏观上展现了中国式现代化的历史逻辑、理论逻辑和实践逻辑，也从微观上解析了中国社会发展各领域的现代化问题；既深入研究关系中国式现代化和民族复兴的重大问题，又积极探索关系人类前途命运的重大问题；既继承弘扬改革开放和现代化进程中的基本经验，又准确判断中国式现代化的未来发展趋势；既对具有中国特色的国家治理体系和治理能力现代化进行深入总结，又对中国式现代化的未来方向和实现路径提出可行建议。

展望前路，我们要牢牢把握新时代新征程的使命任务，坚持和加强党的全面领导，坚持中国特色社会主义道路，坚持以人民为中心的发展思想，坚持深化改革开放，坚持发扬斗争精神，自信自强、守正创新，踔厉奋发、勇毅前行，在走出一条建设中国特色、世界一流大学的新路上，秉持回答中国之问、彰显中国之理的学术使命，培养堪当民族复兴重任的时代新人，以伟大的历史主动精神为全面建成社会主义现代化强国、实现中华民族伟大复兴作出新的更大贡献！

目　录

第一章

"十四五"时期我国城市与区域发展的趋势与特点

城市与区域是人类生存和发展的主要栖息地，也是人类文明发展至今所凝练而成的新的空间发展形态。随着我国经济发展水平的不断提高，城市建设、城镇化、区域发展等的速度不断加快，"十四五"时期也提出要逐步建立宜居宜业、具有多种功能和高品质的城市，这对城市和区域发展提出了新的要求。

我国城市与区域发展水平在不同时期具有差异。这种差异源于两个方面：一方面是在国家宏观调控与人民生活需求不断变化下的切实优化；另一方面是面对国际形势的复杂多变而随之调整。"十四五"时期，我国城市与区域发展面临着多重宏观波动与挑战：一是处在百年未有之大变局；二是围绕基础研究和高端研究科技发展的步伐加快；三是新发展格局成为指导区域经济发展的重要依据。面对上述背景，切实有效地围绕城市与区域经济开展新一阶段的战略研判与特点分析就显得格外重要，这将为"十四五"时期以及未来城市与区域发展提供有效的理论指导和坚实的现实基础。

第一节

城市与区域发展的宏观背景

党的十九大报告指出，中国特色社会主义进入新时代，我国社会主要矛盾已经转化为人民日益增长的美好生活需要和不平衡不充分的发展之间的矛盾，反映出以人为主体的现代社会需要根据社会变化改善城市与区域居住环境。同期，以中美关系复杂化为代表的国际宏观形势也给国民经济发展带来了一定冲击，进一步激发了自力更生、顽强拼搏的民族精神。总之，国内外宏观背景的变化促使城市和区域发展也有了与之对应的新方向和思路。

一、百年未有之大变局

当前，世界和中国的局势发生了巨大而深刻的变化，不同于中国共产党成立之初的祖国大地饱受列强侵略和满目疮痍，如今的中国在科技实力、产业发展、对外贸易等方面逐渐走向世界舞台的中心，并在国家竞争力逐渐提高后不断提升话语权，就此形成了百年未有之大变局这一重大战略窗口期。百年未有之大变局是广泛、深刻和持久的，虽然同期也面对着复杂的国际形势，但这一战略期的正外部性促使我们必须抓住重大机遇，敢于面对巨大挑战，在风险中谋求全面建成社会主义现代化强国，实现中华民族伟大复兴。

（一）中美关系敏感化、复杂化和持久化

2018 年，在美国总统特朗普决定对价值 600 亿美元的中国进口商品加征关税后，中美两国贸易冲突加剧，美国在高精尖领域对中国的限制和对中兴、华为等企业的遏制与封锁促使两国关系日趋紧张。从进出口贸易的封锁到意识形态的对峙，两国之间的较量不仅影响了本土经济发展，而且给国际宏观经济发展带来了一定的不确定性。从对中国经济发展的影响看，我国农业、制造业和高精尖领域受到了较大冲击，激起了国内加大基础领域和高技术领域研发投入的紧迫感和危机意识。截至目前，在拜登政

府上台后,其围绕阻碍中国经济发展进行的一系列单边或多边活动仍然表明中美问题将会长期存在。据此,作为抵抗外部冲击的宏观个体,我国城市和区域发展要以提高经济发展质量和增强创新活力为基础,继续坚持推进基本公共服务均等化、改善民生与基本生存环境、提高科技创新潜力和能力,在提升自身抵抗外部风险能力和增强内生动力的前提下,更好地优化国民经济发展循环链条,勇于面对国际形势的负外部冲击。

(二)"一带一路"创造区域合作新局面

"一带一路"是中国同丝绸之路沿线国家处理好多边关系、促进各地经济发展与协作的重要倡议。截至 2021 年 1 月,中国与 171 个国家和国际组织签署了 205 份共建"一带一路"合作文件①,逐渐强化了在人类命运共同体理念下的共同繁荣和互惠共赢新局面。"一带一路"倡议对国内城市与区域发展具有深远影响,一方面能够促进内陆地区加快经贸往来、提高经济绩效,形成内陆运输通道、内陆开放型经济高地等;另一方面还可以促使城市和区域为满足新需求而实现产业结构调整和提高区域内部分工协作水平,并促进沿海地区科创水平逐步提高。从总体看,"一带一路"在践行人类命运共同体理念的基础上,极大地促进了各国经贸往来与交流,为中国城市和区域以开放谋求发展质量提供了坚实可靠的供需端。

(三)新兴经济体发展迅速

进入 21 世纪以来,中国、俄罗斯、巴西、印度等新兴经济体发展迅速,经济总量占世界的比重逐年上升,对全球经济增长的贡献率常年高于

---

① 商务部. 我国已签署共建"一带一路"合作文件 205 份. (2021-01-30)［2021-03-21］. https://www.yidaiyilu.gov.cn/xwzx/gnxw/163241.htm.

50%，逐渐成为全球经济增长的主力。随着新兴经济体的崛起，长期以来被以美国为首的发达国家所垄断的国际经济与话语体系将被打破，从而为新兴经济体发展创造新的机遇，也为我国经济发展与对外经贸往来铺垫更为便利的条件与基础。新兴经济体主要处在全球产业价值链中低端，但随着劳动力成本和科技发展水平的不断提高，其所在产业价值链也随之走高。同时，新兴经济体内需充足，基本具备自给自足维持经济发展的潜力，所以能够在满足本国需求的基础上抵御外部冲击，继续保持经济发展的能力和动力。

（四）新冠肺炎疫情冲击经济发展

当前，新冠肺炎疫情成为全世界要共同抗击的首要问题。病毒的快速传播严重影响了生产生活运转，导致世界多数国家经济增速减缓甚至为负。同时，新冠肺炎疫情也导致供给和需求水平相应降低，原材料价格上涨，促使经济下行，导致生产能力受到负面影响。供给端减少也导致参与社会生产的工人数量减少，迫使失业率上升，居民收入减少，进一步导致需求端相应减少。这种恶性循环严重冲击了国民经济发展，导致经济下行常态化。中国在党的领导下努力克服上述问题，即使停工停产也仍保障人民收入平稳，注重推行刺激消费的政策举措，发展线上消费新路径，切实遏制经济下行趋势，特别是在社会重新正常运转后，新一轮的消费增长显著激发了社会经济活力。

二、科技发展的大趋势

2018 年，中美贸易战显著激化两国矛盾，贸易摩擦逐渐延伸至航空航天、信息和通信技术、机器人和机械、医药等高科技领域，直接暴露出我国在高技术产业存在短板并有被"卡脖子"的战略风险。随着新兴技术的获取渠道被切断、中美科技交流渠道被暂停、中国企业技术学习和研发成本增加,加大基础领域和高技术领域的研发投入成为迫切的战略性要求。我国以中兴和华为等为代表的一批技术创新型企业遭到美国打压,更敲响了我国应该加快自主研发和提高自力更生能力的警钟。

在此背景下,"十四五"规划指出要坚持创新驱动发展,具体而言,即要强化国家战略科技力量、提升企业技术创新能力、激发人才创新活力和完善科技创新体制机制。这一覆盖从顶层设计到具体落地措施的创新规划方案直接表明了要从内而外地为创新提供良好的软环境和硬实力,需要城市和区域从中起到支撑和平台作用,从而在创新驱动发展下加快现代产业体系建设、构建现代化数字经济社会,并依托创新改革优化各领域。

(一) 全球科技创新格局迎来新变化

过去世界科技创新中心主要集中在以美欧为主导的发达经济体,随着发展中国家嵌入全球化发展的步伐加快,新兴经济体在崛起的同时其科技创新力量也大大增强,逐渐形成了"美国、欧洲和东亚"三足鼎立的基本格局。其中,中国科技创新投入不断增加,自 2015 年后稳居世界第二,2020 年创新投入(全年研究与试验发展经费)相较上年提高了 10.3%,占经济总量的比重达 2.4%[①],创新驱动取得新进展。从世界范围看,日本、韩国、印度等亚洲国家创新水平和实力也有所上升,在技术转移与更

---

① 国家统计局. 中华人民共和国 2020 年国民经济和社会发展统计公报. (2021-02-28)[2021-03-30]. www.stats.gov.cn/tjsj/zxfb/202102/t20210227_1814154.html.

新的基础上逐渐在世界科技领域站稳脚跟，并为东亚科技创新实力增强贡献了巨大力量。

（二）科技创新竞争愈加激烈

世界各国围绕以 5G 为代表的信息技术或实行技术封锁，或高筑贸易壁垒，由此导致的一系列争端直观反映出在当前科技革命阶段，科技创新竞争白热化是不可避免的发展大势。究其原因在于，当前科技创新发展的水平和层次日益提高，任何国家在某一领域取得了突破就意味着获得了绝对的话语权，便会在专利保护制度和技术保密措施下使他国难以在短期内达到同一水平。这种技术垄断促使老牌资本主义国家谋求运用技术突破继续保持在国际上的话语权，由此引发国际技术争端和矛盾。这种现象也警醒以中国为代表的发展中国家和新兴经济体要时刻注重发展核心技术，要通过科技创新体制机制建设保障创新型城市和创新主体的根本利益，使之具备参与竞争和抵抗竞争负面影响的能力。

（三）基础研究和尖端领域引领未来发展

无论是中兴、华为事件，还是 5G 领域的争端和冲突，都深刻体现了发展中国家发展尖端技术的困难和被迫面对技术封锁的无奈。面对这一严峻现实，继续不遗余力地坚持发展尖端技术是我国必须坚守的原则。发展尖端技术需要基础研究领域实现质的突破，从而使基础学科领域成果应用和服务于现有高技术领域，形成创新突破的学理保障。同时，必须承认中国虽然在基础研究领域（如金属材料、航空航天、高能物理等）取得了一定进展，但同领先水平还存在一定差距。未来，继续培育重视基础研究的大环境与形成全民重视基础科学的意识是必要举措。

三、双循环战略与构建区域发展新格局

2020年5月14日,中共中央政治局常委会会议首次提出"深化供给侧结构性改革,充分发挥我国超大规模市场优势和内需潜力,构建国内国际双循环相互促进的新发展格局"。至此,双循环战略成为经济社会发展的焦点,对构建区域发展新格局起到了重要指导作用。双循环战略的核心在于通过优化供需端和促进产业间关联发展,逐渐在经济循环发展中提高国民经济发展质量,为打破区域发展不平衡和提高人民生产生活质量奠定基础。构建以国内大循环为主体、国内国际双循环相互促进的新发展格局,需要以加快建设现代产业体系为基础,在各地优势互补发展的前提下形成区域协调发展大势,进而缩小区域发展差距,实现区域协调新发展。

(一)加快建设现代产业体系

从国内大循环和国内国际双循环的关系看,实现循环必须打通生产、分配、流通、消费各环节,实现产业关联互通,所有的一切都需要全国产业在发展水平与质量上基本实现适配,以此形成可持续的循环发展闭环。其中,实现产业关联互通和发展水平与质量上的适配需要加快构建现代产业体系,通过提高农业、工业、服务业、信息业和知识业等领域的现代化水平与质量,推动经济体系优化升级,确保产业间或产业内的科技含量有所提高,并对提升产业链和供应链的现代化水平起到重要作用,进而推动产业结构转型升级。同时,建设现代产业体系也是促使各城市或区域发挥比较优势和提高产业发展水平的重要机遇,有利于其结合双循环战略实施契机与本地优势,形成促进地方经济和产业发展、支撑双循环发展建设、有助于社会主义现代化强国建设的高质量发展路径。

（二）形成新发展格局下的区域协调发展大势①

"十四五"规划所提出的城市化地区、农产品主产区、生态功能区三大空间格局是较小尺度下的协调发展新实践②，能够依托新发展格局在自身具备协调发展特征的基础上推动区域协调发展战略深入实施。三大空间格局的适时提出也可对构建新发展格局起到支撑作用。其可以成为在区域协调发展战略实施关键期畅通经济循环路径的重要枢纽，基于不同空间格局的治理目标形成盘活要素资源的循环发展大势，搭建起生产、分配、流通、消费循环往复运转的中介平台，有效助力构建新发展格局。新发展格局下的区域协调发展就是要以区域重大战略为引领，增强三大空间的人口、资源和环境承载力，促进缩小区域发展差距，强化生产要素自由流动和资源优化配置，打通生产、分配、流通、消费各环节，以改革谋求新发展格局建设③。

（三）利用国内大循环缩小区域发展差距

国内大循环旨在利用区域间供需关系变化和产业关联互通促使全国成为生产消费整体。从新发展格局的理论内涵来看，畅通国内大循环、促进国内国际双循环、加快培育完整的内需体系均需要区域经济的参与④，更

---

① 本部分关于新发展格局、三大空间格局和区域协调发展的部分内容已发表于《经济学家》2021 年第 7 期。也有少量内容来自《我国区域空间的百年嬗变》和《新中国成立以来我国区域发展差距的演变》等工作论文。

② 城市化地区主要就是城市群和都市圈，基本涵盖了国土空间内经济发展水平较高或者发展潜力较大的地区；农产品主产区主要是东北平原、长江流域等进行农业生产的地区，是保证国家粮食安全的重要主体；生态功能区是提供生态产品、保护物种多样性和野生生物生存的自然保护地，如大小兴安岭森林生态功能区等。

③ 孙久文，张皓. 新发展格局下区域差距演变与协调发展研究. 经济学家，2021（7）：63－72.

④ 洪银兴，杨玉珍. 构建新发展格局的路径研究. 经济学家，2021（3）：5－14.

需要区域协调发展等重大战略在进一步缩小区域发展差距后支撑建立新格局。利用国内大循环缩小区域发展差距,一是要打通区域经济循环中的堵点和淤点;二是要消除区域协调发展中长期存在的地方保护与行政分割现象;三是要发挥城市群与都市圈在推动区域协调发展中的作用,努力使其成为双循环发展网络中的重要节点与循环平台。在此基础上,利用循环优势有针对性地调整欠发达地区产业结构和区域经济布局,从而在新阶段助力缩小区域发展差距,实现区域经济高质量发展。

第二节

城镇化与区域协调发展的关系

改革开放以来,中国经历了世界历史上规模最大、速度最快的城镇化进程,城市发展波澜壮阔,取得了举世瞩目的成就。中国的城镇化伴随着工业化进程的加速,经历了从工业城镇化、土地城镇化到人口城镇化三个阶段。城镇化率呈现出起点低、速度快的特征,常住人口城镇化率由1978年的17.92%提高到2020年的63.89%,年均提高1.09个百分点。新型城镇化仍将是中国城市发展实践的主旋律。中国地域辽阔,不同的区域不仅在自然资源、地理环境、文化习俗方面存在较大差距,而且在经济发展方面同样存在巨大差距。实现区域协调发展是中国政府长期坚持的区域发展战略目标①。作为中国城市与区域发展的两大主旋律，新型城镇化与区域协调发展互相促进、相得益彰。

一、城镇化对区域协调发展的影响

以人的城镇化为核心的新型城镇化是区域协调发展过程中缩小城乡差距和地区差距的重要手段。城镇化是伴随工业化发展，非农产业在城镇集聚、农村人口向城镇集中的自然历史过程，是人类社会发展的客观趋势。改革开放以来，长三角、珠三角、京津冀等增长极开始孕育，东部沿海地区率先开放发展，逐渐成为经济发展的主阵地，但与此同时，中西部地区发展相对滞后，其中一个重要原因是城镇化发展不平衡，中西部城市发育明显不足。促进区域协调发展的本质在于缩小居民和地区之间的收入差距，而新型城镇化能够通过调整生产要素的流动方向与社会资源的配置方式来实现内需的扩大和经济发展方式的转变，有助于提高农民收入和促进欠发达地区经济发展。因此，新型城镇化是区域协调发展过程中缩小城乡差距和地区差距的重要手段。

与传统城镇化不同，新型城镇化是坚持实现可持续发展战略目标，坚持实现人口、资源、环境、发展四位一体互相协调，坚持实现农村与城市统筹发展和城乡一体化，坚持实现城乡公共服务均等化，以城乡之间和区域之间获取财富和分享财富的机会平等为标志，逐步消除城乡二元结构、缩小区域发展差距的城镇化。在新型城镇化规划中，明确提出要解决1亿左右农业转移人口和其他常住人口在城镇落户的问题。一方面，我国农村

---

① 张可云. 新时代的中国区域经济新常态与区域协调发展. 国家行政学院学报，2018（3）：102-108.

贫困落后,城乡收入悬殊,农业转移人口市民化是缩小城乡差距的现实需要;另一方面,我国农业人口众多,农业机械化和现代化水平的逐步提高带来了农村劳动力的大量过剩,隐性失业十分严重,农村剩余劳动力向非农产业和城镇转移是工业化和现代化的必然结果,农业转移人口市民化则是实现农村剩余劳动力转移的迫切要求。面对我国以户籍制度为核心,包括就业制度、社会保障制度、住房制度等在内的特殊的城乡二元结构,以制度变迁成本最小化为原则的改革与创新将是加快农业转移人口市民化进程的关键。

随着户籍制度改革的深化,阻碍劳动力自由流动的不合理壁垒将逐渐被打破,逐步实现城市全面取消落户限制、农业转移人口等非户籍人口在城市可以便捷落户的发展目标;在推进非户籍人口落户的过程中,逐步提高城市基本公共服务在非户籍人口中的覆盖率,大力提升农业转移人口的就业能力,构建以促进人的城镇化为核心、以提高质量为导向的新型城镇化发展模式。以人的城镇化为核心的新型城镇化战略的持续推进,能够有效地缩小城乡居民之间和发达地区与欠发达地区之间的收入差距,进而促进区域协调发展。

二、区域协调发展对城镇化的影响

区域协调发展战略的实施有利于提高城镇化质量和优化城镇化格局。在世界城镇化进程中,大城市持续增加、城镇密集区大量出现以及发展中国家城市人口急速增长是三个极为显著的特征,人口和产业向城市同步集中是保障城镇化水平和质量稳步提升的重要路径。为解决区域之间发展不平衡的问题,党中央于 2004 年提出了以西部大开发、振兴东北等老工业基地、促进中部地区崛起、东部地区率先发展为主要内容的区域发展总体战略。在区域协调发展战略的作用下，东部沿海地区产业转移加快，中西部资源环境承载能力较强地区的城镇化进程加快，逐渐培育形成新的增长极，促进经济增长和市场空间由东向西、由南向北梯次拓展，推动人口分布和经济布局更加合理、城镇化质量进一步提高。

国家"十四五"规划提出了"深入推进西部大开发、东北全面振兴、中部地区崛起、东部率先发展，支持特殊类型地区加快发展，在发展中促进相对平衡"的区域协调发展战略。深入推进区域协调发展战略的过程中，将逐步建立健全区域战略统筹、市场一体化发展、区域合作互助、区际利益补偿等机制，更好地促进发达地区和欠发达地区、东中西部和东北地区共同发展。区域协调发展战略的实施可以更加有效地实现人口和产业在区域内和区域间的合理流动与转移，增强中心城市的辐射带动功能，加快中小城市和小城镇的发展，促进大中小城市和小城镇协调发展，加强陆桥、沿长江、沿海、京哈京广、包昆通道上的节点城镇之间的跨区域分工合作联系，进而优化城镇化空间布局和城镇规模结构。

三、城市群和都市圈是推进新型城镇化和促进区域协调发展的主要动力源

城市群是新型城镇化的主体形态，是支撑全国经济增长、促进区域协调发展、参与国际竞争合作的重要平台。随着中国大城市的不断发展，其辐射带动作用将不断增强，同时受限于其资源承载能力，大城市周边的城市将不断融入以大城市为中心的城市群中，城市群将是中国新型城镇化的重要空间载体。解决城市群内部分工协作不够、集聚效率不高等问题将是

新型城镇化的重要任务。当前,中国已经推动了19个城市群的建设,在双循环背景下,城市群作为主要空间动力源,将继续起到带动区域经济增长的作用。以中心城市引领城市群发展、以城市群带动区域发展的新模式将逐渐成熟,进而促进不同区域协调发展。

建设现代化都市圈是推进新型城镇化的重要手段,既有利于优化人口和经济的空间结构,又有利于激活有效投资、挖掘潜在消费需求、增强内生发展动力。都市圈是城市群内部以超大、特大城市或辐射带动功能强的大城市为中心,以1小时通勤圈为基本范围的城镇化空间形态。其体量大、空间范围广,是带动全国经济增长、促进区域协调发展的重要空间载体。中心城市作为都市圈的中心,其核心竞争力和辐射带动能力的提高对于都市圈整体高质量发展和内部协调发展具有非常重要的支撑和引领作用。

第三节

城市与区域发展的趋势

"十四五"规划指出要使"城乡区域发展差距和居民生活水平差距显著缩小"、"完善城镇化空间布局"、"全面提升城市品质"和"优化区域经济布局,促进区域协调发展",从中能够发现,未来我国城市和区域发展将以优化完善既有格局为主要工作，注重提高发展的协调性和互补性，从而提升服务品质，以便更好地满足人民群众日益增长的美好生活需要并克服不平衡不充分的发展问题。为厘清上述趋势，需要在分析解决现存现象或问题的基础上，围绕"胡焕庸线"、区域差距和区域战略，结合新的发展动向提出有据可依的趋势分析。

一、"胡焕庸线"与区域经济新空间格局

"胡焕庸线"是一条与多条重要的自然地理分界线相重合的人口分界线，也是我国城镇化水平的分割线。城镇化发展的核心在于人的城镇化，城镇化水平提高不仅会促使农民转移就业增加收入，享受更好的公共服务，从而扩大内需，激发消费潜力和基础设施、公共服务等投资需求，还可以推动产业结构转型，推动社会分工细化和三次产业联动发展。"十四五"规划指出要"形成疏密有致、分工协作、功能完善的城镇化空间格局"，事实上就是要努力打破既有"胡焕庸线"语境下的空间格局，推动中西部欠发达地区实现经济高质量发展与人口集聚，从而形成区域经济新空间格局。

（一）"胡焕庸线"与城镇人口分布

"胡焕庸线"东南侧各省份绝大多数城镇化水平高于全国平均水平；而这条线西北侧各省份，绝大多数城镇化水平低于全国平均水平[①]。2008—2020年，我国城镇人口比重逐年上升（见图1-1），根据第七次全国人口普查数据，由2008年的46.99%上升至2020年的63.89%，年均增

---

① 李培林. 新型城镇化能否突破胡焕庸线？. 环境经济，2015（Z1）：37.

长率为 2.39%①，并且在"十四五"收官之际常住人口城镇化率有望提高
到 65%。其中，我国城镇人口比重较高的省份逐渐由东部地区和东北地区
转向东南部沿海地区。2020 年，总体而言，位于"胡焕庸线"东南侧的上
海、北京、天津、广东、江苏、浙江、辽宁、重庆、福建、山东、湖北、
黑龙江以及位于"胡焕庸线"西北侧的内蒙古城镇人口比重高于全国平均
水平，这一情况同 2008 年类似，仅在城镇化水平的排名位次上发生了一
定波动。

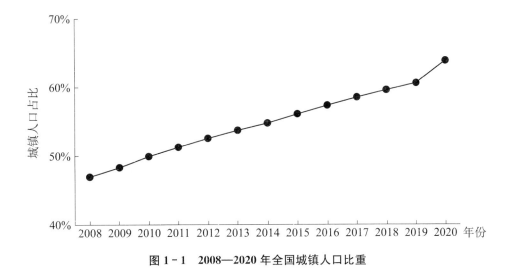

图 1-1 2008—2020 年全国城镇人口比重

资料来源：根据历年《中国统计年鉴》整理。

具体来讲，根据城镇化的阶段划分，城镇人口比重低于 30% 为城镇化
初期，在 30% 和 70% 之间为城镇化中期，高于 70% 则是城镇化后期。根
据各省（区、市）2020 年经济运行情况可知，上海、北京、天津处于城镇
化后期，其他地区均处于城镇化中期，但西藏、甘肃、云南、贵州的城镇

---

① 国家统计局. 第七次全国人口普查主要数据情况. （2021-05-10）[2021-08-12]. http://
www.stats.gov.cn/tjsj/zxfb/202105/t20210510_1817176.html.

化水平明显偏低，低于 50%。由此可见，2008 年以来，虽然我国各省份城镇化率总体上均有一定程度的提高，但城镇人口比重较高的地区由东部地区和东北地区向东南部沿海地区转移，进一步强化了"胡焕庸线"的人口比重分界特征。未来，要打破近乎固化的城镇人口分布特征，使各区域在劳动力资源和人民生活上形成相对平衡的空间布局，需要下足功夫，在城市吸引力、基本公共服务供给上切实满足居民需求。

（二）"胡焕庸线"与城镇化空间格局

就目前规划建设的城市群来看，我国大部分城市群集中于"胡焕庸线"的东南侧，合计 15 个。从 2015 年 3 月到 2018 年 3 月，国务院先后批复了 9 个国家级城市群，其中有 7 个位于"胡焕庸线"东南侧。由此可见，"胡焕庸线"东南侧城市联系水平和发育程度较高，具备形成国家级城市群的条件和基础。2018 年以来，随着我国全方位开放的推进、"一带一路"节点城市建设的实施，"胡焕庸线"西北侧城市群发展受到关注，城市群发展被提上日程。2019 年，习近平总书记提出要推动黄河流域生态保护与高质量发展，这一国家战略覆盖"胡焕庸线"西北侧多个省份，为促进西北侧各省份生态文明建设与绿色高质量发展提供了基本思路，更为兰州—西宁城市群、宁夏沿黄城市群和呼包鄂榆城市群提供了具体的发展路径。

此后，"十四五"规划以城市群发展为思路，将我国 19 个城市群划分为三类，指出要以促进城市群发展为抓手，加快形成"两横三纵"的城镇化战略格局：优化提升京津冀、长三角、珠三角、成渝、长江中游等城市群，发展壮大山东半岛、粤闽浙沿海、中原、关中平原、北部湾等城市群，培育发展哈长、辽中南、山西中部、黔中、滇中、呼包鄂榆、兰州—

西宁、宁夏沿黄、天山北坡等城市群,逐渐形成疏密有致、分工协作、功能完善的城镇化空间格局。从中能够看到,"胡焕庸线"西北侧的城市群均处于培育发展阶段,反映出"胡焕庸线"两侧城市群发展存在一定程度的失衡,更从本质上反映出"胡焕庸线"两侧城镇化水平可能存在较大差距。尽快促进"胡焕庸线"西北侧城市群发展,需要在贯彻实施黄河流域国家战略的基础上,积极承接产业转移和发展产业特色,加强城市群内部产业分工协作,并在适度转移支付和帮扶的前提下将"胡焕庸线"西北侧城市群做大做强。

(三)"胡焕庸线"与三大空间格局

三大空间格局首次提出于"十四五"规划中,本质上是顺应国土空间结构变化趋势,基于功能和实际用途将国土空间划分为城市化地区、农产品主产区、生态功能区的新实践格局。从"胡焕庸线"的自然与人文地理分界特征看,其东南侧以城市化地区为主,以农产品主产区和生态功能区为辅。与此相反,其西北侧以农产品主产区和生态功能区为主。从三大空间的具体分布看,虽然三者没有优劣之分,"胡焕庸线"两侧不同空间的分布特征也是基于实际地理条件和自然禀赋形成的,但是由于存在差异因此便要求"胡焕庸线"两侧遵循不同的发展路径。例如,"胡焕庸线"两侧均需要以坚守永久基本农田和生态保护红线为原则注重资源利用和环境保护,西北侧农产品地区和生态功能区要加快提升区域内人口素质和劳动力基本服务质量,促进新兴旅游休闲业等的发展,吸引全国城市化地区人口前来游赏,从而形成长期的循环互动。同时,农产品地区在农业生产中要强化科技兴农和富农意识,通过与城市化地区的科技合作,以乡村振兴建设标准化农田、智慧化农业和现代化示范基地;生态功能区要加大保护与修复生态系统的力度，基于地区特色建立差异化的自然保护体系，实现绿色环保化和效益化。以东南侧为主体的城市化地区要同农产品地区和生态功能区建立有效沟通的合作制度，在城乡一体化和城市集聚化过程中保护耕地与生态环境，满足人民日益增长的美好生活需要。总之，要优化三大空间的基础设施建设，促进基本公共服务均等化并提高通达程度，保证各区域人民生活水平相对平衡，推动供给侧和需求侧在各空间内部及其彼此之间实现相对的动态均衡。

二、东西差距与南北差距的变化

区域发展差距是区域经济发展过程中必然存在的客观现象。根据区位和资源禀赋等的差异，区域发展差距也会呈现出不同的格局和特征。从中国区域经济发展过程看，沿海与内陆受区位的影响形成了长期以来的东西差距，而近年来随着发展方向和产业结构调整又产生了南北差距。但是，差距的存在并不表示相对落后的一方会一直落后，在合理分析和处理好造成差距的可能因素后，差距是能够逐渐缩小的。目前来看，虽然关于南北差距的争论和探讨此起彼伏，但就紧迫性而言，坚持优先解决东西差距才是根本。

（一）东西差距的变化分析

东西差距具有历史性和难以逆转两个基本特征。之所以说其具有历史性，是因为东部地区自古以来就是富庶之地，地处平原、气候适宜、资源丰富和交通便利等一系列优势决定了其在发展过程中必然享受到西部地区难以获得的巨大便利，并在循环累积发展之下进一步强化和扩大原有差距；之所以说其难以逆转，则是因为在新中国成立后，从三线建设一直到西部大开发，虽然一系列举措有效促使西部地区经济实现了发展、人民生活水平得到了快速提升，但西部地区经济落后于东部沿海地区的局面仍未被打破。

在新中国成立初期，百废待兴，东西发展差距较小[1]，东西部地区在经济总量上仅存在 79.28 亿元的差距，而后，东西发展差距不断扩大，东部与西部经济总量的比值在改革开放前基本维持在 2.0 左右［见图 1-2（a）］。改革开放后，东部地区凭借区位优势不断加快对外开放的步伐，东部和西部经济总量的比值常年在 2.0 以上，并在 2003 年左右达到峰值 3.25，亟须采取有效措施妥善解决东西部发展不平衡的矛盾［见图 1-2（b）］。为促进西部地区发展和区域协调发展，党中央于 2000 年正式提出西部大开发战略，着重从生态环境、人民生活、开放水平和公共服务等方面展开建设。随着西部大开发这一国家战略的持续实施，东西差距开始相对缩小，东部和西部经济总量的比值已逐渐下降至 2.5［见图 1-2（b）］，反映出西部大开发建设卓有成效，切实起到了缩小区域发展差距的作用。

从人均收入看，东西部人均收入差距在新中国成立初期并不大，但到"大跃进"时期时骤然扩大，东部地区与西部地区的比值达到了 2.0［见图 1-2（c）］。随后，虽然两地区人均收入差距扩大的速度有所下降，但扩大的趋势仍未改变，并在改革开放后达到了新高——东部人均收入达到了西部人均收入的 3.0 倍，具体变化趋势与经济总量的比较分析相似，故不再赘述。西部大开发战略实施后，东西部人均收入差距有了明显缩小，目前东部地区与西部地区人均收入之比已下降至 2.5［见图 1-2（d）］，但缩小东西部之间的绝对差距仍任重而道远。

———————————

[1] 本节东西差距是按四大板块布局进行比较分析的。

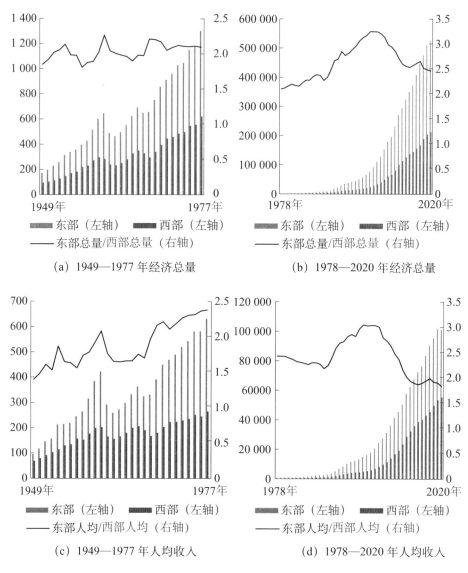

图1-2　东西差距的变化：1949—2020年

注：受限于篇幅，图中未标示坐标轴信息。（a）（b）两图中，左轴均表示地区生产总值，单位为亿元；右轴均表示东部与西部地区生产总值的比值（即东部总量/西部总量）。（c）（d）两图中，左轴均表示地区人均收入，单位为元；右轴均表示东部与西部人均收入的比值（即东部人均/西部人均）。

　　虽然西部大开发战略有效促进了西部地区发展，并在脱贫攻坚战取得全面胜利后进一步提高了本地居民生产生活质量,但西部地区的市场环境、产业结构、地区特色仍有待进一步建设与完善,推动经济高质量发展仍是一项长期工作①。特别是在构建新发展格局的过程中,西部地区需要参与全国产业上下游与产供销衔接,承接区域产业梯度转移,并利用地区比较优势形成特色化产业体系、打造优势产品,从而满足国内外市场消费需求。要实现上述目标就需要在区域协调发展中继续推进西部大开发建设,以转移支付扶持欠发达地区发展,最终在形成西部地区新发展格局的过程中助力构建全国新发展格局。总之,缩小东西发展差距是当前更为紧迫的战略任务。

(二)南北差距的变化分析

近年来,区域经济发展不平衡出现新特征,即南北经济差距逐渐扩大且存在南快北慢的新趋势②。周民良曾在 2000 年指出改革开放后我国经济重心南移将导致区域发展差距扩大的矛盾主要集中在南北方之间③,而现有研究主要认为北方在资本积累、经济体制机制、劳动力数量、工业价值链韧性等方面均落后于南方,从而导致南北差距呈现出不断扩大的趋势④。从经济总量上看,南方长期高于北方,南方基本维持在北方的 1.1 倍左右

---

① 张可云,王洋志,孙鹏,等.西部地区南北经济分化的演化过程、成因与影响因素.经济学家,2021 (3):52 - 62.

② 北方包括河南、山西、甘肃、内蒙古、宁夏、青海、陕西、新疆、北京、河北、山东、天津、黑龙江、吉林、辽宁。南方包括安徽、湖北、湖南、江西、广西、贵州、四川、西藏、云南、重庆、福建、广东、海南、江苏、上海、浙江。

③ 周民良.经济重心、区域差距与协调发展.中国社会科学,2000 (2):42 - 53,206.

④ 盛来运,郑鑫,周平,等.我国经济发展南北差距扩大的原因分析.管理世界,2018,34 (9):16 - 24;李善同,何建武,唐泽地.从价值链分工看中国经济发展南北差距的扩大.中国经济报告,2019 (2):16 - 21;许宪春,雷泽坤,窦园园,等.中国南北平衡发展差距研究:基于"中国平衡发展指数"的综合分析.中国工业经济,2021 (2):5 - 22.

［见图 1-3（a）］。但自改革开放以后，南北方发展差距开始具有不断扩大的趋势，特别是在 2012 年左右，北方经济发展逐步放缓，而南方经济持续快速增长，两区域经济发展差距开始拉大，截至 2020 年，南方经济总量是北方的 1.84 倍，是新中国成立以来的最高水平［见图 1-3（b）］。

通过测度人均收入差距后发现，南北方在过去长期以北快南慢为首要特征，这一现象基本持续到社会主义市场经济体制建立后。1993 年，南方地区人均收入首次高于北方地区，并持续到 2003 年，不过这一阶段收入差距并不大，人均收入差距均值仅为 178.83 元。而自 2011 年后，南北方收入差距再次开始缩小，最终于 2016 年南方开始领先北方并且收入差距不断扩大。到 2020 年年底，南北方人均收入差距突破万元，如若未发生新冠肺炎疫情则可能有进一步扩大的显著趋势［见图 1-3（d）］。从图 1-3（c）和图 1-3（d）中能够看出，南北方区域发展差距长期较小，在新中国成立初期"大跃进"时最大，而后螺旋式缩小，在 1993—2005 年差距最小，之后便开始反复变化，并在 2015 年后再次扩大。

南北发展差距的产生与多方面因素有关：第一，从地理位置看，南方海岸线更长并与众多南亚国家接壤，便利的对外贸易环境不断激发南方地区的经济活力，促使其在形成内生动力之余还能吸纳更多的外部投资。第二，从体制机制看，不同于北方地区因享受过去计划经济红利而循规蹈矩，南方地区上至行政执法部门，下至微观个体的所有经济行为都以提高效益和发展经济优先为根本出发点，从而形成了一种正向循环累积，最终促使南快北慢的格局形成甚至固化。第三，南北方经济发展思维与民众意识存在较大差异，南方地区自我意识和创业意识更强，并在政府支持下不断发展私营经济和民营经济，注重拼搏和创造机遇。第四，现有国民经济

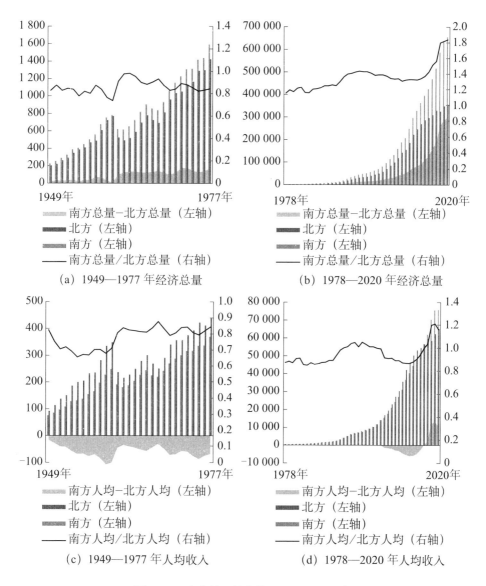

(a) 1949—1977 年经济总量

(b) 1978—2020 年经济总量

(c) 1949—1977 年人均收入

(d) 1978—2020 年人均收入

图 1-3 南北差距的变化:1949—2020 年

注:受限于篇幅,图中未标示坐标轴信息。(a)(b)两图中,左轴均表示地区生产总值或南北方地区生产总值之差(即南方总量-北方总量),单位为亿元;右轴均表示南方与北方地区生产总值的比值(即南方总量/北方总量)。(c)(d)两图中,左轴均表示人均收入或南北方人均收入之差(即南方人均-北方人均),单位为元;右轴均表示南方和北方人均收入的比值(即南方人均/北方人均)。

政策注重生态文明建设，强调发展绿色经济，而北方地区依靠开采煤炭发展起来的城市较多，因此不得不在现行政策下进行产业结构调整，从而导致现阶段经济发展增速较低。但是就南北发展差距而言，其产生时间较短，可能只是短期经济与产业结构调整后的必然现象，对国民经济发展和实现全体人民共同富裕的负面影响要显著弱于东西发展差距所带来的一系列问题，因此仍需进一步观察，现阶段应继续着重解决东西横向发展差距问题。

虽然未来南北发展差距可能进一步拉大，但是南北发展差距可能并不存在绝对扩大的长期趋势，现有差距的产生与北方正处在经济转型期有关。具体来讲，从能源、人口与耕地、重大工程等方面看，北方地区发展潜力大于南方地区。首先，全国能源主要分布在北方地区，南方仅有少量石油和地热等资源。北方具有原材料集中的天然优势，能够以较低的生产成本在跨区域交易中获益。其次，北方耕地等可利用土地面积大于南方，但人口总量小于南方，不同于南方城市大力推行集约化发展以缓解生产生活压力，北方能够更好地承接成本高、周期长的重大项目，从而为经济发展创造潜在动力。最后，西气东输项目有助于西北地区通过能源输送持续获益，南水北调有助于缓解北方水资源紧缺并推动生态经济实现共赢，高铁"四纵四横"网络加快了地区间资源要素流动，这些都能够为未来北方的经济发展提供坚实的基础。因此，随着未来北方经济转型与动力转换基本完毕，南北发展差距有极大可能重新缩小，或者维持在一定的均衡水平，这种阶段性而非长期性的差距对区域协调发展乃至国民经济的影响相对有限。

三、区域协调发展与生态文明建设

进入 21 世纪后，在区域协调发展方面，我国制定了"推进西部大开发,振兴东北地区等老工业基地,促进中部地区崛起,鼓励东部地区加快发展"的区域发展总体战略,并将其作为指导区域政策设计与实施的基准。之后,党的十七大报告将生态文明建设纳入区域发展总体战略,进一步完善了区域协调发展战略的内涵。基于此,生态文明建设指导下的区域经济建设不断激发各区域绿色经济发展活力,特别是资源节约型和环境友好型产业的发展缓解了西部地区生态与经济的矛盾,极大地促进了落后地区发展。至此,区域协调发展的理论体系趋于完善,既考虑了经济与生态的耦合发展,又强调发挥比较优势形成开放、统一、互存的地域体系。从结果看,这一阶段的区域经济协调发展水平显著提高,中西部经济增速在2008年左右开始超过东部地区,扭转了长期以来东部绝对领先的基本局面。

(一)区域协调发展的历程与未来趋势

区域协调发展战略是遵循"先协调,后发展"的思路,秉持填缺补漏与创新完善的基本原则,根据前一阶段实施效果与时代发展需求所制定的渐进式战略,具有一脉相承的发展逻辑。这一战略也是基于过去平衡发展与非平衡发展的实践进一步反思与总结而来的具有持续生命力的重大国家战略。从区域协调发展的明确提出,到新发展阶段新协调思路的确立,区域协调发展战略逐步体系化、全局化和精准化[1],不仅从体制机制、基础设施、公共服务、财政支持等方面明确了具体的实践路径,极大地促进了区域间协调水平的提高,更有助于在此基础上为当前构建新发展格局提供

---

① 孙久文.论新时代区域协调发展战略的发展与创新.国家行政学院学报,2018,115(4):109-114,151;李兰冰.中国区域协调发展的逻辑框架与理论解释.经济学动态,2020,707(1):69-82.

坚实的经济基础与强有力的制度保障。

从表1-1来看，区域协调发展战略旨在解决过去平衡发展战略和先富带后富不平衡发展战略下出现的突出问题，并逐渐演化为促进区域资源共享流动，弱化区域行政壁垒和促进区域经济发展的重大国家战略。党的十九大报告将区域协调发展战略首次提升到统领地位后，区域协调发展战略开始具备以新发展理念指导中国区域经济发展的基本特征。从政策文件表述看，该阶段区域协调发展战略强调稳中求新，针对各大板块准确谋划发展思路，从改革、优势和创新等方面部署发展举措，不断促进各区域经济发展。

表1-1 区域协调发展战略的政策梳理

分阶段	相应政策	主要内容
前身	"八五"计划	首次提出"促进地区经济的合理分工和协调发展"，并且认为"生产力的合理布局和地区经济的协调发展，是我国经济建设和社会发展中一个极为重要的问题"
1992—1999年	《国家八七扶贫攻坚计划》	解决贫困人口温饱，促进落后地区和西部地区发展，缩小区域发展差距
	"九五"计划	正式提出区域经济协调发展这一概念，支持中西部地区发展，遏制区域发展差距进一步扩大的趋势
	十五大报告	发挥各地优势，推动区域经济协调发展。促进地区经济合理布局和协调发展
2000—2011年	《中共中央关于制定国民经济和社会发展第十个五年计划的建议》	"实施西部大开发，促进地区协调发展"，正式实施西部大开发战略
	《国务院关于实施西部大开发若干政策措施的通知》	围绕资金投入、投资环境、对外对内开放、吸引人才和发展科技教育等政策方面做了详细说明
	"十五"计划纲要	注重实施西部大开发战略，加快中西部地区发展，合理调整地区经济布局，促进地区经济协调发展

续表

分阶段	相应政策	主要内容
2000—2011 年	十六大报告	积极推进西部大开发,促进区域经济协调发展。重点抓好基础设施和生态环境建设,争取十年内取得突破性进展
	《中共中央国务院关于实施东北地区等老工业基地振兴战略的若干意见》	以重大项目谋求东北老工业基地调整和改造,正式实施东北振兴战略
	"十一五"规划纲要	"促进中部崛起"成为战略重点,区域协调发展格局被纳入区域发展总体战略中,将促进区域协调发展作为规划期内重点之一。提出推进形成主体功能区
	《中共中央国务院关于促进中部地区崛起的若干意见》	正式实施中部崛起战略,从产业、基建、民生多方面谋划中部发展路径
	十七大报告	促进区域协调发展,逐步缩小区域发展差距。缩小区域发展差距必须注重实现基本公共服务均等化,引导生产要素跨区域合理流动
	"十二五"规划纲要	提出区域发展总体战略。加大对落后地区、贫困地区扶持力度,实施主体功能区战略
2012—2020 年	十八大报告	实施区域发展总体战略,以促进区域协调发展等为重点,着力解决制约经济持续健康发展的重大结构性问题
	"一带一路"倡议	促进同京津冀协同发展、长江经济带发展等国家战略的对接,同西部开发、东北振兴、中部崛起、东部率先发展、沿边开发开放的结合,带动形成全方位开放、东中西部联动发展的局面
	"十三五"规划纲要	实施区域协调发展战略,形成"四大板块"+"三大支撑带"的区域发展新格局
	十九大报告	实施区域协调发展战略,建立更加有效的区域协调发展新机制
	《中共中央国务院关于建立更加有效的区域协调发展新机制的意见》	建立区域战略统筹机制、健全市场一体化发展机制、深化区域合作机制、优化区域互助机制、健全区际利益补偿机制、完善基本公共服务均等化机制、创新区域政策调控机制、健全区域发展保障机制

续表

分阶段	相应政策	主要内容
2021年至今	"十四五"规划	深入实施区域协调发展战略。深入推进西部大开发、东北全面振兴、中部地区崛起、东部率先发展，支持特殊类型地区加快发展，在发展中促进相对平衡

资料来源：作者手工整理。

注：本表未考虑具体经济带、城市群等发展规划，仅基于时间先后罗列了主要的重点政策。

《中华人民共和国国民经济和社会发展第十四个五年规划和 2035 年远景目标纲要》（以下简称"十四五"规划）指出要"健全城乡要素自由流动机制，构建区域产业梯度转移格局，促进城乡区域良性互动"，并在供给、流通、进出口等多个方面提出了具体要求和举措，这些均能够与区域协调发展战略紧密衔接，也反映出在 2035 年基本实现社会主义现代化前，区域协调发展在新发展阶段具有更多的现实内涵。区域协调发展战略对新发展格局建设的有力贡献主要在于能够通过盘活各区域要素资源继续促进区域发展差距缩小，实现人民共同富裕，从而实现自给自足的高质量发展，并融入甚至主导国际市场及其产业链，实现内协调与外协调的双向耦合，最终实现国民经济体系的自我更新与升级。同时，推动区域协调发展也是打破地方保护与行政分割的重要契机，并为推动主体功能区发展创造了重要机遇。过去，行政区划在历史意识形态和现实实践中具有相对敏感性，限制了区域协调发展战略与主体功能区规划等的实施，使得顶层设计与实践探索存在偏差，难以实现预期目标，导致区域发展战略与政策不得不重新调整，甚至还要在处理上一阶段历史遗留问题的基础上弥补不足，从而难免顾此失彼。

（二）生态文明建设的根本要义与未来规划

过去粗放型经济发展中存在破坏环境、污染环境和浪费自然资源等典型的负面行为,生态问题逐渐成为影响国民经济有序发展的原因之一。为此,强调关注自然、保护自然,建设有利于绿色经济发展的大环境的声音不绝于耳。与此同时,发达国家在过去经济发展初期引发的一系列生态污染重大事件,如伦敦雾霾事件等,深刻警醒我国要尽快调整经济发展模式,避免引发发达国家过去经济增长所导致的严重恶果。

2007 年,党的十七大报告指出要"建设生态文明,基本形成节约能源资源和保护生态环境的产业结构、增长方式、消费模式",指明了生态文明建设发展思路。之后,党的十八大报告指出"必须树立尊重自然、顺应自然、保护自然的生态文明理念,把生态文明建设放在突出地位,融入经济建设、政治建设、文化建设、社会建设各方面和全过程",将生态文明提高到突出地位。党的十九大以来,党中央继续坚持统筹生态文明建设,认为建设生态文明是中华民族永续发展的千年大计,在总结过去建设成果的基础上,指明要加强生态文明建设的总体设计,加快形成生态文明制度体系。总的来说,生态文明建设体系化是当前社会经济发展不可逆转的必然趋势,也是贯彻落实为未来国民经济发展铺好绿色底色、尽快实现碳中和等国家和国际战略的必然要求。表1-2梳理了关于生态文明建设的相关政策。

表 1-2 生态文明建设的政策梳理

时间	政策文件及会议	主要内容
2007 年	十七大报告	首次提出"建设生态文明"
2009 年	十七届四中全会	全面推进社会主义经济建设、政治建设、文化建设、社会建设以及生态文明建设"五位一体"总体布局
2012 年	十八大报告	首次提出"生态文明制度建设",做出"大力推进生态文明建设"的战略决策

续表

时间	政策文件及会议	主要内容
2013 年	十八届三中全会	进一步明确了生态文明建设的基本路径、方略及生态文明制度建设的主要内容
2015 年	《中共中央国务院关于加快推进生态文明建设的意见》《生态文明体制改革总体方案》	制定了到 2020 年的具体完成目标，明确了生态文明体制改革的总体要求和具体方案
2016 年	《绿色发展指标体系》《生态文明建设考核目标体系》	明确了考核评价的内容要求、时点要求，构建了相应指标体系
2019 年	十九大报告	提出完善生态文明建设制度体系，丰富了生态文明建设的理论内涵和实践内涵
2020 年	《国家生态文明试验区改革举措和经验做法推广清单》	分享福建、新疆、贵州和海南四省（区）的国家生态文明试验区的可复制可推广的改革举措和经验做法，合计 90 项
2021 年	《"美丽中国，我是行动者"提升公民生态文明意识行动计划（2021—2025 年）》	从新闻传播、舆论导向等多方面加强生态文明建设的普及和推广，提高环境保护的宣传效果

资料来源：作者手工整理。

注：本表未考虑各省份生态文明建设与具体规划，仅基于时间先后罗列了主要的重点政策。

生态文明建设绝不是口头呐喊，而是保障中国长久发展与国泰民安的必然举措。加强生态文明建设，归根结底是要改变和优化生产生活方式，从人、家庭、企业、城市、区域等维度形成保护生态环境的根本意识。在此基础上，基于顶层设计和法律规章制度调整与优化区域与城市发展的空间结构，继续从生产生活、供给需求等方面创新技术、优化结构、改进管理，进而实现生态与经济的平衡、国民经济高质量发展与生态恢复好转的合力共赢。生态文明建设也是对可持续发展与绿水青山建设的保障，全方位统筹开展生态文明建设有利于普及绿色低碳生活方式、提高全民环保意识、警醒企业履行社会责任。

第四节
城市与区域发展的特点

"十四五"时期的城市与区域发展将在宏观经济大背景的影响下呈现出更加多元的格局。这种现象的产生与缓解区域发展不平衡和不充分问题有关。随着区域经济和城市经济建设步伐进一步加快,区域协调发展战略能够更加有效地促进城市群和都市圈发展,使其起到带动周边地区发展的正向作用,加快转变区域发展的动能。随着城市更新、城乡统筹、产业调整等一系列重大举措不断赋予区域发展新动能,区域发展的空间特征也发生了改变,在国家宏观战略的统领下,多支点空间结构不断优化,轴带经济布局持续完善,网络化格局逐渐形成,并且这一特征在现代产业体系布局调整的影响下得到进一步加强。

同时,"十四五"规划提出要全面形成"两横三纵"城镇化战略格局和城市化地区、农产品主产区、生态功能区三大空间格局,进一步从学理上丰富了经济带与经济区之间的关系,区域经济空间布局也呈现出了诸多新特点。

一、转变区域发展的动能

转变区域发展的动能,核心在于坚持创新驱动,调整生产、分配、流通、消费，运用人口多、经济总量大、国土广袤和要素流通便捷的发展优势，不断挖掘国民经济发展潜在动力，从而在城市、乡村、产业、战略、生态等多个领域释放经济发展新动能。

（一）城市优化更新促使动能转变

城市是为人们提供生产生活产品与服务、交通运输服务和公共服务的重要栖息地，更是满足人民群众生活需求和缓解发展矛盾的重要依托。我国城市建设的加快起步于 20 世纪 80 年代。随着经济发展水平不断提高，从沿海到内陆，城市建设如火如荼，但城市建筑质量与后续保养水平参差不齐，导致全国不同城市的整体风格与样貌存在较大差异，修复或拆迁成为当前城市更新的主要内容之一。"十四五"规划也指出，"实施城市更新行动，推动城市空间结构优化和品质提升"已成为需要尽快解决的问题，以便提供更加便民和快捷的社会服务。

城市优化更新从本质上看就是完善城市生产生活设施和提高公共服务水平，在供给侧提高服务质量，从而满足和扩大国内市场需求，提高经济活动效率；发挥城市的辐射和集聚功能，通过正外部性加强城市群和城镇体系建设，从而推动区域协调发展战略的深度实施；实施绿色智能建造，推动城市内涝治理，加强建设低碳和具备抵抗环境负冲击的综合型城市；落实适用、经济、绿色、美观的新时代建筑方针，健全和完善好老旧小区、老旧厂区、老旧街区和城中村等存量片区功能。综上所述，通过在多方面实施城市优化更新，能够在改善人民群众基本生活的基础上提高生产生活效率，最终以项目建设提升城市宜居品质，推动实现发展动能的转换。

（二）乡村振兴与城乡统筹促使动能转变

在脱贫攻坚取得全面伟大胜利后，"三农"工作的重心已向巩固脱贫成果、防止返贫、乡村振兴、加快处理城乡关系转移。这一变化也反映出区域发展的动能开始向更高层次迈进，向提升欠发达地区基本生活条件、完善基础设施和公共服务、美化居住生活环境等方面转变。同时，也应该打破城乡二元思维定式，努力缩小城乡差距、促进城乡互动、加快乡村发展，实现城乡公共设施和公共服务均等化，推动农业现代化、乡村价值再定位，提升农业发展的优先级等，最终形成培育新动能的最大合力。

（三）产业结构调整和升级促使动能转变

随着中国经济实力的提升和加强现代产业体系发展的需求日趋迫切，根据不同区域经济发展实际情况和比较优势，通过产业转移和科技创新积极培育有利于产业结构转型升级的重要因素是目前始终注重的要点。作为全球唯一一个拥有全产业链的国家，我国要始终把防止产业空心化和防止去工业化作为发展红线而避免触碰。在新冠肺炎疫情进一步刺激逆全球化趋势和短期内经济交流受限的大背景下，加强各区域产业结构调整，形成自给自足的内生动力和满足高质量发展需要的生产能力，有助于在产业转型升级过程中为区域经济发展赋予新动能，向现代化发展演进。

（四）新发展理念与新发展格局促使动能转变

"创新、协调、绿色、开放、共享"的新发展理念已成为指导国民经济发展的重要依据，由此形成了构建新发展格局的新发展阶段。在新发展理念的引领下，产业、创新、城市建设等都能够在上述五个方面找到准确的契合点，从而推动更深入的改革、实现更大的突破，并在社会各界形成核心共识，将其贯穿于社会主义现代化建设的各个领域。特别是就新发展格局而言，实现国内国际双循环实际上是破除过去区域经济发展循环中的障碍，强化循环经济建设的可持续性和高质量化，从而创造经济高质量发展的新局面，最终转变经济发展动能。与此同时，新发展格局能够促使城市群与都市圈更好地发挥节点作用，通过挖掘内需、激发创新、促进开放三个途径助力新发展阶段实现动能转变[①]。

（五）人地关系与生态文明发展促使动能转变

人地关系深刻反映了人与自然关系的变化，在以经济发展作为第一要务时，人地关系较为紧张敏感，具有主导地位的人为谋求经济快速发展肆意破坏自然环境，随之引发了水土流失、沙漠化、空气污染、动植物灭绝等一系列严重问题。缓解人地关系矛盾迫在眉睫。为此，将生态保护作为重要内容，恢复自然生态的复原力，成为十七大以来党和国家努力解决的重要问题。从效果上看，各城市全年空气质量优良率、工业废水排放达标率和单位 GDP 能耗均在不同程度上有所好转，特别是十九大以来生态文明建设具有了更多的理论和实践内涵，更加有效地指导了区域与城市调整，促进形成了节约资源和保护环境的空间格局、产业布局、生产生活方式等，为当前经济高质量发展赋予了更多的绿色能量，对人类社会的长久发展起到了重要作用。绿色发展理念将继续深入人心，并为推动经济社会绿色转型、倒逼生产生活方式革新提供重要牵引。

二、区域发展的空间特征

截至目前，我国已经实施了一系列优化区域经济布局的战略举措，包

---

① 孙久文，宋准. 双循环背景下都市圈建设的理论与实践探索. 中山大学学报（社会科学版），2021，61（3）：179－188.

括西部大开发、东北振兴、中部崛起、东部率先发展等区域协调发展战略，以及京津冀协同发展、长江经济带发展、粤港澳大湾区建设、长三角一体化、黄河流域生态保护和高质量发展等区域重大战略，逐渐将各区域连成一体，不断优化区域发展的空间格局。同时，以城市群和都市圈为主体的战略支点有力带动本地和周边区域发展，大幅提升区域政策的精准性和有效性，有效促进城市和区域经济高质量发展和城乡统筹发展，进一步推动城镇化和区域协调发展，充分挖掘出区域经济发展的新动力和新潜能。

（一）宏观战略统领区域发展

当前中国城镇化和区域经济发展以区域发展战略为核心，通过区域经济合作实现既定发展目标。十八大以来，中国实施的是"四大板块"与"三大轴带"相结合的区域发展战略[①]。这一战略根据各地区资源禀赋、环境承载力、经济民生发展水平等对中国区域发展提出了新的要求。在此基础上，"十四五"规划进一步提出要深入实施区域重大战略和区域协调发展战略，进一步强调要促进各区域均衡发展，在战略设计上顾及各区域发展需要，对发达地区和欠发达地区实行"两手抓"，推动共同发展，以此实现对区域发展的战略统领。

坚持宏观战略的统领是区域发展的根本原则，有助于为各城市和区域发展提供宏观依据和制度保障，引导其在规章制度指导下有效开展各类经济建设活动。特别是对于欠发达地区而言，国家会在发展方向和路径上提

---

① "四大板块"包括东部、中部、西部及东北地区；"三大轴带"则为"一带一路"、京津冀协同发展、长江经济带。

供充足的建议，基于可行性、长久性、可持续性等多种因素提供总体方略，有助于避免欠发达地区因追求短期经济绩效而破坏生态环境，从而保障欠发达地区走上一条相对正确且合理的发展路子。

宏观战略统领区域发展的落脚点是建设现代产业体系。发展现代产业体系一方面是当前社会主义现代化建设的必然要求，另一方面也是推动不同地区产业结构调整的重要抓手。优化现代产业体系布局，首先要通过产业转移优化各区域产业发展结构，形成新的战略支点，以此支撑区域产业发展。产业转移过程实际上也是知识转移的过程，推动产业梯度转移有助于加强承接转移区域的创新能力和发展潜力，从而推动欠发达地区发展。特别是对于欠发达地区而言，发展现代化农业、现代化服务业和现代化工业等，有助于其提高经济效率，并让发展成果真正惠及本地区居民。

（二）多支点空间

多支点主要是用来形容我国城市群在地图上的分布特征。区域经济发展均衡化是目前的长期追求，而实现这一目标需要城市群起到战略支点的作用，进而促进区域经济发展，推动城镇化水平不断提高。"十四五"规划将城市群发展划分为三类，即：优化提升京津冀、长三角、珠三角、成渝、长江中游等城市群，发展壮大山东半岛、粤闽浙沿海、中原、关中平原、北部湾等城市群，培育发展哈长、辽中南、山西中部、黔中、滇中、呼包鄂榆、兰州—西宁、宁夏沿黄、天山北坡等城市群。"十四五"规划将19个城市群划分为三类不仅反映了各城市群的现有发展水平，而且还指明了未来促进城市发展的主要方向，进一步强化了城市群的支点作用。

中国区域经济从聚集到扩散，在区域空间上逐步呈现出均衡发展的结构。相对均衡的区域空间结构需要多个战略支点的支撑。改革开放以来，空间上的战略支点主要有长三角城市群、珠三角城市群和京津冀城市群，除此之外，中部崛起促成了长江中游城市群和中原城市群等新的战略支点的形成，西部大开发促成了成渝城市群和兰州—西宁城市群等若干新的战略支点的形成。随着中国区域经济进一步均衡化和因城镇化进程加快而形成大面积的城市化地区，可能会出现更多的战略支点，如北部湾城市群、哈长城市群、天山北坡城市群、粤闽浙沿海城市群等。当前，在经济较发达的长三角、珠三角、京津冀等地区，已经完成从单中心支点区域向多中心支点区域的转变，开始向网络布局模式转变。例如，长三角地区的一级中心是上海，二级中心是苏州、杭州、南京、宁波，三级中心北翼为无锡、扬州、常州、南通、镇江，南翼是嘉兴、台州、绍兴。多中心模式是未来区域空间的主要发展方向，需要合理限制中心城市或首位城市规模，加强城市体系内部各级城市的联系，避免"一城独大"限制城市群发展[①]。

（三）轴带经济布局

发展轴带经济以"以'一带一路'建设、京津冀协同发展、长江经济带建设为引领，形成沿海沿江沿线经济带为主的纵向横向经济轴带"为主要表征，实际上旨在在四大板块发展格局的基础上进一步带动板块间的横纵向联系，从而促进区域发展。同时，以陆桥通道、沿长江通道为两条横轴，以沿海、京哈京广、包昆通道为三条纵轴，以主要的城市群地区为支撑，以轴线上其他城市化地区和城市为重要组成的"两横三纵"城镇化战

---

① 孙久文，苏玺鉴. 我国城市规模结构的空间特征分析："一市独大"的空间特征、效率损失及化解思路. 西安交通大学学报（社会科学版），2021，41（3）：9-17，24.

略格局同样也在我国推进城镇化和区域协调发展方面发挥着重要指导作用。从区域的长远发展来看，发展轴带经济的思想除了指明了具体的发展方向和思路之外，更多地是强调将同一轴带的城市与区域联系在一起，发挥比较优势，形成经济串联并行的利益共同体，最终促进轴带经济向更加深入和精细化发展。

（四）网络化格局

"十四五"规划指出要形成"多中心、多层级、多节点的网络型城市群"，深刻反映出网络化格局是区域经济发展过程中的必然趋势。之所以会形成网络化格局，主要是因为随着交通基础设施的逐渐健全和完善，城市之间的经济联系日益密切，时空距离的缩短促使全国各地连成一体，并以城市群、都市圈为支点搭建起促进全国经济发展的经济网、交通网和人才网，为区域发展提供了极大的便利。

形成网络化格局实际上是要将要素禀赋纳入一体化大网，将不同地区的发展优势衔接在一起，最终形成符合新时代区域经济高质量发展要求和有利于促进新发展格局建设的基本格局。基于网络化发展的逻辑思路，应将大中小城市连成一体，促进其协调有序发展，形成多个中心城市，推动城市组团式发展，促进城市群发展聚能，从而以点带面推动经济高质量发展。

三、区域发展中经济带与经济区的关系

经济带是区域经济发展过程中较早提出的促进区域间联动的战略发展模式，是比城市群、都市圈等更高层次的空间结构，将成为未来中国区域

发展战略的重要支撑①，如长江经济带等。随着"两横三纵"城镇化布局的提出，经济带具有了更多的实践内涵，以经济联通、交通互联、地理共享为特色的多重经济带发展模式极大地促进了区域经济发展。"十四五"规划进一步对国土空间治理提出了新要求，指出要逐步形成城市化地区、农产品主产区、生态功能区三大空间格局，即三大经济区，实际上是要在重塑与调整空间格局的基础上使国土空间凸显主体功能、实现优势互补，在高效归类和利用国土空间的过程中推进区域协调发展。

（一）经济带提供区域高质量发展的可行思路，促进经济区发展

从各区域发展方略的提出时间来看，经济带提出得更早，发展得也更加全面，相对体系化的战略框架拓展了区域发展的思路，也为区域经济高质量发展和城镇化建设提供了可行的现实依据。三大空间格局作为"十四五"时期首次提出的新国土空间发展方略，在具体实施过程中可以借鉴已有经济带在发展中所提出的诸多举措，从而更好地适配区域经济发展需要。例如，城市化地区发展可以依据已有经济带发展方针，基于人口、交通基础设施和公共服务等方面的政策制度，在考虑农产品主产区和生态功能区发展需求的基础上，提供更加精细化的发展方略，从而促进经济区发展。

（二）经济区建设补充了经济带发展的理论和实践内涵

"十四五"时期针对经济区建设提出了一些新思路，从本质上来说，这是在区域协调发展语境中所提供的在新尺度下实行区域协调发展的新路

---

① 孙久文，孙翔宇．培育经济带：重塑当代中国区域发展战略．河北学刊，2017，37（2）：114-120.

径。因此，经济区建设也为经济带发展提供了新的理论和实践视角，为促进经济带更好地统筹区际关系、促进要素流动、建设生态文明提供了更好的渠道。以生态功能区为例，生态功能区作为强化生态环境保护与恢复和提供生态绿色服务的主要区域，能够在促进区域内绿色覆盖率、空气质量优良率等达到较高标准后，吸引居住在城市群等城市化地区的人口消费并享受生态服务，从而为自身的正常运转提供资金上的支持。这一过程对经济带的影响主要就在于能够将经济带的经济属性更好地应用到生态功能区，在不继续破坏自然环境的基础上提高生态功能区的绿色价值和吸引力，从而吸引经济带中城市人口旅游玩赏。这也为经济带加强生态建设、创造绿色经济绩效提供了很好的参考模式。

（三）经济带与经济区共同发展能够形成促发展的最优合力

经济带与经济区是在国土范围内促进区域经济发展的重要战略，虽然二者存在一定差异，但优化国土空间、提高区域经济发展效益、为经济高质量发展赋能是二者的共同目标。换言之，经济带与经济区能够互相配合，打出促进城镇化和区域协调发展的"组合拳"。经济区确保各区域具有不同的发展属性，经济带在部分国土范围内明确划分重点发展区域，二者能够在共同作用下确定区域发展的重点、城镇化建设的重心，以此保障在人民生活改善、生态经济好转、产业结构优化等方面谱写新的篇章。

经过 40 余年的改革开放，我们党带领全国人民解决了温饱问题，决胜全面建成小康社会取得决定性成就，开启了全面建设社会主义现代化国家新征程。我们用几十年时间，走完了发达国家几百年走过的工业化历程，成为世界第二大经济体，这在人类发展史上是绝无仅有的。伴随着人民生活水平的不断提高和中国特色社会主义制度的日益完善，正如习近平总书记说的,"我们比历史上任何时期都更接近、更有信心和能力实现中华民族伟大复兴的目标"。

| 第五节 |

"十四五"时期区域与城市发展的战略部署

习近平总书记在党的十九大报告中明确指出:"新时代我国社会主要矛盾是人民日益增长的美好生活需要和不平衡不充分的发展之间的矛盾,必须坚持以人民为中心的发展思想,不断促进人的全面发展、全体人民共同富裕"。之所以能够做出这一判断,主要是因为全国人民在党的领导下,解决了贫困和温饱,即将全面建成小康社会。在我国生产力发展水平已经发生变化的基础上,人民对美好生活的期待和需要都有了提升,我国社会主要矛盾必然会发生相应变化。

区域协调发展以地域单元为单位衡量经济发展水平的提高,致力于在实现均衡发展的过程中逐步缩小地区发展差距。其理论内涵如下:一是地区间基本公共服务,包括教育、医疗卫生、社会保障、劳动就业、扶贫开发、公共安全、公共文化等,要实现适度均衡,不应因地区和人群的不同而有明显的差异。二是要实现地区间发展机会的均等,包括资源开发、企业进入、基础设施、城市建设、乡村振兴等方面的机会均等,要发挥各地区的比较优势，消除区域间的利益冲突，对遭受机会损失的地区进行补偿。三是要实现地区间人口、资源与生态环境的均衡发展。要遵循人口、资源与环境和谐发展的质的规定性，让人与自然的关系处于和谐状态。

在"十四五"期间区域协调发展要实现以下五个方面的具体目标：

一是区域协调发展战略的总体目标。以协调东部、中部、西部和东北四大板块之间的关系为基础，十九大报告提出要以区域协调发展战略统领板块之间、经济带之间、城乡之间、类型区之间的发展关系。

二是区域协调发展战略的社会发展目标。在实现基本公共服务均等化的基础上，进一步提高公共服务的供给水平。从实现全面小康之后共同富裕的要求出发，要进一步提升贫困地区基本公共服务水平，使其主要领域指标接近全国平均水平，推动基本公共服务供给保障措施更加完善、可持续发展的长效机制基本形成。

三是区域协调发展战略的经济目标。区域协调发展战略的经济目标就是实现区域经济的高质量发展。面对百年未有之大变局，我国经济运行的内外形势复杂多变。党的十九大报告首次提出"高质量发展"的概念，把转变发展方式、优化经济结构、转换增长动力作为其主要内容。中央提出要构建以国内大循环为主体、国内国际双循环相互促进的新发展格局，更加凸显区域经济在国民经济运行中的重要作用，也必将对区域协调发展提出新的要求。

四是区域协调发展战略的空间目标。形成以经济带建设为主体的空间格局。依据习近平总书记 2019 年考察河南时的讲话，黄河流域生态保护和高质量发展战略与长江经济带战略、京津冀协同发展战略、粤港澳大湾区战略、长三角一体化发展战略一样成为国家发展战略，一个新的、以经济带为中心的区域发展新时代正在到来。

五是区域协调发展战略的生态环境目标。要以"绿水青山就是金山银山"的"两山理论"为指导，实现区域生态环境的可持续发展。我国是一个幅员辽阔的大国，也是一个生态环境多样的国家，高原、山地、沙漠、草原等占国土的相当大的比例。我国历史遗留的环境问题较为严重，建设生态文明的任务十分艰巨，使得我们在推动区域发展和开展经济建设时，必须以保护生态环境为基础，以实现可持续发展为目标。

在习近平总书记关于区域协调发展的论述的引领下，"十四五"期间关于区域协调发展战略的具体部署主要集中在以下几个方面：

第一，特殊区域发展战略。

特殊区域的发展，包括大力支持革命老区、民族地区、边疆地区、贫困地区加快发展。这些特殊区域当中，贫困地区的涵盖面最广，解决了贫困地区的发展问题，就基本解决了特殊区域的问题。2013年以来，以"精准扶贫"为中心，重点解决了贫困地区基础设施缺乏和基本公共服务不完善等问题；面对贫困地区产业基础薄弱的现状，制定了扶持农业生产或畜牧养殖的政策，采取"扶贫车间"等形式，实施产业扶贫。资源枯竭地区是另一种特殊区域，以东北老工业基地为代表。资源枯竭地区的典型问题是产业结构单一、体制机制建设滞后，这些问题严重制约了其经济发展。解决资源枯竭地区的问题关键是经济政策，需要给予特殊的政策支持，例如资源开发补偿政策、衰退产业援助政策、新兴产业扶持政策等。对于其中本身发展能力弱的区域，更要加大人力物力支援的力度。

第二，经济带发展战略。

目前形成国家战略的五大经济带——长江经济带、京津冀协同带、粤港澳大湾区经济带、长三角经济带以及黄河流域生态保护和高质量发展带——均是在一个开放的区域空间中，由相对发达的区域与相对不发达的区域结合构成的经济空间。从经济带形成的过程来看，其经历了经济增长极、发展轴、经济网络三个过程。经济带的形成标志着我国进入了区域空间的高级发展阶段。因此，落实经济带发展战略，有利于推动发达地区实现高质量发展，进而带动相对落后区域优化生产力布局，促使不同区域经济要素配置发生有利于新动能形成的积极变化，进而推动整个国家不同区域经济协同发展。

第三，城镇化带动战略。

城镇化是我国实现现代化的必由之路，是推动经济持续发展的强大引擎，是促进产业结构转型升级的重要途径，是推动区域协调发展的有力支撑。我国目前已经形成了城市群—都市圈—中小城市—小城镇这样的城市分布格局。其中，在全国主要城市群中，以大城市或特大城市为核心，与中小城市和小城镇相结合，成为我国城镇化推进的主要形式。同时，西部地区地广人稀，人口与经济生活分散的区域应当重点发展大城市和特大城市，形成区域核心增长极。伴随时间的推移，城市群和都市圈的作用将进一步凸显。从目前已经成型的核心区域来看，长三角城市群、粤港澳大湾区城市群和京津冀城市群已经较为成熟，未来重点建设的城市群有成渝城市群、中原城市群、长江中游城市群、关中平原城市群、东北中部城市群、北部湾城市群、兰州—西宁城市群、呼包鄂榆城市群和天山北坡城市群等。

第四，陆海统筹战略。

自"十二五"规划开始，中央明确提出了陆海统筹的要求，将发展海洋经济、建设海洋强国放在战略高度。"十四五"规划从战略高度对海洋事业发展做出了重要部署，明确指出要坚持陆海统筹，加快建设海洋强国。在当前的国际局势下，继续推动落实陆海统筹战略，必须统筹海洋维权与周边稳定、近海资源开发与远洋空间拓展、海洋产业结构优化与产业布局调整、海洋经济总量扩大与质量提升、海洋资源开发与生态环境保护、海洋开发强度与利用时序，并以此作为制定国家海洋战略和海洋经济政策的基本依据。

第五，生态安全战略。

推进生态文明建设是新时期区域发展的重要组成部分，是区域可持续发展的重要保障。习近平总书记十分重视生态文明建设，多次指出建设生态文明关系人民福祉、关乎民族未来。把生态文明提高到民族生存的高度来认识，是从来没有过的，也体现了习近平总书记在区域发展上的高瞻远瞩。对于如何推进生态文明建设，习近平总书记从树立生态观念、完善生态制度、维护生态安全、优化生态环境、形成节约资源和保护环境的空间格局等方面提出了基本的思路。习近平生态文明思想，对于我们谋划国土开发、优化科学布局、推进城镇化建设和实施乡村振兴战略等都具有划时代的指导意义。

第二章

完善新型城镇化战略

城镇化是实现国家现代化的必由之路，习近平总书记高度重视新型城镇化工作，明确提出了以人为核心、以提高质量为导向的新型城镇化战略，并多次作出重要部署和批示指示。"十三五"时期，新型城镇化顶层设计全面确立，重点领域改革实现突破，城镇化水平和质量稳步提升，新型城镇化取得重大历史性成就。"十四五"规划中再次提出"推进以人为核心的新型城镇化"，明确了新型城镇化的目标任务和政策举措。

第一节
城镇化的内涵与面临的困境

一、城镇化的内涵

城镇化水平是一个国家现代化水平的重要标志之一。改革开放 40 多年来，我国国内生产总值已由 1978 年的 3 679 亿元增加至 2020 年的超过 100 万亿元，创造了举世瞩目的中国奇迹。第七次全国人口普查数据显示，我国城镇化率也由 1978 年的 17.92% 提升至 2020 年的 63.89%。根据世界城镇化发展的普遍规律，我国仍处于城镇化快速发展的阶段（城镇化率为 30%～70%）间，但延续过去传统粗放的城镇化模式，会带来产业升级缓慢、资源环境恶化、社会矛盾增多等诸多风险，可能落入"中等收入陷阱"，进而影响现代化进程。随着内外部环境和条件的深刻变化，城镇化必须进入以提升质量为主的转型发展新阶段。

城镇化是现代化的必由之路，是解决农业、农村、农民问题（"三农"问题）的重要途径，是推动区域协调发展的有力支撑，是扩大内需和促进产业升级的重要抓手。我国城镇化是在人口多、资源相对短缺、生态环境比较脆弱、城乡区域发展不平衡的背景下推进的，这决定了我国必须从社会主义初级阶段这个最大实际出发，遵循城镇化发展规律，走中国特色新型城镇化道路[①]。

新型城镇化的核心是人的城镇化，因此我国城镇化的重点任务是合理引导人口流动，有序推进农业转移人口市民化，稳步推进城镇基本公共服务常住人口全覆盖，不断提高人口素质，促进人的全面发展和社会公平正义，使全体居民共享现代化建设成果。

新型城镇化的目标主要包括五个方面：（1）城镇化水平和质量稳步提升。稳步提高城镇化率，逐渐缩小户籍人口城镇化率与常住人口城镇化率的差距，实现农业转移人口和其他常住人口在城镇落户。（2）城镇化格局更加优化。城市群集聚经济、人口的能力明显增强，东部地区城市群一体化水平和国际竞争力明显提高，中西部地区城市群成为推动区域协调发展的新的重要增长极。城市规模结构更加完善，中心城市辐射带动作用更加突出，中小城市数量增加，小城镇服务功能增强。（3）城市发展模式科学合理。密度较高、功能混用和公交导向的集约紧凑型开发模式成为主导，建成区人口密度逐步提高。绿色生产、绿色消费成为城市经济生活的主

---

① 国家新型城镇化规划（2014—2020 年）.（2014-03-16）[2022-05-06]. www. gov. cn/zhengce/2014-03/16/content_2640075. htm.

流。（4）城市生活和谐宜人。稳步推进义务教育、就业服务、基本养老、基本医疗卫生、保障性住房等城镇基本公共服务覆盖全部常住人口，基础设施和公共服务设施更加完善，生态环境明显改善。（5）城镇化体制机制不断完善。推动户籍管理、土地管理、社会保障、财税金融、行政管理、生态环境等制度改革，阻碍城镇化健康发展的体制机制障碍基本消除[①]。

二、城镇化面临的困境

（一）人口城镇化引发的人口结构失衡

城镇化是一个广义的概念，包括人口城镇化、空间城镇化、经济城镇化、社会城镇化等具体形态。改革开放以来，伴随城乡二元户籍制度退出历史舞台，人口向城市集聚的速度日益加快，为城市经济建设提供了充足的劳动力。但是，在以人口城镇化为导向的宏观背景下，人口结构失衡问题逐渐凸显。

一方面，人口城镇化引发农村人口年龄结构失衡。与农村相比，城市拥有充足的就业机会、完备的基础设施、可观的工资收入，因此对农村人口产生了显著的虹吸效应。为改善家庭生活条件，具备劳动能力的农村中青年人口会选择进入城市工作，农民工这一社会群体也就应运而生。图2-1展示了2008—2020年农民工数量及其增长率的变化情况。由图2-1可知，2008年以来，农民工数量大致呈线性上升态势，在2020年出现首次下降。从绝对数量来看，2008年，我国农民工总数为22 542万人，占农

---

① 国家新型城镇化规划（2014—2020年）.（2014-03-16）[2022-05-06]. www.gov.cn/zhengce/ 2014-03/16/content_2640075.htm.

村人口数的 32.02%；到了 2020 年，我国农民工总数达到 28 560 万人，占农村人口数的比重提升至 49.69%。从增长速度来看，2008—2017 年我国农民工数量年增速一直保持在 1% 以上，在 2010 年达到 5.4% 的峰值。

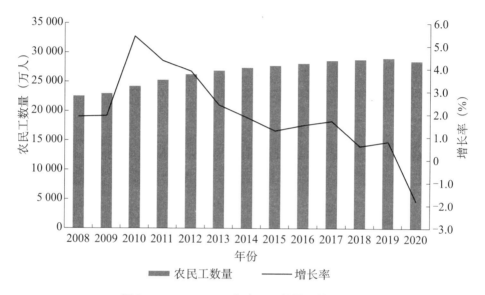

图 2-1 2008—2020 年农民工数量及其增长率

资料来源：根据国家统计局历年农民工监测调查报告整理。

农民工以中青年劳动力为主，表 2-1 反映了 2014—2020 年农民工的年龄构成。由表 2-1 可知，虽然近年来我国逐渐迈入人口老龄化时代，50 岁以上的农民工占比有所提升，但中青年农民工依然占据主体地位。

表 2-1 2014—2020 年农民工年龄构成 （%）

年龄	2014 年	2015 年	2016 年	2017 年	2018 年	2019 年	2020 年
16～20 岁	3.5	3.7	3.3	2.6	2.4	2.0	1.6
21～30 岁	30.2	29.2	28.6	27.3	25.2	23.1	21.1
31～40 岁	22.8	22.3	22.0	22.5	24.5	25.5	26.7
41～50 岁	26.4	26.9	27.0	26.3	25.5	24.8	24.2
50 岁以上	17.1	17.9	19.1	21.3	22.4	24.6	26.4

资料来源：根据国家统计局历年农民工监测调查报告整理。

　　在此背景下，随着农村中青年劳动力大量向城市迁移，农村人口年龄结构失衡问题日益突出，大量出现的留守儿童与空巢老人是其主要表现。图 2-2 反映了 2018 年我国农村留守儿童的区域分布情况。图 2-2 中的七省是农村留守儿童的集中分布区域，占全国留守儿童总量的 69.7%，虽然2018 年留守儿童数量已比 2016 年下降了 22.9%，但留守儿童问题依然是农村面临的突出问题。进一步分析发现，上述七省的留守儿童问题又以集中连片特困地区的农村最为突出。

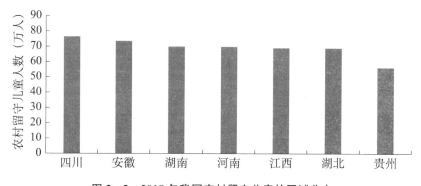

图 2-2　2018 年我国农村留守儿童的区域分布

资料来源：根据中华人民共和国民政部官网数据整理。

　　根据第六次人口普查数据，2010 年我国空巢老人家庭占比高达32.64%，农村空巢老人家庭在其中占到 94.27%。作为农村空心化问题的突出表现，农村留守儿童与空巢老人诱发了一系列社会问题。留守儿童多由老人照看，人身安全得不到有效保障。此外，由于父母家庭教育长期缺失，留守儿童容易出现孤僻的倾向，此类问题单靠学校教育难以解决，大量留守儿童因此而辍学，甚至走上违法犯罪的道路。空巢老人生活起居缺乏照应，身体健康长期得不到关注，加之缺乏子女的陪伴，容易出现孤独、惶恐等心理失调症状，若得不到及时调节，就会出现一系列心理问题。近年来在重庆、河南、贵州等省市的广大农村地区留守儿童和空巢老人的意外伤害事件屡见不鲜。

另一方面，人口城镇化引发了城市常住人口素质结构的失衡。进城务工的农业转移人口数量越来越多，但其文化素质普遍不高。图2-3反映了2013—2020年农民工的文化构成情况。由图2-3可知，2013年以来农民工文化构成情况变化不大，其中，拥有初中学历的农民工占据了主体地位，稳定在总体的60%左右，未上过学和大专及以上学历者相对较少，我国农民工文化水平近似呈正态分布。虽然城市为农民工提供了大量的就业机会和可观的工资性收入，但是由于文化水平的限制，绝大多数的农民工无法胜任技术含量较高的工作。尤其是近年来，随着创新型城市、智慧城市建设的兴起，城市对劳动力素质的要求越来越高，城市常住人口素质结构的失衡表现得更为突出：一方面，农民工绝对数量稳步增长，为城市运转提供了庞大的人力资源后备军；另一方面，城市对劳动力素质的要求也在逐步提升，对高素质劳动力的需求旺盛，然而占劳动力市场相当比例的农民工无法达到技能门槛，加之逐渐成为农民工主体的新生代农民工对工

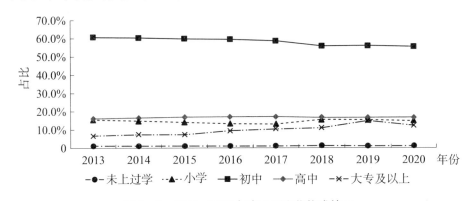

图2-3 2013—2020年农民工文化构成情况

资料来源：根据国家统计局历年农民工监测调查报告整理。

资的预期提高，要实现工作岗位和就业需求的匹配更是难上加难，使得劳动力市场出现"用工荒"现象，城市常住人口素质结构失衡的问题更加突出。

（二）以城市扩张、农村萎缩为主的空间失衡

城市建设用地扩张是城镇化进程中的必然现象，但我国在城镇化建设中，缺乏对城乡土地利用的集中规划，未充分考虑当地的人口规模，而是通过挤占农田进行"摊大饼"式的城市扩张，部分城市已经出现了大量的"空城"，城乡建设的空间失衡和以人口城镇化为导向的人口失衡相互交织，进一步加剧了城乡发展的不平衡。

2014年政府发布《国土资源部关于推进土地节约集约利用的指导意见》，明确提出要严格控制城市新区用地，此后城市无序扩张、农村萎缩的趋势虽然得到一定遏制，但并未完全消除。

一方面，从城市建设的绝对面积入手，分析城市扩张、农村萎缩的空间失衡问题。我国关于人均城市建设用地的划定较为复杂，在考虑城市所处气候区的前提下，基于城市人口规模，确定了人均建设用地的浮动区间。为说明我国城市迅速扩张的现实，我们统计了2005—2019年我国城市人均建设用地超过100平方米的地级市数量（如图2-4所示）。由图2-4可知，我国城市人均建设用地超过100平方米的地级市数量总体呈增加态势，由2005年的50个增加至2019年的122个，占地级市总数的比例也由2005年的17.24%上升至2019年的42.07%。

另一方面，从城市建设的扩张速度入手，分析当前城市扩张、农村萎缩的空间失衡现象。当下城市的无序扩张，集中体现为城市蔓延。所谓城市蔓延，是指非农建设用地以高速、低效、无序的方式扩张的现象。部分城市"摊大饼"式的扩张，使得农村土地被大量蚕食，加剧了城市与农村

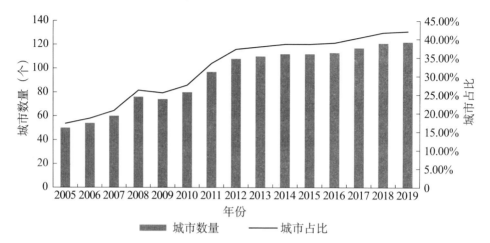

图 2 - 4   2005—2019 年城市人均建设用地超过 100 平方米的地级市数量及占比

资料来源：根据 EPS 数据库中的中国城市数据库整理。

间的空间失衡。我们统计了 2001—2019 年我国城市人均建设用地增长率超过市辖区人口增长率的地级市数量（如图 2 - 5 所示）。由图 2 - 5 可知，城市人均建设用地增长率超过市辖区人口增长率的地级市占地级市总数的比例一直稳定在 50% 以上，在 2012 年曾一度达到 75.86%。

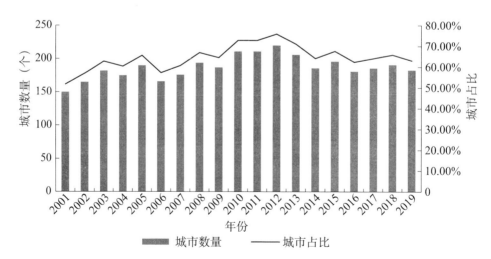

图 2 - 5   2001—2019 年城市人均建设用地增长率超过市辖区人口增长率的地级市数量及占比

资料来源：根据 EPS 数据库中的中国城市数据库整理。

在城乡过度扩张的背景下，农村萎缩不仅表现为城市建设对农用土地的侵占，还与人口失衡相互交织，进一步加剧了城乡发展过程中的空间失衡。该现象在西部地区表现得尤为突出。具体而言，由于城市的急速扩张，产生了失地农民这一社会群体，大量适龄劳动力只能离开农村，进城务工谋求生计。但是，西部地区农村中青年劳动力的迁移多为跨地区流动，进入西部地区城市的所占比例并不高，人口城镇化水平明显低于其他地区，使得空间城镇化与人口城镇化不相匹配，人口失衡与空间失衡相互交织，城乡发展不平衡进一步加剧。

（三）以农村承接传统制造业转移为主的产业失衡

在城镇化的中期阶段，由于城市和农村在资源禀赋、社会福利等方面存在位势差，大量人口由农村流向城市，属于典型的单向流动。但对于产业而言，情况就复杂得多了：随着城市地价的上涨，食品、服装、纺织、木材加工等附加值较低的传统制造业因受到经营成本的制约而大量由城市向周边农村地区转移，以信息技术、新能源、环保、生物工程为代表的附加值较高的战略性新兴产业成为各城市发展的重点，对提升城市综合竞争力具有不可忽视的作用。因此，随着城镇化进程向前推进，农村承接了大量的传统制造业转移，城市和农村产业失衡的现象愈加突出。下面结合京津冀地区的情况，说明城镇化进程中的产业失衡现象。

产业在城乡间转移的现象在京津冀地区表现得非常突出。图 2-6 显示了 2000—2019 年北京、天津、河北三省市的城市建成区面积占比。由图 2-6 可知，2000 年以来北京和天津城市建成区面积占比稳步提升，分别提升了 5.97 个、6.40 个百分点，城市建设进展迅猛，其中北京城市建设在 21 世纪初发展较快，天津 2010 年以来步入城市建设的快车道。相比之下，河北城市建成区占比变化不大，19 年间仅提升了 0.61 个百分点。进一步从城市建成区的绝对面积来看，北京、天津两个直辖市总面积不及河北的 10%，但城市建成区面积并不低于河北 11 个地级市的总和，北京城市建成区面积在 2003 年曾一度超过河北 11 个地级市之和。

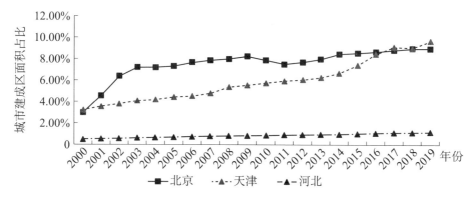

图 2-6　2000—2019 年北京、天津、河北三省市的城市建成区面积占比

资料来源：根据 EPS 数据库中的中国宏观经济数据库整理。

（四）忽视中小城市过渡作用的城市体系失衡

城市建设应与资源环境相协调，与社会经济发展相适应。2010 年出台的《全国主体功能区规划》圈定了一批城市化地区，为城市建设指明了方向。时隔四年之后，2014 年颁布的《国家新型城镇化发展规划纲要》围绕优化城镇化布局和形态展开了系统性论述。其在第十二章明确提出要促进各类城市协调发展，指出了增强中心城市辐射带动功能、加快发展中小城市、有重点地发展小城镇对于构建城市体系的重要作用。2017 年的十九大报告进一步明确了这一方针，强调以城市群为主体构建大中小城市和小城镇协调发展的城市格局。

一般而言，大城市人才、资金、技术等各类生产要素充足，是区域经济的增长极；中小城市作为城市与农村间的缓冲地带，可作为大城市产业转移的承接地，是实现城乡协调发展的催化剂。但是，近年来我国在城市建设中存在过度重视大城市建设、忽视中小城市过渡作用的倾向，使得城市体系呈现出失衡状态，不利于城乡协调发展的实现。下面主要结合京津冀城市群，比较分析我国中小城市建设的现状。

我们选取北京市相关经济指标在京津冀城市群中的占比（见图 2-7）加以分析。由图 2-7 可知，北京市地区生产总值在京津冀城市群中的占比一直保持在 40％以上，在 2007 年还曾一度达到 50.06％；城市建成区面积占整个城市群的 35％以上；北京市人口占整个城市群的比重不及其他两项指标，2016 年以前始终维持在 30％以上，但近年来呈下降趋势，说明北京人均生产总值的优势更加明显。但是，在京津冀城市群建设过程中，对京津周边中小城市的建设不够重视，河北城市建设与京津二地间存在巨大的鸿沟，一定程度上加剧了北京、天津对优质生产要素的虹吸效应，导致了城市体系失衡。与北京相比，河北 11 个地级市的城市建设严重滞后，河北的廊坊、保定、张家口、承德虽与北京相邻，但经济发展水平较低，

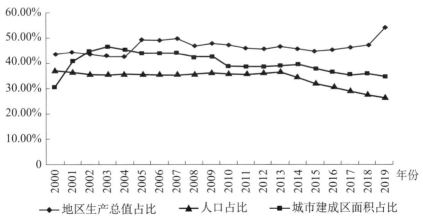

图 2-7 2000—2019 年北京市辖区相关经济指标在京津冀城市群中的占比

资料来源：根据 EPS 数据库中的中国城市数据库整理。

2016 年上述四市地区生产总值分别仅为北京的 3.52％、4.45％、2.59％、1.19％。在 2018 年公布的最新国家级贫困县名单中，河北有 39 个县上榜，这些县多分布于京津周边地区，形成了典型的"环京津贫困带"，加剧了城乡发展的不平衡。

通过上述分析，不难发现当前我国城乡发展不平衡的表现形式多种多样，共同构成贯彻落实新时代区域协调发展战略的障碍。但是，不论哪一种表现形式，都根源于将城乡截然对立起来的城乡关系。在新型城镇化和乡村振兴的背景下，中国已经由以农为本、以土为生、依村而治、根植于土的"乡土中国"，进入乡土变故土、告别过密化农业、乡村变故乡、城乡互动的"城乡中国"。但是，要真正实现城乡一体化的战略转型，就必须围绕城乡发展不平衡的主要表现，有的放矢，深入实施新时代区域协调发展战略。

新型城镇化与户籍制度改革

一、我国户籍制度的演变

城乡制度供给不均是我国城乡发展不平衡的重要原因，集中体现为城乡二元分割的户籍制度以及与之紧密相关的产业倾斜政策、公共服务差异化政策。从新中国成立到改革开放前夕将近 30 年的时间内，为尽快将我国从落后的农业国变为先进的工业国，工业化成为党和国家工作的重心。工业的迅速发展需要大量的农业原材料供应，但我国农业生产水平偏低，为保障农业原材料供给充足，通过增加农业劳动力数量保证农业产量成为必然选择。为此，我国政府先后出台了《中华人民共和国户口登记条例》（1958 年）、《中共中央关于制止农村劳动力流动的指示》（1959 年）、《公安部关于处理户口迁移的规定》（1964 年）等一系列政策性文件，限制城乡人口流动，城乡二元户籍制度得以确立和巩固，成为城乡发展不平衡的制度根源。

在此背景下，城乡间劳动力、资金等各类生产要素的自由流动受到限制，农村成为计划经济背景下城市工业发展的后援地，农村生产的各类中间产品与最终产品以极其低廉的价格单向流入城市，城乡工农产品间形成巨大的价格剪刀差，城乡缺乏双向经济互动，制度失衡与产业失衡并发，城乡发展不平衡更加严重。图 2-8 反映了 1952—1978 年我国三次产业增加值占比情况。由图 2-8 可知，改革开放前第三产业占比变化相对稳定，保持在 20%～35%的水平；第一产业占比总体呈下降态势，由 1952 年的 50.50%下降至 1978 年的 27.69%，平均每年降低 0.88 个百分点；第二产业增加值占比总体呈上升态势，由 1952 年的 20.88%上升至 1978 年的 47.71%，平均每年提升 1.03 个百分点。从数值上看，这种产业结构变动符合产业演进的一般性规律，但结合我国当时特殊的国情来看，这一趋势和城乡二元户籍制度、工农产品的价格剪刀差、公粮征收制度、农业税费政策是密不可分的。此外，在该时期内，农村居民若想进入城市居住，需要履行一系列烦琐的审批程序，否则就算自行进入城市也根本没有立足之地，与城市居民享受同等的社会公共服务也就更无从谈起，这成为城乡制度失衡的另一重要表现。

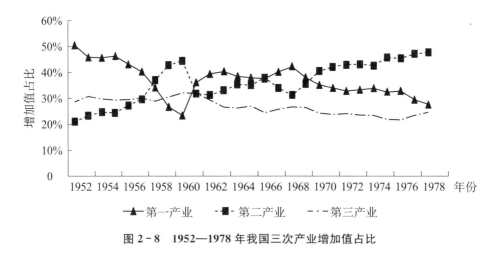

图 2-8　1952—1978 年我国三次产业增加值占比

资料来源：根据 EPS 数据库中的中国宏观经济数据库整理。

改革开放以来，随着家庭联产承包责任制的推行，农业生产力显著增强，大量农村劳动力从农业生产中释放出来，在大力实施沿海发展战略的背景下，农村剩余劳动力呈现出向附近城市及沿海发达地区城市集中的趋势。为此，国家颁行了《国务院关于农民进入集镇落户问题的通知》（1984 年）、《中华人民共和国居民身份证条例》（1985 年），传统城乡二元户籍制度出现松动，城乡生产要素自由流动成为可能。在此环境下，工农业关系发生历史性变革，特别是随着社会主义商品经济的发展和社会主义市场经济体制的建立，计划经济时代与二元户籍制度紧密相关的产业倾斜政策被取消，工农业发展步入正常的市场运行轨道。然而，尽管农村人口向城市流动的障碍被破除，但城乡户籍双轨制的不良影响依然存在，集中体现为进入城市的农村户籍人口并不享有与城市户籍人口同等的公共服务，"同工不同酬""同命不同价"等制度失衡现象广泛存在。

鉴于此，国家在世纪之交先后出台了《中共中央关于农业和农村工作
若干重大问题的决定》（1998年）、《关于推进小城镇户籍管理制度改革的
意见》（2001年），在鼓励人口自由流动的同时，强调要实现进入城市的农
村户籍人口与城市户籍人口福利的均等化。但是，城乡户籍双轨制的不良
影响依然存在。图2-9反映了2008年至2017年农业转移人口及城市在岗
职工月均收入的变化情况。由图2-9可知，农业转移人口的月均收入始终
低于城市在岗职工，且二者间差距呈逐步扩大的态势，导致农业转移人口
在经济层面上难以融入城市生活，城乡居民尚未实现社会公共福利的均等
化，使城乡制度失衡问题更加突出。

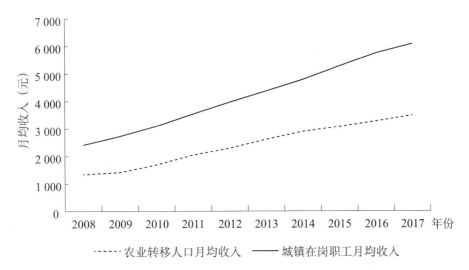

图2-9　2008—2017年农业转移人口及城市在岗职工月均收入情况

资料来源：根据国家统计局历年农民工监测调查报告和《中国劳动统计年鉴》整理。

城乡管理体制分割的制度失衡还引发了一系列社会问题，集中体现为
农业转移人口从心理上难以接受城市生活。著名社会学家费孝通在《乡土

中国》中指出中国社会属于典型的乡土性社会，将村落作为基本社区单元。由于土地的不流动性，孤立和隔膜成为人际空间排列关系的集中表现，地缘、亲缘关系成为农业转移人口融入城市生活的重要影响因素。根据历年的农民工监测调查报告，2016年农业转移人口在人际交往方面，老乡占比最高，达35.2%，比2015年上升了1.6个百分点，农业转移人口依存的亚生态环境得到强化，社会心理融入程度降低，加之城乡居民福利的差异化，2017年仅有18.4%的农业转移人口表示对所在城市的生活非常适应，这从侧面反映出该社会群体对城市缺乏认同感，成为制度失衡在社会意识层面的表现。

党的十八大以来，随着区域协调发展进入新时代，消除城乡管理体制分割的制度失衡迎来关键契机。2014年3月，《国家新型城镇化规划（2014—2020年）》问世，该文件提出要有序推进农业转移人口市民化，对我国户籍制度的优化提出了新的要求。同年7月，《国务院关于进一步推进户籍制度改革的意见》正式颁行，该文件改革力度之大、波及面之广前所未有，标志着我国城乡一体化户籍制度建设进入新阶段。可以预见，在国家相关政策的大力推动下，城乡管理体制分割的制度失衡将得到有效缓解。

在我国快速城镇化的进程中，人口流动不断改变各地区的用地需求，区域经济发展差距导致我国人口分布、经济分布和自然环境承载力不协调，大城市人口过于集中，城市负载强度过高，而中小城市公共服务体系不健全、低质服务过度建设，流动人口不能得到有效的公共服务保障，全国层面公共服务供需不匹配，人民对美好生活的需求不能得到有效满足。此外，城市空间结构正在发生深刻变化，习近平总书记在《推动形成优势互补高质量发展的区域经济布局》一文中提出，中心城市和城市群正在成为承载发展要素的主要空间形式。为了解决城镇化发展中面临的困境，应对当前发展形势，在地区之间，有必要对人口流入地和流出地的城镇建设空间重新加以配置，合理划定城市化地区范围；在城市内部，需要改进城市空间利用方式，以更好地发挥城市集聚经济效益，形成协同发展的城市群体系及城市内部合理的空间规划。通过优化国土空间开发保护格局，可以在保留生态及农业用地的基础上，促进土地资源高效利用，减少基础设施和公共服务的重复建设，关注人民现实需求，推进以人为中心的城镇化建设，提供更健康、更安全、更宜居的城市生活空间。

二、户籍制度改革的实施路径

城镇化是现代化的必由之路，是保持经济持续健康发展的强大引擎，是加快产业结构转型升级的重要抓手，是解决"三农"问题的重要途径和促进社会全面进步的必然要求。改革开放40多年来，我国国内生产总值已由1978年的3 679亿元增加至2018年的900 309亿元，创造了举世瞩目的中国奇迹。与之相适应，我国城镇化率也由1978年的17.92%提升至2018年的59.58%，年均提升1.04个百分点。

为推动已在城镇就业的农业转移人口落户，国家发展改革委印发的《2019年新型城镇化建设重点任务》提出要"继续加大户籍制度改革力度，在此前城区常住人口100万以下的中小城市和小城镇已陆续取消落户限制的基础上，城区常住人口100万—300万的Ⅱ型大城市要全面取消落户限制；城区常住人口300万—500万的Ⅰ型大城市要全面放开放宽落户条件，并全面取消重点群体落户限制"。此举主要是给城市现有农民工一个"身份"，积极推动已在城镇就业的农业转移人口落户，同时吸引更多农村人口到城市工作、生活。据统计，当前我国农民工达 2 亿多人，大量农民工在城市已经工作、生活很长一段时间，但由于此前城市户籍制度的限制，落户门槛较高，因此难以落户。

从空间格局上看，城市群、中小城市和小城镇将是新型城镇化的主要载体，中小城市和小城镇是接纳农村转移人口的主要区域。产业发展上，城镇化需要产业支撑，通过城市群集聚要素，提高服务业比重，吸纳新市民就业。未来，以城市群引领区域经济发展的趋势将更为明显。值得注意的是，对于超大特大城市，要调整完善积分落户政策，大幅扩大落户规模、精简积分项目，确保社保缴纳年限和居住年限分数占主要比例。当前，我国城镇化发展水平尚存在不均衡不充分等不足，超大特大城市面临人口过多、交通拥堵、大气污染、城市管理滞后等问题，马上完全放开落户还不具备充分条件，但在城镇化以及城市群协同高质量发展的未来，特大超大城市也将逐步放开落户条件。

实际上，Ⅰ型、Ⅱ型大城市也是城市人才争夺战的活跃力量。在人才引进方面，政策引导只能起支持作用，真正吸引人才、留住人才落户城市最原始的动力是让在此工作、生活的人拥有获得感、幸福感。一纸户口，已不再是人才选择在一个城市落户生根的决定性因素。未来，吸引人才落户对城市自身高质量发展提出了更高的要求，需要解决好城市公共服务、基础设施、城市管理等方面的问题，推动大中小城市协调发展。同时，还要注意把控房地产市场平稳运行，避免出现大起大落，让新市民真正实现住有所居、居有所安。

第三节

全面提升城市品质

城市品质，是一座城市品位和发展质量的综合体现，其涵盖产业经济、历史文化、城市建设、社会治理、公民素养等各个方面，是城市内部各要素集成发展的综合反映。一座城市要有品质，就要让人觉得环境宜人、出行便捷、生活富足、社会和谐。

一、贯彻新发展理念

要始终坚持贯彻新发展理念。新发展理念就是创新、协调、绿色、开放、共享的发展理念。创新发展注重的是解决发展动力问题；协调发展注重的是解决发展不平衡问题；绿色发展注重的是解决人与自然和谐问题；开放发展注重的是解决内外联动问题；共享发展注重的是解决社会公平正义问题。

加快建设宜居城市。实施城市更新行动，合理确定城市规模、人口密度、空间结构，建设海绵城市、韧性城市，推进城市大脑建设，提高城市治理现代化水平。坚持"房子是用来住的、不是用来炒的"的定位，着力稳地价、稳房价、稳预期，保持房地产市场平稳健康发展，构建租购并举的住房制度，建立健全长租房政策体系，着力解决青年群体住房问题。

加快建设创新城市。创新是一个城市未来发展的重要动力。人才是创新的重要因素，通过深化推进改革创新，持续壮大人才队伍，制定相应的引才政策，加快各类创新资源集聚，高标准打造各类创新平台，优化创业创新生态，为建设高水平创新型城市打下坚实基础。

加快建设智慧城市。加强素质基础设施建设，推进"互联网＋政务服务"、智慧医疗、智慧教育、智慧人社服务、智慧交通等项目的建设，通过数字城市的建设，夯实城市管理基础、增强管理能力。

加快建设绿色城市。随着近年来城镇化的快速推进，一些城市空间无序开发，重经济发展、轻环境保护，导致大气、水、土壤等污染加剧，已经影响到城市功能的正常发挥。在今后相当长一段时期，城镇化还将是我国经济社会发展的最大动力和引擎，推动以绿色、生态为目标的新型城镇化迫在眉睫。一方面，要提高城市规划的编制水平，切实发挥规划的引领作用；另一方面，要加强自然和历史资源保护，完善动态管理机制。要在加大环境保护和治理力度的同时，壮大战略性新兴产业，培育绿色经济增长点，带动绿色就业，推动绿色科技创新。

加快建设人文城市。要聚焦满足人民群众日益增长的文化需求，加大投入力度、创新思路举措，切实抓好基础设施建设、专业人才培养、龙头企业培育等工作，着力优化结构、打造品牌、提升内涵，不断推动文化事业、文化产业繁荣发展。

加快建设韧性城市。推进城市安全体系建设变革，更好地统筹发展和安全，促进城市持续和永续发展。结合城市数字化转型和城市治理现代化，进一步锻长板、补短板、强弱项，不断提升城市的功能韧性、过程韧性、系统韧性，更好地应对各类风险挑战和不确定因素。

二、完善城市承载功能与提高城市资源配置能力

承载力是源于生态学研究领域的一个概念，在区域经济研究中常用于研究某地区的发展限制程度，也就是承载能力。马尔萨斯的《人口原理》被认为是承载力相关研究的起点，此后很长一段时间，人口的增长并未带来比较严重的城市发展问题，承载力相关研究便很少得到关注。第二次世界大战结束后，随着经济的发展和人口的急速增长，资源环境矛盾开始显现，关于承载力问题的研究重新引起学术界的广泛关注。在城市承载力方面，国外学者的研究较少，国内学者的研究开始于 21 世纪 80 年代。21 世纪初建设部提出城市综合承载能力的概念之后，我国关于承载力问题的研究大幅增加。大多数学者就城市某一方面的承载力进行研究，比如交通环境承载力问题、不同地区的水资源承载力问题，还有学者从生态环境、产业、土地等角度进行研究。提升城市品质的重要着力点在于完善城市承载功能，新型城镇化的目标之一就是全面提升城市品质，在以人为核心的基础上推进城市综合承载力的升级。

按照资源环境承载能力合理确定城市规模和空间结构，统筹安排城市建设、产业发展、生态涵养、基础设施和公共服务。推行功能复合、立体开发、公交导向的集约紧凑型发展模式，统筹地上地下空间利用，增加绿化节点和公共开敞空间，新建住宅推广街区制。首先，扎实推进重点基础设施配套，进一步提升城市功能。以人与自然的和谐共处为准则，通过重点基础设施配套的建设，提升城市人居环境，例如，通过优先发展公共交通，缓解交通拥堵情况，倡导绿色交通与绿色出行。其次，促进城市内部

教育资源，特别是基础教育资源优化布局，促进教育均衡发展。再次，优化医疗资源布局，推广家庭医生制度，完善医疗保障制度，推广商业医疗保险作为社会医疗保险的补充，着力解决看病难、看病贵的问题。另外，以创新推进新型社区建设为重点，进一步提升城市建设品质。着眼于改善群众居住条件、推动社区可持续发展，积极创新新型社区建设模式。最后，还要坚持绿色发展，注重生态环境建设。生态环境是城市发展的载体，是综合承载力的重要影响因素。城市内部各个区域在发展程度上存在差异，在生态保护方面的利益协调更加复杂。建立合理的利益补偿机制是城市内部生态协调发展的基础，合理规划各地区产业布局，推动观光农业、生态旅游业发展，建设生态宜居城市。

资源配置能力指特定城市集聚、扩散与利用资源的能力，这里的资源涉及资金、人才、基础设施、自然资源等，其中资金、人才等影响城市资源利用效率，基础设施和自然资源影响资源配置成本。城市资源配置能力受多方面因素的影响：第一，城市资源存量。城市形成初期受所在地区自然资源禀赋的影响较大，发展能力很大程度上受制于所在地区资源存量的丰富程度；在城市发展的成型阶段，资源存量的状况影响城市的类型和发展方向；在城市发展的成熟阶段，空间资源决定城市规模的上限。第二，区位特征。区位特征主要指交通区位。良好的区位能够提高资源集散的效率，对于提高城市竞争力有很大帮助，如中国的内陆城市武汉、郑州，沿海城市上海、深圳等，得益于良好的区位，近年来发展态势良好。第三，制度环境。如果说资源存量和区位条件是影响城市资源配置能力的硬条件，那么制度特征便是影响城市资源配置能力的软条件，它对城市的发展起着润滑剂的作用。城市发展的根本是产业的发展，产业的发展受城市投资和营商环境等因素的制约，正确处理政府和市场之间的关系，构建良好的投资和营商环境，是提高城市资源配置能力的重要方面。

从单个城市的角度看，重点在于优化城市内部的产业布局。要从全局考虑，根据城市内部现有资源的分布情况制定科学合理的产业规划，重视生产性服务业的发展。生产性服务业是城市经济发展到高级阶段时的主导产业类型。通过合理布局生产性服务业，支持和服务本区域以及其他城市相关制造业发展是提高区域经济内生发展能力的有效途径。在推进区域合作的基础上，可以通过建立跨行政区管理机构，至少是在经济层面上的跨行政区管理机构，统一指导经济发展，避免不同城市之间产业发展雷同造成的恶性竞争与资源内耗，合理制定利益协调与分配机制，实现协同合作、互补发展。从城市群的角度看，要以城市群建设为契机，合理构建城市网络体系，提高城市群综合承载力。城市群内部各城市之间的协调能力是城市群综合承载力的基础，在交通、医疗、教育等关乎民生的领域综合考虑各城市发展的特点，合理布局，避免资源过度集中，形成合理的重点资源分布网络，以提高应对突发事件的能力。

三、提高城市治理水平

政府治理的方式和能力在现代经济社会发展中的作用越来越受到重视，国家能力（国家力量）建设对处于现代化进程中的发展中国家至关重要，政府施政的范围与功能和政策执行的效能与力量决定了政府的治理能力。《2019 年新型城镇化建设重点任务》提出，超大特大城市要立足城市功能定位、防止无序蔓延，合理疏解中心城区非核心功能，推动产业和人口向 1 小时交通圈地区扩散。大城市要提高精细化管理水平，增强要素集聚、高端服务和科技创新能力，发挥规模效应和辐射带动作用。中小城市发展要分类施策，都市圈内和潜力型中小城市要提高产业支撑能力、公共服务品质，促进人口就地就近城镇化；收缩型中小城市要瘦身强体，转变惯性的增量规划思维，严控增量、盘活存量，引导人口和公共资源向城区集中。

第一，在当前的城镇化发展阶段，大力推动实施城市更新行动，推进城市生态修复、功能完善工程，统筹城市规划、建设、管理，合理确定城市规模、人口密度、空间结构，促进大中小城市和小城镇协调发展。第二，强化历史文化保护，塑造城市风貌，提升城市治理水平。加强城镇老旧小区改造和社区建设，增强城市防洪排涝能力，建设海绵城市、韧性城市。提高城市治理水平，加强特大城市治理中的风险防控。第三，优化中心城市、都市圈和城市群体系设置。在全国层面合理规划布局一定数量的中心城市和城市群，发挥中心城市和城市群的辐射带动作用，建设现代化都市圈。中心城市可划分为国家中心城市、区域性中心城市和地区性中心城市。都市圈承担未能形成大规模城市群的地区的超行政区空间职能，旨在促进区域内部资源合理布局与配置，以中心城市或主城区为引领，带动区域发展，补充新型城镇化空间体系。城市群可进行如下分级：一级城市群，主要引领全国参与国际竞争，提升我国在经济全球化进程中的影响力和控制力；二级城市群，主要是大区域经济发展引导力量、未来经济集聚中心、基础战略产业布局区域；三级城市群，即区域性增长中心，可将其建设成为国家战略产业区域集聚中心，促进全国统筹。以主要中心城市、都市圈和城市群为支撑，全面推进以人为核心的新型城镇化，优化城市体系结构，坚持依据以水资源为主的各种资源的丰度规划城市规模，按照各城市间的产业格局构建经济区、都市圈或城市群。通过产业转移合理化产业布局，有序引导人口流动，充分发挥城市集聚人口和产业的作用，形成新的区域经济增长极，带动区域经济社会发展，并推动以人为核心的新型城镇化。

推进城市管理执法体制改革，组建城市管理综合执法部门，理顺市、区两级城市管理职责。健全网格化管理模式，加强徒步街巷现场管理及巡查考核工作，进一步提升城市管理的精细化水平。完善各项保障机制，促进污水处理厂和垃圾处理场稳定运行。巩固提升"创国卫"成果，确保顺利通过国家复审。启动全国文明城市创建工作，提升城市文明程度和市民文明素质。加强住宅小区物业管理，提升城市社区治理服务水平。

第三章

完善城镇化空间布局

城镇化是一个国家迈向现代化的必经之路，是缩小地区发展差距、加快实现共同富裕的重要支撑，同时也是促进国内大循环、扩大居民消费、实现新旧动能转换的有力推手，在促进高质量发展、创造高品质生活方面具有不可替代的作用，对于我国实现第二个百年奋斗目标、全面建设社会主义现代化国家具有重大现实意义和深远历史意义。改革开放以来，中国经历了世界历史上规模最大、速度最快的城镇化进程，城市发展波澜壮阔，取得了举世瞩目的成就。2020 年年末，常住人口城镇化率达到 63.89%，比 1978 年末提高了 45.97 个百分点，年均提高 1.09 个百分点。在城镇化发展的进程中，城镇空间的布局深刻地影响着区域经济发展。不合理的城镇空间布局，不仅会造成重复建设、降低资源利用效率，还有可能会产生负的外部性，严重制约当地经济发展。特别是近年来区域协调发展对城镇空间布局提出了更高的标准和更高的要求，区域间要逐渐形成梯次有序的区域分工格局，各外围区域要密切联系核心区域，并与核心区域形成合力。当前我国地区间城镇化水平差距较大，以往经济体系形成的空间格局已经严重滞后于我国目前的经济发展，空间布局的再优化迫在眉睫。"十四五"规划明确指出要"发展壮大城市群和都市圈，分类引导大中小城市发展方向和建设重点，形成疏密有致、分工协作、功能完善的城镇化空间格局"。

第一节

第一节

推动城市群一体化发展

城市群是指若干个空间位置邻近、交通设施连接贯通、经济交往联系密切的大中小城市和市郊地区组成的有机整体。从全球范围的城市发展史来看，城市群的发展普遍发生于发达国家和新兴市场经济体中，尽管线上和远程沟通的成本进一步下降，但是城市却并没有因此而趋于扩散，城市群的集聚程度和经济的集约水平反而进一步提高了。更重要的是，城市群存在的知识外溢和学习效应使得其成为世界各国经济增长的新动能。美国的波士华城市群土地面积仅占其国土面积的2%，却居住了17%的人口，创造了20%的GDP；日本的太平洋沿岸城市群土地面积仅占其国土面积的9%，却居住了53%的人口，创造了60%的GDP。类似的情况还发生在大伦敦地区、大巴黎地区以及德国莱茵—鲁尔地区。在美国、日本和西欧国家，尽管国家层面的人口城镇化已经基本保持稳定，但人口和经济活动仍继续在向以少数大城市为中心的城市群集聚[①]。"十四五"规划提出要"以促进城市群发展为抓手，全面形成'两横三纵'城镇

---

① 中国发展研究基金会课题组.中国城市群一体化报告.(2019-03-18)[2021-12-25]. http://www.cdrf.org.cn/jjhdt/4898.htm.

化战略格局"。

在新型城镇化的大背景下，城市群已经成为推动经济增长、实现区域协调发展、提高国际竞争力的重要载体。随着我国大城市的不断发展，其辐射带动作用将不断增强，同时受限于其资源承载能力，大城市周边的城市将不断融入以中心城市为核心的城市群中，城市群将是我国城市发展的重要平台。我国城市群的发展从空间上呈现出"由南向北、由点及面"的发展轨迹。2014年《国家新型城镇化规划（2014—2020年）》提出把城市群建设成为支撑全国经济增长、促进区域协调发展、参与国际竞争合作的重要平台。预计在双循环背景下，城市群作为主要空间动力源，将继续起到带动区域经济增长的作用。

当前，我国经济发展进入新时代，在关注经济总量中速增长的同时更加关注经济增长的质量和结构问题。如何转换经济增长模式、转变增长动能，培育新的经济增长极，进而缩小地区发展差距，促进区域协调发展，实现区域一体化发展，已经成为我国政府当前面临的重大问题。而城市群作为后工业化时期经济发展的重要载体，将发挥无可替代的作用。从"十四五"时期到2035年基本实现社会主义现代化的发展阶段，城市群将依然是中国推动城镇化的主体空间形态，是中国经济发展最具活力和潜力的核心增长极[①]。以中心城市引领城市群发展、以城市群带动区域发展的新模式将逐渐成熟，实现区域板块之间融合互动发展。

"十四五"规划提出："以促进城市群发展为抓手，全面形成'两横三纵'城镇化战略格局。优化提升京津冀、长三角、珠三角、成渝、长

---

① 方创琳.科学选择与分级培育适应新常态发展的中国城市群.中国科学院院刊，2015，30(2)：127-136.

江中游等城市群，发展壮大山东半岛、粤闽浙沿海、中原、关中平原、北部湾等城市群，培育发展哈长、辽中南、山西中部、黔中、滇中、呼包鄂榆、兰州—西宁、宁夏沿黄、天山北坡等城市群"。19个国家级城市群被分成了优化提升、发展壮大和培育发展三种类型，其中12个城市群规划已先后得到了国务院的批复（见表3-1）。京津冀城市群、长三角城市群、珠三角城市群和成渝城市群均以建设高标准世界级城市群为远期目标，并规划在未来5～15年的时间内实现。长江中游城市群以培育中国经济新增长极为目标，在注重经济增长的同时，也兼顾了新型城镇化和社会建设等任务。其余城市群的目标定位呈现多元化、特色化和绿色化的特点，在建设区域性城市群的同时，更注重践行创新、协调、绿色、开放、共享的新发展理念，保证新时代的发展成果最大限度地惠及城乡居民。

表3-1 国家级城市群的发展类型及规划批复情况

城市群类型	城市群	规划及批复时间
优化提升型城市群	京津冀城市群	《京津冀协同发展规划纲要》（2015年）
	长三角城市群	《长江三角洲城市群发展规划》（2016年）
	珠三角城市群	《粤港澳大湾区发展规划纲要》（2019年）
	成渝城市群	《成渝城市群发展规划》（2016年）
	长江中游城市群	《长江中游城市群发展规划》（2015年）
发展壮大型城市群	山东半岛城市群	
	粤闽浙沿海城市群	
	中原城市群	《中原城市群发展规划》（2016年）
	关中平原城市群	《关中平原城市群发展规划》（2018年）
	北部湾城市群	《北部湾城市群发展规划》（2017年）
培育发展型城市群	哈长城市群	《哈长城市群发展规划》（2016年）
	辽中南城市群	
	山西中部城市群	
	黔中城市群	

续表

城市群类型	城市群	规划及批复时间
培育发展型城市群	滇中城市群	《滇中城市群发展规划》（2020 年）
	呼包鄂榆城市群	《呼包鄂榆城市群发展规划》（2018 年）
	兰州—西宁城市群	《兰州—西宁城市群发展规划》（2018 年）
	宁夏沿黄城市群	
	天山北坡城市群	

资料来源：根据政府规划文件整理。

一、优化提升型城市群

"十四五"规划提出"优化提升京津冀、长三角、珠三角、成渝、长江中游等城市群"，而在"十三五"规划中，对城市群布局的表述是"优化提升东部地区城市群，建设京津冀、长三角、珠三角世界级城市群"，"发展壮大东北地区、中原地区、长江中游、成渝地区、关中平原城市群"。由此可以看出，京津冀、长三角、珠三角三大城市群属于我国城市群发展的第一梯队，而成渝、长江中游城市群的地位则得到明显提升。

近年来，京津冀、长三角、珠三角、成渝、长江中游五大城市群作为我国经济发展和科技创新的"排头兵"和"方向标"，在产业结构升级、城市群空间优化、科技研发投入等方面取得了显著成绩。这五大城市群占地面积 99.3 万平方公里，占全国陆地总面积的 10.34%，但 2019 年集聚了 5.57 亿常住人口，占全国人口的 39.79%，2019 年贡献了 52.76 万亿元的生产总值，约占全国的 53.25%。其中，长三角城市群常住人口规模最大，贡献的生产总值也最多。从人均地区生产总值水平来看，珠三角城市群和长三角城市群明显高于其他三大城市群，京津冀城市群则包括了较多欠发达地区，人均地区生产总值水平还有很大的提升空间（见表 3-2）。

表 3-2　2019 年中国五大城市群发展概况

城市群	地区生产总值（万亿元）	常住人口（千万人）	土地面积（万平方公里）	人口密度（人/平方公里）	人均地区生产总值（万元）
京津冀城市群	8.46	11.3	21.5	525.6	7.49
长三角城市群	19.7	15	21.2	707.5	13.13
长江中游城市群	9.4	13	32.6	398.7	7.23
珠三角城市群	8.69	6.4	5.5	1 163.6	13.58
成渝城市群	6.51	10	18.5	540.5	6.51

资料来源：《中国统计年鉴 2020》《中国城市统计年鉴 2020》。

在产业结构方面，中国五大城市群存在明显差异：京津冀城市群拥有大量的科技创新人才，具备适宜高新技术企业发展的土壤。天津港是我国北方的著名大港，集装箱吞吐量位居全球前列，承担着京津冀地区参与全球价值链分工协作、开展国际贸易的重大职能。随着雄安新区国家战略的落地，生产要素在京津冀地区内部的流动将更加畅通，生产性服务业将迎来高速发展的战略机遇。目前京津冀地区第三产业占比位居国内五大城市群首位，2021 年达到 64.87%。长三角城市群拥有远东国际金融中心，成渝城市群发展时间相对较短，其产业结构呈现出"二、三、一"的特征，其中重庆作为中国直辖市之一，具有雄厚的工业基础和发达的交通网络，产业结构以第二产业为主。近年来飞速发展的天府新区、高新技术园区为成都的产业发展增添了新动力，使成都成为中国近年来发展迅速的区域之一①。

从万亿级城市数量来看，2021 年长三角城市群拥有上海市、苏州市、杭州市、南京市、宁波市、无锡市、南通市和合肥市共 8 个万亿级城市，

---

① 张秋凤，牟绍波．新发展格局下中国五大城市群创新发展战略研究．区域经济评论，2021（2）：97-105.

形成了多中心的空间结构；珠三角城市群拥有广州市、深圳市、香港特别行政区、佛山市和东莞市共 5 个万亿级城市，仅次于长三角；京津冀城市群、成渝城市群、长江中游城市群各拥有 2 个万亿级城市，分别为北京市和天津市、成都市和重庆市、武汉市和长沙市。

进入"十四五"时期，京津冀城市群高质量发展的机遇与挑战同在，仍需进一步加强城市群内部的分工与合作。北京和天津的城市中心要突出发展处于"微笑曲线"两端、高附加值、成长性、创新性、前沿性行业以及生产性服务业的重点环节，而北京和天津的外围地区以及河北省大多数地区的城市仍要致力于发展规模性、重资本的大型制造业，河北省的中小城市可以着力发展一些"专精特新"的配套行业，扶持中小型企业，形成雁阵型的分工模式。政策要向大城市周边空闲地带倾斜，吸引高校等科研院所和大型国企在低成本地区落地，吸引社会资本共建生产研究基地。这一方面能够辐射带动城市群的发展，提升整体的竞争力，另一方面能够借助周边的生产网络缓解大城市集聚不经济的问题，推动产业升级和结构优化，提升核心城市的竞争力。还应进一步完善城市群内部的产业合作协调机制，搭建合作交流平台，逐步构建产业转移信息平台，鼓励跨行政区共建产业园区①。

为加速长三角城市群的网络化步伐，"十四五"时期可将上海作为一级中心，扩大上海同南京、苏州、无锡、杭州、宁波、合肥 6 大次级中心的经济活动往来，联动南京都市圈、苏锡常都市圈、杭州都市圈、宁波都市圈、合肥都市圈，形成"一市五圈"的网络化空间格局。长三角城市群

① 孙久文，张泽邦. 面向高质量发展的城市群治理. 前线，2019（10）：60-63.

是实现现代化的先导地区，建设自贸区、发展高端服务业、普及医疗教育、形成便捷的交通网都是未来的重要任务[①]。

长江中游城市群要加快培育世界级核心城市，推动区域创新跨越式发展。长江中游城市群的发展模式具有多中心性，拥有多个人口过千万的城市，但是，长江中游城市群还处于多中心性发展的初级阶段，相比其他多中心性城市群，长江中游城市群仍然缺乏具有国际影响力的国际化、世界级城市，在创新创业、吸引人才等方面存在较大不足。

珠三角城市群应继续发挥毗邻港澳的地理优势，深化与香港、澳门的区域合作，推进科技创新、实现交通一体化、促进创新要素跨境流动。加大区域内资源的整合力度，确保城市群网络内部各城市人口规模与经济规模同步扩容，为新时代"一国两制"的理论突破与实践创新提供新蓝本[②]。

成渝城市群创新需要重构供应链、产业链，提升在全球价值链中的地位，实现区域协同发展。成渝城市群呈现出"双中心"的发展模式，两个中心联系日臻密切，协同程度不断提高。

二、发展壮大型城市群

"十四五"规划提出"发展壮大山东半岛、粤闽浙沿海、中原、关中平原、北部湾等城市群"。这与"十三五"规划中相关表述大为不同。

"十三五"规划提出："优化提升东部地区城市群，建设京津冀、长三角、珠三角世界级城市群，提升山东半岛、海峡西岸城市群开放竞争水

---

① 孙久文."十四五"规划与新时代区域经济发展.中国经济报告，2021（3）：98-104.
② 孙久文."十四五"规划与新时代区域经济发展.中国经济报告，2021（3）：98-104.

平。培育中西部地区城市群，发展壮大东北地区、中原地区、长江中游、成渝地区、关中平原城市群，规划引导北部湾、山西中部、呼包鄂榆、黔中、滇中、兰州—西宁、宁夏沿黄、天山北坡城市群发展，形成更多支撑区域发展的增长极。促进以拉萨为中心、以喀什为中心的城市圈发展。"

通过对比"十三五"规划和"十四五"规划的表述，可以发现：

第一，"粤闽浙沿海城市群"取代了"海峡西岸城市群"。《海峡西岸城市群协调发展规划》于2009年获国家批复，海峡西岸城市群首次出现并被确立为国家级城市群，其范围包括福建9个地市，浙江3个地市，江西4个地市和广东4个地市，涉及闽浙粤赣四个省份，其规划目标是将海峡西岸建设成为促进祖国统一大业的前沿平台，推动国际合作的重要窗口，衔接长三角和珠三角、辐射中西部的沿海增长极，两岸文化交融、社会和谐的示范区，践行科学发展观的先行区。虽然粤闽浙沿海城市群的相关规划还未出台，但从城市群名称的变化来看，粤闽浙沿海城市群将从国家区域协调发展的层面来规划东南沿海城市的发展，更好地服务中国发展新格局。

第二，北部湾城市群地位得到提升。"十三五"规划中北部湾城市群的定位属于"规划引导"的发展类型，而在"十四五"规划中则进入了"发展壮大"的范畴，这意味着北部湾城市群的地位发生了变化。近年来，北部湾城市群的建设和发展获得了中央政府的高度重视，得到了一系列国家政策的高度青睐和适度倾斜，特别是近年来提出的西部陆海新通道建设，为北部湾城市群带来了巨大的发展潜力。西部陆海新通道主要涉及广西、重庆和四川三省（区、市），辐射南宁、重庆、成都等城市。这条通道将成为我国西部地区重要的黄金运输通道，带动西部地区深度融入全球价值链和供应链。

三、培育发展型城市群

"十四五"规划提出"培育发展哈长、辽中南、山西中部、黔中、滇中、呼包鄂榆、兰州—西宁、宁夏沿黄、天山北坡等城市群"。整体上来看，培育发展型城市群均为区域性中心城市群，其中大部分城市都是资源型城市。然而，在我国经济增速换挡、产业结构转型升级的过程中，上述城市大多还未转型到既与本地比较优势相匹配又可促进经济高质量增长的新型产业，资源型、劳动力密集型等低附加值的产业仍然是其经济的支柱产业。

未来，培育发展型城市群应从以下两个方面发力：

第一，大力培育接续替代产业。对于资源储量大的资源型城市，要在条件允许的范围内发展主体资源深加工，延长产业链，大力发展接续性产业。石油工业城市可重点开发石油化学工业等下游产业；煤炭工业城市可建设基于清洁能源、清洁生产和循环经济技术的能源、原材料工业综合体。在搞好接续产业发展的同时，也需要未雨绸缪，尽早谋划发展替代产业。对于资源已经枯竭或接近枯竭的城市，要在及时总结转型试点经验的基础上，借鉴资源型城市转型发展的成功案例，积极培育既符合市场需求和产业发展方向又适应本地发展实际的替代产业①。

第二，进一步完善城市功能。切实转变资源型城市"高污染、低价值，重生产、轻生活"的特征，大力健全城市的居民服务和宜居宜业的功能，结合老旧小区改造，优化城市空间布局和结构，进一步完善城市功能。同时，要实现从注重要素扩张向注重要素效率提升的经济发展模式的转变，

---

① 黄征学. 促进辽中南城市群发展研究. 经济研究参考，2014（33）：32 - 43，84.

着重发展生产性和生活性服务业，深度转变城市职能，通过环境优化、城市改造、产业重塑完善区域性中心城市的功能，致力于促进经济高质量发展。

四、推动城市群一体化发展的路径

城市群并非若干城市在一定空间范围内的自然布局与简单组合，城市群成"群"的关键在于城市间要素自由流动、资源高效配置、基础设施对接、产业关联配套、公共服务均等。城市群是在空间上邻近且经济联系密切的若干城市构成的网络化统一体。

无论是优化提升型城市群、发展壮大型城市群还是培育发展型城市群，在发展过程中都需要有竞争力较强的中心城市作为城市群发展的有力支撑。通过做强做大中心城市，使其从经济发展上起到对其他城市的引领带动作用，在产业分布上促使城市群产业整体空间布局优化，最终通过中心城市的发展提高城市群整体发展水平。中心城市要在科技研发方面提高创新能力，增强自身的科技引领带动作用。要提高中心城市在制度设计、治理体系等方面的创新能力，推进管理体制改革，突破行政边界，提升中心城市在城市群中的管理能力，更好地推动城市群内部协同发展[①]。

优化提升型城市群、发展壮大型城市群和培育发展型城市群在发展定位和思路上应有所差异：优化提升型城市群要以建设国家级中心城市为抓手，打造引领我国经济增长、具有国际影响力和广泛参与全球竞争的新型增长极，最终建成世界级城市群；发展壮大型城市群一般以一个以上国家中心城市或区域性中心城市为核心城市，目标是建设成为全国地理大区的

---

① 孙久文，易淑昶，傅娟. 提升我国城市群和中心城市承载力与资源配置能力研究. 天津社会科学，2021（2）：102 – 109.

重要增长极并承担所在地理大区的特定职能；培育发展型城市群尚处于城市群发育的初级阶段，未来应注重提高中心城市的发展规模和能级，努力建设成为辐射带动周边的地区性城市群。

在城市群一体化进程中，必须考虑以下三方面因素。首先是城市间的行政区划分割。如果不打破城市间的市场封锁、准入壁垒，就难以在城市群内部形成优势互补的网络化空间格局。其次是各城市的功能定位。要在科学评估各城市资本、人才、技术、信息等要素禀赋的基础上，选准并优先发展主导产业、配套发展关联性产业、积极发展需要就地平衡的基础性产业、努力扶持潜导产业，营造合理分工、错位发展的网络化空间格局。最后是资源环境综合承载力。城市群必须以国家主体功能区划为指导，充分考虑土地、水源等多重约束，并以此为依据确定其地域范围、人口规模与产业选择，防止城市群网络的无序扩张[①]。

建设现代化都市圈

"十四五"规划提出"依托辐射带动能力较强的中心城市，提高 1 小

---

① 孙久文，蒋治．"十四五"时期中国区域经济发展格局展望．中共中央党校（国家行政学院）学报，2021（4）：77–87．

时通勤圈协同发展水平，培育发展一批同城化程度高的现代化都市圈"。
目前都市圈已成为促进我国经济社会快速健康发展和积极参与国际竞争的
主要载体，同时又是协调地区发展的最大驱动引擎。在未来，都市圈的快
速蓬勃发展将是吸纳资本、人才和发展信息产业，建立地区综合竞争创新
优势，促进经济与社会总体转型提升的关键基础。2020 年，全国常住人口
城镇化率达到了 63.89%，我国也已进入了新型城市化高速发展的时期。
这一阶段要将提升新型城市化质量摆在首要地位。培育和完善我国现代化
都市圈是实现中国城市化高质量快速发展的重点抓手，既可以优化人口结
构与经济社会快速发展的空间布局，也可以提升城市内生经济发展动能[①]。

一、都市圈的理论内涵与实践特点

都市圈是城市群内部以超大特大城市或辐射带动功能强的大城市为中
心、以 1 小时通勤圈为基础区域的新型城镇化空间结构形式。1957 年，法
国学者戈特曼首先明确提出了都市圈的概念，用来概述某些发达国家的大
城市群的状况。这种大城市群通常具备如下特点：区域内的都市高度集
聚，人口规模庞大，都市之间有着建立在分工明确、各具特色、优势互补
基础上的紧密的经济联系，是发达国家经济活动最活跃、最重要的地区[②]。

在实践层面，相比经济带、城市群等国家—区域尺度的空间单元，城
市尺度的都市圈面临的行政壁垒较少、自下而上的市场自育程度较高、内
生发展动力较强，因而逐渐受到区域政策的青睐。"十三五"规划出台以

---

① 戴德梁行. 中国都市圈发展报告 2019. (2020-03-30)[2021-11-23]. http://www.199it.com/archives/1023960.html.

② 张梅青，左迎年. 首都圈经济一体化发展进程研究. 北京交通大学学报（社会科学版），2013，12（1）：15-22.

来，都市圈在新型城镇化、区域一体化、区域协调发展等国家战略中的政策地位不断巩固提升。在新型城镇化战略中，《关于培育发展现代化都市圈的指导意见》强调，建设现代化都市圈是推进新型城镇化的重要手段。并且从 2018 年开始，都市圈建设连续三年被列为推进新型城镇化建设的重点任务。在区域一体化战略上，《长江三角洲区域一体化发展规划纲要》强调，都市圈一体化发展是推进区域一体化的重要环节。在区域协调发展战略中，都市圈作为更小空间尺度的政策单元，有助于区域协调发展新机制的建立与优势互补高质量发展的区域经济布局的形成，因而在"十四五"规划中承担了优化国土空间布局、推进区域协调发展的重任。都市圈在各项政策中的功能定位不断丰富完善，从促进城市群发展、增强中心城市辐射带动能力转变为优化城镇化布局形态、推进区域协调发展和新型城镇化[①]。2019 年，国家发展改革委发布《关于培育发展现代化都市圈的指导意见》，提出都市圈发展的两个阶段目标：到 2022 年，都市圈同城化取得明显进展；到 2035 年，现代化都市圈格局更加成熟，形成若干具有全球影响力的都市圈。

二、基础设施的连接性贯通性

"十四五"规划提出"以城际铁路和市域（郊）铁路等轨道交通为骨干，打通各类'断头路'、'瓶颈路'，推动市内市外交通有效衔接和轨道交通'四网融合'，提高都市圈基础设施连接性贯通性"。交通作为联络地域空间中社会经济活动的重要纽带，是中心城市辐射带动周边地区经济发

---

① 孙久文，宋准. 双循环背景下都市圈建设的理论与实践探索. 中山大学学报（社会科学版），2021，61（3）：179 - 188.

展的根本保证。都市圈发展的核心内容是实现生产要素的有效流通和优化配置，而完善的城市交通网络则是促进生产要素流通的必要条件①。

交通发展滞后是制约都市圈充分发展的重要原因之一。为了推进都市圈和城市群内部交通一体化发展，2021 年 2 月中共中央、国务院颁布的《国家综合立体交通网规划纲要》指出，要强化城市群边界区域交通与轨道顺畅衔接，进一步推进城市群区域内轨道交通网络化，进一步健全城市群区域道路网络，形成高效快捷的城际立体空间交通网络。进一步完善城市群区域内重点口岸、车站、航空港的路网衔接性，进一步推动城市群区域内口岸群、航空港集群统筹资源开发与利用、信息资源共享、分工协作、互惠共赢，进一步提升城市群区域内枢纽系统的整合效能与竞争力。进一步整合城际路网、运力和运输队伍，进一步提升都市交通运输服务效能。积极布局规划综合型民用飞机场，疏解都市繁华飞机场的民用航班活动，优先发展都市直升机货运业务，形成城市群区域内的高速航空交通运输网。建立健全城市群区域内交通运输协调发展体制机制，以促进有关政策、规范、技术标准等的统一。

都市圈内部要加强道路交通衔接，形成级配合理、接入顺畅的路网系统，优化城市道路网结构，建设连接中心城区与卫星城、新城的大容量、快速化轨道交通网络，推进公交化运营。有序发展共享交通，加强城市步行道和自行车道等慢行交通系统建设，合理配置停车设施，开展人行道净化行动，因地制宜建设自行车专用道，鼓励公众绿色出行。深入实施公交优先发展战略，构建以城市轨道交通为骨干、常规公交为主体的城市公共

---

① 戴德梁行．中国都市圈发展报告（2019）．（2020–03–30）［2021–11–23］．http://www.199it.com/archives/1023960.html.

交通系统，推进以公共交通为导向的城市土地开发模式，提高城市绿色交通分担率。超大城市要充分利用轨道交通地下空间和建筑，优化客流疏散功能。基本实现都市圈 1 小时"门到门"通勤圈、城市群内部 2 小时交通圈。

三、统一编制、统一实施与统一管理问题

"十四五"规划提出"鼓励都市圈社保和落户积分互认、教育和医疗资源共享，推动科技创新券通兑通用、产业园区和科研平台合作共建。鼓励有条件的都市圈建立统一的规划委员会，实现规划统一编制、统一实施，探索推进土地、人口等统一管理"。

破除地区间的市场分割和本地企业的行业垄断是政府消除市场准入壁垒，营造规则统一开放、标准互认、生产要素自主流动的都市圈的工作重心。基层服务、社会保障、社会管理等一体化发展更需不断提升共建、共享水平。具体而言，推动城市优质公共服务资源共享可以采取在都市圈进行多层次多模式协同办学办医的方法，有条件的重点中小学校和三级公立医院可推进集团化办学办医，开展远程教学与远程医疗，推动教师、医护人员异地交流，支持中心城市三级公立医院在异地设置分院等。在都市圈率先进行与产业链相匹配的大中专职业院校及紧缺专科贯通招生建设。推进病历服务跨地区、跨机构互通共享，促进医疗检验检查结果跨地区、跨机构互认。促进城市公共服务资源由按地方政府层级分配向按城市常住人口规模分配过渡，以缩小城市之间的服务差距。扩大健身、养老、家政等社会公共服务的多元化供给，积极引导与都市圈城市政府联建或共建养老服务机构，推进城市设施的适老化和无障碍改革。促进城市博物馆、剧

院、体育场馆等的共建共享。

第三节

发挥中心城市作用，推动县城发展

城市体系是经济区的基础骨骼系统，是区域社会经济发展到一定阶段的必然产物，是城市发展带动地区经济最有效的组织形态。构建协调发展的城市体系可以不断强化城市的集聚效应，切实推动区域可持续发展与城市综合效益最大化，是新时代建设现代化经济体系的重要任务。

"十四五"规划提出要优化提升超大特大城市中心城区功能，完善大中城市宜居宜业功能，推进以县城为重要载体的城镇化建设。未来，区域性中心城市在城市体系中的能级将进一步提升，中小城市和小城镇的服务功能会不断增强。伴随着高铁的持续建设和数字经济的发展，城市之间劳动力、资本、技术、数据等要素的流动将日益频繁，传统的行政区经济将逐步向城市群和都市圈经济转变，城市体系将从等级体系逐渐转向网络体系，更多地强调构建地区和国家城市网络体系与提升在全球城市网络中的能级。

党的十九大明确指出要"建立更加有效的区域协调发展新机制"，"以城市群为主体构建大中小城市和小城镇协调发展的城镇格局"。在这一城镇格局建设中，国家中心城市具有关键性的作用。国家中心城市是目前我国城镇体系中最高的城镇层级，也被称为"塔尖城市"。国家中心城市的定位决定了其在国内和国际的重要功能：在国内主要发挥引领、辐射、集散三大功能；立足国际，主要是探索和发展外向型经济，另外也承担着推动国际文化交流的重要作用。根据我国各国家中心城市的发展规划，部分国家中心城市未来的目标是发展成为世界金融、贸易、文化、管理中心。

目前北京、天津、上海、广州、重庆、成都、武汉、郑州、西安9个城市共同组成了我国城镇体系的最高层级。从地理空间上看，这些国家中心城市分布在我国东、中、西部，有助于引领和促进我国区域经济协调发展，缓解我国现阶段的主要矛盾。

上述9个国家中心城市基本上是以国际性大都市、交通枢纽、历史文化名城、科创中心等为建设目标（见表3-3），凸显了我国城镇体系中顶层城市的未来发展方向，不仅要引领带动周边城市发展，缩小区域间经济社会差距，还要在世界城市体系中发挥一定的影响力。各城市还根据自身的基础优势与区位条件差异化发展高端产业，打造经济增长极。东中西均衡分布的格局也有利于提高各区域的综合竞争力、缩小区域间差距[①]。

表3-3 国家中心城市的发展定位

城市	定位
北京	全国政治中心、文化中心、国际交往中心、科技创新中心
上海	国际经济中心、国际金融中心、国际贸易中心、国际航运中心和具有全球影响力的科技创新中心
天津	北方经济中心、国际港口城市、北方国际航运中心、北方国际物流中心
广州	国际商贸中心和综合交通枢纽、国家综合性门户城市、国际大都市

① 孙久文. 区域经济前沿. 北京：中国人民大学出版社，2020.

续表

城市	定位
重庆	国家历史文化名城、长江上游地区经济中心、国家重要的现代制造业基地、西南地区综合交通枢纽
成都	国家历史文化名城，国家重要的高新技术产业基地、商贸物流中心和综合交通枢纽
武汉	国家历史文化名城，国家重要的工业基地、科教基地和综合交通枢纽
郑州	国家历史文化名城、国家重要的综合交通枢纽
西安	国家重要的科研、教育和工业基地，国家重要的综合交通枢纽

资料来源：根据政府规划文件整理。

一、超大特大城市中心城区功能的优化提升

"十四五"规划提出"统筹兼顾经济、生活、生态、安全等多元需要，转变超大特大城市开发建设方式，加强超大特大城市治理中的风险防控，促进高质量、可持续发展。有序疏解中心城区一般性制造业、区域性物流基地、专业市场等功能和设施，以及过度集中的医疗和高等教育等公共服务资源，合理降低开发强度和人口密度。增强全球资源配置、科技创新策源、高端产业引领功能，率先形成以现代服务业为主体、先进制造业为支撑的产业结构，提升综合能级与国际竞争力。坚持产城融合，完善郊区新城功能，实现多中心、组团式发展"。

超大特大城市在发展过程中不可避免地会产生"城市病"问题。"城市病"是对在高速工业化与城镇化的背景下，随着大批人口与经济社会活动向都市聚集而出现的交通拥堵、环境污染、房价飙升和贫民窟并存等各种问题的总称，主要体现为人与自然的矛盾、人与经济社会之间的不和谐。

超大特大城市"城市病"治理的本质是缓解功能过度集中的社会问

题，对不符合都市发展战略定位的功能要下决心做"减法"，疏解非核心功能，合理调控都市人口，从而降低资源与环境压力。近年来，北京市强调对内功能重组和向外疏解转化双向用力，按照将政策导向和市场机制有机地结合、将聚集疏导和扩散疏解有机地结合、将严控增长和疏导存量有机地结合、将统筹规划和分类施策有机地结合的基本原则，积极促进一般性制造业（特别是高能耗高污染的制造业）、跨区域物流配送基地和商品批发交易市场、科教文卫体等机构、行政性事业性公共服务机构以及企业总部向外疏解，取得阶段性成效，"城市病"治理效果显著。

构建多中心、网络化的城市空间结构是中国超大城市在治理拥堵、污染等"城市病"时的主要抉择，这一成功经验已为日本东京都、韩国首尔等国家大都市的蓬勃发展所证明，北京、上海、广州等超大城市在新一轮城市总体规划中也纷纷提出了建成"副中心""多中心"的未来发展目标。正如经济增长始终伴随着经济结构的更新，城市空间结构演变过程通常也伴随着城市结构的优化与调整，即城市由单中心经济增长向多中心、网络化发展模式的过渡。多中心、网络化城市是指一种以有形与虚拟的网络为基础，拥有多中心、多节点的城市结构。城市空间结构的多中心化，就是通过将中心城市职能向外分散，有效减少功能集中的规模不经济，并通过中心的再集聚、网络化获取城市的整合效能，实现中心城市经济的可持续发展与实力的增强。突破原有的城市规划模式，通过建立发展轴线和多中心破解单中心再集聚的问题，逐步形成多中心、极轴式、网络化的城市空间布局，将成为未来超大特大城市空间结构演化的主要方向。

二、大中城市宜居宜业功能的完善

"十四五"规划提出要"充分利用综合成本相对较低的优势，主动承接超大特大城市产业转移和功能疏解，夯实实体经济发展基础。立足特色资源和产业基础，确立制造业差异化定位，推动制造业规模化集群化发展，因地制宜建设先进制造业基地、商贸物流中心和区域专业服务中心。优化市政公用设施布局和功能，支持三级医院和高等院校在大中城市布局，增加文化体育资源供给，营造现代时尚的消费场景，提升城市生活品质"。根据我国现行城市规模划分标准，城区常住人口在100万到500万之间的城市统称为大城市，具体包括Ⅰ型大城市和Ⅱ型大城市，数量接近百个。而中等城市的标准，则是城区常住人口为50万到100万。从"十四五"规划的表述中可以发现，城区常住人口在50万以上的大中城市，未来将成为承接产业转移的重点，在优质公共服务资源投放上，将得到进一步的倾斜。

就我国的城镇系统而言，大中型城市在其中有着重要的战略地位，对于连接超大城市与小县城、沟通城乡发展，进而实现区域协调和共同富裕都有着至关重要的意义。中国大中城市发展体系能否完善，直接影响着中国新型城镇化整体发展水平的高低。为了优化中国国土空间发展布局、促进区域协调发展，中国需要有一批发展良好的、优质的大中型城市，其制造业蓬勃发展是重要基石和关键。中国大中城市一般是以劳动密集型工业生产、各种重要资源综合加工型生产、原材料生产起步，在工业化的初期、中期以及短缺经济发展阶段，上述生产项目单纯通过要素投入与规模扩大也能达到高速发展的效果，而到了工业化后期，大中城市进入中低端生产普遍过剩的经济发展阶段后，市场和生产要素条件都会发生明显转变，传统的工业生产发展会遇到"天花板"，大中城市广泛存在要素聚集力量弱、制造业结构水平低和经济发展生命力与竞争力弱的现实问题，存在新旧产业动能转换"断挡"的系统性风险。而大中城市在新经济发展中又存在着与超大城市经济发展差距逐步扩大的风险，因此必须加速转变产业结构①。

另外，中国大中城市基础设施和公共服务短板明显，承载工业和人口的能力还远远不够。事实上，我国的产业转移和人口迁移更加偏向于设施完善、服务条件优良、自然环境优越的大中城市，而大中城市之间的产业争夺则更多的是城市功能的竞争。目前，全国的优质教育、医疗保健等公共服务资源，大多聚集于超大特大城市，大中城市的基础设施和公共服务配套建设缺口较大，在教育、文化、医疗、治安等公共服务领域方面也存在突出的短板。同时城市功能的不完善，也造成城市对新兴产业、高技能人口等高端要素的吸引力不够，制约了大中城市宜居宜业功能的完善。

伴随中国城镇化的加速、人民生活水平的日益提升，建设宜居宜业的品质城市已成为中国大中城市发展的主要方向。建设宜居宜业城市不仅有利于进一步发展城市的生产力，为地方经济增长提供新动能，而且能为居民提供更加舒适的生存空间，让居民有更多的获得感和幸福感。建设宜居宜业城市要求在城市的发展中，与自然环境相互协调，并且关注城市居民的生活、生产舒适程度。宜居宜业城市最基本的内在要求在于充分遵循自然生态规律，做到以人为本，从关注人文状态及城市可持续发展着手，合理规划城市管理方案，构建自然、人文、环境完美结合，社会、经济、生态统筹协调的现代化城市②。

---

① 许汇文，黄汉权. 新时期中国战略腹地中等城市产业发展困境、机遇与对策. 宏观经济研究，2019（1）：77‑84.

② 曹文梁. 生态宜居城市建设研究. 美与时代（城市版），2021（8）：34‑35.

　　打造宜居宜业城市是推进生态文明建设的关键环节。习近平总书记曾多次指出，良好生态环境是最公平的公共产品，是最普惠的民生福祉，保护城市的生态环境就是保护城市的生产力，改善城市的生态环境就是发展城市的生产力。

　　构建生态人居环境，主要是通过建设生态文明对人们的行为进行指导，如规划公共交通、注重建筑节能环保、重视居住环境等。生态人居环境的建设，可以在很大程度上加快宜居宜业城市建设步伐。生态人居环境的构建涉及经济、环境、社会等方面，需要将城市各个方面综合起来，将重心放在人居空间布局、基础设施完善、环境功能提升、文明社区建设等方面，打造生态优先、居民幸福的人居环境。

　　首先要从总体上做好科学规划，对城市的不同功能区域做出合理界定，确定居住生活区、商业区、公共设施区、生态区、产业区等的具体规划标准，同时还要根据各个地区的特点有针对性地制定优先发展、限制发展、禁止发展等策略，以形成与人口资源、经济社会发展环境等相互协调的空间布局。其次要重视对城市的自然景观形态进行优化。要贯彻建设新空间、营建新景观、绿化新环境的基本原则，并根据人本思想对城市景观形态加以优化，着重关注城市绿地景观、生态公园、环境小品等的建设，以达到美化城市的目的。最后是对人居环境进行优化。要以打造生态园林城市、营造高层次人居环境为出发点，构建和谐城市形象，打造高水平的人居环境。

　　在宜居宜业城市建设中，城市的综合服务水平是很重要的一个指标，它直接影响着城市现代化建设的水平，同时也会影响利民、便民水平，所以对城市的综合服务功能加以完善非常关键。一是对城市发展体系加以规范。要搞好老城的维护管理工作，以保存其历史人文内涵，同时也要丰富老城的功能；在新城区建设工程上，应致力于营造适宜、便利的人居环境，以进一步提高城市居民的日常生活质量。二是进一步完善城市基础设施工程。要贯彻适当超前的原则，对大中城市的基础工程加以全面规划修建，包括水、电、气、交通等方面。同时要重点关注城市垃圾、污水、空气质量等问题，为居民提供更加舒适安全的生存空间，促进城市形象提升。三是重点关注城市交通建设状况。要注意城市道路改造，超前建设公共交通，从而应对城市的爆炸式发展。同时加强城际道路及外围省道、国道建设，完善城市交通网络，以提升城市运输能力、方便居民出行。四是做好公益设施建设。要按照相关标准，在城市居民小区、公共场所进行相关公益设施建设，为居民活动、休闲提供空间，满足城市居民生活需求。同时还需要结合整体规划，对医疗、教育、商贸等区域进行合理设置，提高服务能力。

三、县城公共服务与基础设施的提级扩能

"十四五"规划提出"加快县城补短板强弱项，推进公共服务、环境卫生、市政公用、产业配套等设施提级扩能，增强综合承载能力和治理能力。支持东部地区基础较好的县城建设，重点支持中西部和东北城市化地区县城建设，合理支持农产品主产区、重点生态功能区县城建设。健全县城建设投融资机制，更好发挥财政性资金作用，引导金融资本和社会资本加大投入力度。稳步有序推动符合条件的县和镇区常住人口 20 万以上的特大镇设市。按照区位条件、资源禀赋和发展基础，因地制宜发展小城镇，促进特色小镇规范健康发展"。

在我国治国理政和经济发展的历史脉络中，县城始终处于关键地位，特别是在改革开放以来的中国城市化战略实施过程中，县城始终扮演着重要角色。党的十九届五中全会再次明确了关于县城城镇化的政策，我国独具特色的新城市化模式也受到了全国各地的再次关注和审视。做好县城城镇化建设工作，对当前推动国内大循环，兼顾乡村振兴和城乡融合发展，积极推动现代化经济系统构建有着十分重大的意义和影响[①]。

截至 2019 年年底，全国县和县级市数量分别为 1 494 个、387 个，合计 1 881 个，约为地级及以上城市数量（967 个）的 2 倍；经济体量上，2019 年县及县级市生产总值约为 38 万亿元，约占全国生产总值的 2/5，其中县城及县级市城区的生产总值约占全国生产总值的 1/4；人口规模上，县城、县级市城区和非县级政府驻地特大镇的常住人口分别约为 1.55 亿、0.9 亿和 0.3 亿人，合计约 2.75 亿人，约占全国城镇常住人口的 1/3。行政区划数量、经济总量和人口规模均表明，县城是当前推进工业化城镇化的主要载体和促进城乡融合发展的重要纽带。自改革开放尤其是党的十八大至今，县城建设日新月异，但新冠肺炎疫情却暴露出县城在公共健康、人居环境、公众服务、市政基础设施、产业配套等方面仍存在着许多短板弱项，综合承载能力和城市管理能力依然薄弱，对经济与社会发展以及农村迁移人口就近城镇化的保障效果还不够明显，与满足人民美好生活需求的要求尚有很大差距。

加强县城城镇化补短板强弱项工作，对统筹推进新型城镇化和经济社会发展具有重要意义。一方面，可以形成当期投资；另一方面，得到改善

---

① 刘炳辉，熊万胜. 县城：新时代中国城市化转型升级的关键空间布局. 中州学刊，2021（1）：1 - 6.

的公共设施又可吸引产业投资、促进居民消费，形成乘数效应。当前县城人均市政公用设施固定资产投资仅相当于地级及以上城市城区的 1/2 左右，县城居民人均消费支出仅相当于地级及以上城市城区居民的 2/3 左右，县城投资和消费的增长空间巨大。长期以来，县乡优质公共服务供给不足，导致县乡消费外流。县城教育、医疗等公共服务与城市相比，发展水平明显偏低、服务能力总体较弱，与满足县域人民对优质公共服务的需求的要求还有较大差距。教育方面，各地普遍出现县城优质生源向高等级城市集中的现象①。

首先是公共基础建设的提标扩面，主要是进一步优化卫生基础设施、文化艺术教学服务设施、养老托育服务设备、健康运动服务设施、社会福利保障服务设施以及社区综合配套业务设备。在卫生基础建设方面，重点是县综合医院（含中医院）提标改建、县慢性病防治中心规范化建设、健全县级妇幼卫生保健服务管理机构等。其次是环保与卫生设施的提级扩能，重点是推广废弃物无害化、资源化处理设施，完善污水集中处置基础设施，还有加强县城公共厕所建设。再次是市政公用设施提档升级，主要是完善城市公共交通设施、市政管网设施、物流投递设施，开展老旧居民小区翻新与改良，甚至县城的智慧化改建。最后是产业培育设施提质增效，包括产业平台及配套基础设施建设、冷链配送基础设施建设和农贸市场建设等。

不同的自然地理格局条件下，设施投资规模和利用效率差异巨大，公共服务和基础设施建设应与地形地貌、人口密度等因素相匹配，因地制宜

---

① 张新民，张晓旭. 以完善县乡公共设施和公共服务建设促进消费. 中国经济评论，2021（3）：42－44.

选择均衡、分散、集聚等布局模式①。人口密度较高的平原地区，如冀中南、鲁西、豫东、皖北和苏北等地区，可重点推动县级公共服务和基础设施下沉，形成城乡均等的网络化空间结构；人口密度较低的平原地区，如东北平原地区，由于缺少人口规模支撑，因此应考虑市场因素和服务效率的影响，重点强化公共服务供给向县城和重点镇集聚。山地丘陵地区的地形和交通条件决定了城镇发展应以组团式的空间布局为主，为保障城乡居民能够较为便利地享受基本公共服务，应在县城以外的其他地区，按照一定服务范围建设若干片区级服务中心。地广人稀地区，如西藏、新疆、青海、内蒙古等地区，由于县域行政范围大、人口和城镇高度分散，公共服务资源的配置应兼顾效率和质量，打破行政限制，实行跨乡镇联合供给，综合设置共享型服务节点，避免因公共服务设施的低效使用而造成资源浪费。

---

① 刘航，张娟.新时期县域城镇化的特征、困境与对策探讨.小城镇建设，2021，39（5）：81-86，103.

第四章

优化区域经济布局

中国区域经济和社会发展的空间布局正发生着巨大转变，中心城市与城市群已日益变成地方集聚生产要素的重点空间单元。但是，当前中国区域经济发展在结构、方式、动力、体制等方面还是存在着一定的制约，空间布局相对不够合理、分工尚不明晰、社会功能相对不够协调等都是影响当前中国经济运行与社会高质量快速发展的重要因素。"十四五"规划明确指出"深入实施区域重大战略、区域协调发展战略、主体功能区战略，健全区域协调发展体制机制，构建高质量发展的区域经济布局和国土空间支撑体系"。形成优势互补、高质量发展的区域经济布局，已然是中国区域经济发展到现阶段的必然要求。

第一节

优化国土空间开发保护格局

优化国土空间开发保护格局，是推进生态文明建设、促进中国社会经济可持续发展的重要支撑。进入 21 世纪以来，我国空间开发失序、资源利用粗放、生态环境脆弱等问题愈加严重，国土空间方面出现了人口与经济、人口与财力、人口与土地及人口与资源环境四大"结构失衡"。当今世界处于百年未有之大变局，与此同时，"加快构建以国内大循环为主体、国内国际双循环相互促进的新发展格局"是党中央在国内外政治经济环境发生显著变化的历史时点做出的推动我国开放型经济向更高层次发展的重大战略部署。在此背景下，谋划国土空间开发保护新格局，既要立足于国情，又要着眼于全球①。

一、国土空间开发总体格局

"十四五"规划提出要"立足资源环境承载能力，发挥各地区比较优势，促进各类要素合理流动和高效集聚，推动形成主体功能明显、优势互补、高质量发展的国土空间开发保护新格局"，"顺应空间结构变化趋势，优化重大基础设施、重大生产力和公共资源布局"，"逐步形成城市化地区、农产品主产区、生态功能区三大空间格局"。

国土空间是人类生产生活、社会经济活动以及生态文明建设的重要空间载体，其格局的优化是实现经济社会可持续发展的重要支撑。21世纪以来，我国经历了前所未有的快速城镇化过程，带来了国土空间格局的剧烈演变，以城市建设和工矿用地快速扩张、耕地面积减少和生态系统退化等为特征的国土开发模式一定程度上制约了可持续发展目标的实现。进入新时代以来，我国日益重视国土空间的有序开发，绘制了2035年和2050年"美丽中国"的愿景目标，并加强了对人工建设活动、农业开发活动和自然生态系统保护等不同类型国土开发活动的空间管控，促进了国土开发格局的优化和品质的提升，旨在保障国家粮食安全、生态安全和实现可持续发展目标②。

我国的国土空间治理不断在摸索中前进。2010年，国务院制定了国家

---

① 岳文泽，王田雨. 构建高质量的国土空间布局.（2021 - 02 - 04）[2021-11-23]. https://m. gmw. cn/baijia/2021 - 02/04/34597414. html.

② 匡文慧. 新时代国土空间格局变化和美丽愿景规划实施的若干问题探讨. 资源科学，2019，41（1）：23 - 32.

区域发展战略《全国主体功能区规划》，按照开发方式将国土空间划分为优化开发、重点开发、限制开发和禁止开发四类，按照开发内容将国土空间分为城市化地区、农产品主产区和重点生态功能区。党的十八大提出要优化国土空间开发格局。党的十八届三中全会提出要建立国土空间开发保护制度。2015年9月印发的《生态文明体制改革总体方案》提出要健全国土空间用途管制制度。党的二十大提出要健全主体功能区制度，优化国土空间发展格局。在各项政策和制度的推进下，我国国土空间治理取得了一定成效，但是当前仍然存在保护和开发无序交织、区域主体功能细化不足的问题。

二、三大空间格局的发展重点

城市化地区、农产品主产区、生态功能区三大空间格局的适时提出对区域协调发展和新发展格局构建起到了承上启下的中介作用：一方面，三大空间格局的提出表明了国土空间治理的目标主要是在重塑与调整空间格局的基础上使国土空间主体功能明显、优势互补，进而推动高质量发展，在高效归类和利用国土空间的过程中推进区域协调发展和新发展格局建设；另一方面，三大空间格局也可以成为在区域协调发展战略关键期畅通经济循环路径的重要枢纽，基于不同空间格局的治理目标形成促进要素资源流动的循环发展大势，从而推动区域协调发展，更好地缩小区域发展差距，搭建起生产、分配、流通、消费循环往复运转的中介平台，有效构建起新发展格局①。

（一）城市化地区

城市化地区主要就是城市群和都市圈，基本涵盖了国土空间内经济发

---

① 孙久文，张皓．新发展格局下中国区域差距演变与协调发展研究．经济学家，2021（7）：63-72.

展水平较高或者发展潜力较大的地区。"十四五"规划提出要"分类提高城市化地区发展水平"。在"两横三纵"城市化战略格局的基础上，我国形成了京津冀、粤港澳大湾区、长三角以及成渝地区等重要的城市化地区。这些城市化地区是经济高质量发展的主战场和排头兵，要率先实现高质量发展，建设新型城镇化，发挥出带动和辐射作用。

城市化地区要实现经济发展与生态宜居的双重目标，进一步打破城乡二元户籍体制限制，以创造有利于人口迁移的制度环境，促进人口集聚。其也要加快转变经济增长方式，以人为本优化经济结构和城市空间结构，调整和升级城市产业结构与布局，形成经济效率高、生产条件优、集聚度高的基本环境，提供充足的工业品和服务产品，从而在供给侧和需求侧形成支撑经济循环发展与具有比较优势的效益链条，最终成为推动区域经济高质量发展、体现国家竞争力和支撑新发展格局的基本主体。

（二）农产品主产区

农产品主产区主要是东北平原、长江流域等进行农业生产的地区，是保障国家粮食安全的重要主体。"十四五"规划提出"推动农业生产向粮食生产功能区、重要农产品生产保护区和特色农产品优势区集聚"。在"七区二十三带"农业战略格局的基础上，我国重要的农产品主产区包括东北平原、黄淮海平原、长江流域、汾渭平原、河套灌区、华南和甘肃、新疆等，这些农产品主产区是确保国家粮食安全和食物安全的主阵地和主力军。

农产品主产区需要在强化国家粮食安全责任意识和坚持永久基本农田保护红线不可逾越的原则下，通过实施乡村振兴战略等促进农业生产布局优化，加大农业科技投入与推广力度，提供高质量商品以满足人民群众的基本生活需求，推动商贸流通标准化建设和要素流动。

（三）生态功能区

生态功能区是提供生态产品、保护物种多样性和野生生物的自然保护地，如大小兴安岭森林生态功能区等。"十四五"规划提出要"优化生态安全屏障体系"。在"两屏三带"生态安全战略格局的基础上，生态功能区具体包括三江源水源涵养和生物多样性保护生态功能区、黄土高原土壤保持生态功能区等重点生态功能区，以及三江源国家公园、大熊猫国家公园等自然保护地。这些生态功能区是生态环境高水平保护的关键区、核心区，是保障国家生态安全和资源可持续利用的底线和生命线。

生态功能区要完善生态文明建设与促进可持续发展，划定生态保护红线和生态保护空间，坚定不移地保护和恢复自然生态系统，综合治理和预防自然生态问题，用"绿水青山就是金山银山"的绿色发展理念实现人与自然和谐共处，同时也要为发展旅游服务业而加强基本生活和交通运输等方面条件的建设，增强吸引力，实现生态经济循环发展。

三、三大空间格局的协调发展

要实现三大空间格局的协调发展，使其服务于区域协调发展战略，并有助于缩小区域发展差距和加快构建新发展格局，就需要基于三大空间格局的基本特征与共通之处激发发展潜力。

从三大空间格局的新协调发展视角看，形成城市化地区高质量发展、农产品主产区供给基本生活产品、生态功能区提供物质文化环境的协调和循环关系，是区域协调发展战略框架之外的另一协调格局，能够起到辅助区域协调发展水平提高的重要作用，更能在区域经济的生产、分配、流通、消费各环节的障碍被逐一消除的前提下，畅通国内大循环并促进国内国际双循环。同时，区域协调发展的目标之一"人民生活水平大体相当"反映出要在缩小区域发展差距的基础上实现人民的共同富裕，这也就意味着人民是区域协调发展中的重要主体，说明人口集聚的城市化地区应在区域协调发展和三大空间格局中居于主要地位。基于此，城市化地区要在强化粮食安全责任意识和生态文明思想共识的基础上带动农产品主产区和生态功能区发展，形成"以一牵二"的协调态势，并通过以城市化地区为主参与国内大循环来带动其他地区发展。为此需要：（1）城市化地区要同农产品主产区和生态功能区建立沟通有效的合作制度，在城乡一体化和城市集聚化过程中保护耕地与生态环境，满足人民日益增长的美好生活需要。（2）农产品主产区和生态功能区要提升区内人口素质和劳动力基本服务质量，促进新兴旅游休闲业等发展，吸引城市化地区人口游赏，从而形成长期的循环互动。（3）农产品主产区在农业生产中要强化科技兴农和富农意识，通过与城市化地区的科技合作，贯彻落实乡村振兴战略，建设标准化农田、智慧化农业和现代化示范基地。（4）生态功能区要加大保护与修复生态系统的力度，基于地区特色建立具有差异化的自然保护体系，实现绿色环保化和效益化。（5）优化三大空间的基础设施建设，促进基本公共服务均等化并提高通达程度，保证各区域人民生活水平相对平衡，实现各空间内部及其彼此之间供给与需求的动态均衡[1]。

支持生态功能区的人口逐步有序向城镇转移并定居落户，是从生态功能区普遍存在人口承载能力较弱，"一方水土养不活一方人"或"一方水土养不富一方人"的实际出发提出的政策。生态功能区要着力提高本地区

---

① 孙久文，张皓. 新发展格局下中国区域差距演变与协调发展研究. 经济学家，2021（7）：63－72.

的人口素质，增强劳动人口就业能力。城市化地区要放宽放开落户限制，吸纳生态功能区的人口转移到本地区就业并定居落户。逐步缩小区域和城乡差距，实现人口、经济、资源环境的空间均衡。

第二节

新时代主体功能区的划分

主体功能区划作为中国有史以来第一幅综合展示未来中国保护与开发格局的前景图，逐渐由规划上升到区域战略，进而上升到国家基础制度，已经成为中国"一张蓝图绘到底"的总体方案。

一、主体功能区战略的形成与实施

2005 年，国家"十一五"规划纲要提出了推进形成主体功能区的思路与设想，根据资源环境承载能力、现有开发密度和发展潜力，统筹考虑未来中国的人口分布、经济布局、国土利用和城镇格局，将国土空间划分为优化开发、重点开发、限制开发和禁止开发四类主体功能区。2010 年，国务院发布《全国主体功能区规划》，明确了科学开发国土空间的行动纲领和远景蓝图，并明确该规划是中国国土空间开发的战略性、基础性和约束性规划。2017 年 8 月中央全面深化改革领导小组第三十八次会议明确指出："建设主体功能区是我国经济发展和生态环境保护的大战略。"党的十九大报告指出，实施主体功能区战略，对于推进形成人口、经济和环境相协调的国土空间开发格局，加快转变经济发展方式，促进经济长期平稳较快发展，实现全面建设小康社会目标和社会主义现代化建设长远目标具有重要的现实意义。

2019 年 12 月 16 日出版的第 24 期《求是》杂志发表习近平总书记的重要文章《推动形成优势互补高质量发展的区域经济布局》，文章指出，"要完善和落实主体功能区战略，细化主体功能区划分，按照主体功能定位划分政策单元，对重点开发地区、生态脆弱地区、能源资源地区等制定差异化政策，分类精准施策，推动形成主体功能约束有效、国土开发有序的空间发展格局"。由此可见，主体功能区不仅成为形成国土空间开发保护总体格局的依据，而且为完善政府区域治理体系提供了战略指向和基础制度保障①。

二、主体功能区政策单元的划分

"十四五"规划提出要"细化主体功能区划分，按照主体功能定位划分政策单元"。主体功能区政策单元的划分不同于单一的行政区划、自然区划或者经济区划，需要根据资源环境承载能力、现有开发密度和发展潜力，统筹考虑未来我国人口分布、经济布局、国土利用和城镇化格局，将国土空间划分为不同类型的空间单元。主体功能区通过主体功能区划得以形成和落实，主体功能区划依靠主体功能区来支撑和体现。主体功能区划

---

① 王亚飞，郭锐，樊杰. 国土空间结构演变解析与主体功能区格局优化思路. 中国科学院院刊，2020，35（7）：855 - 866.

是一个包含划分原则、标准、层级、单元、方案等多方面内容的理论和方法体系，主要具有以下几个方面的特征：第一，基础性特征。主体功能区划是基于国土空间的资源禀赋、环境容量、现有开发强度、未来发展潜力等因素对国土空间开发的分工定位和布局，是宏观层面制定国民经济和社会发展战略和规划的基础，也是微观层面进行项目布局、开展城镇建设和调整人口分布的基础。第二，综合性特征。主体功能区划既要考虑资源环境承载能力等自然因素，又要考虑现有开发密度、发展潜力等经济因素，同时还要考虑已有的行政辖区，是对自然、经济、社会、文化等因素的综合考虑。第三，战略性特征。主体功能区划事关国土空间的长远发展布局，区域的主体功能定位在长时期内应保持稳定，因而是一个一经确定就会长期发挥作用的战略性方案①。

第三节

区域高质量发展与国土安全

中国区域经济发展经历了均衡发展、非均衡发展、协调发展等阶段，取得了良好的效果，但区域经济差距持续扩大、区域经济发展不平衡不充

---

① 高国力. 我国主体功能区划分及其分类政策初步研究. 宏观经济研究，2007（4）：3－10.

分、区域产业结构不合理等现实问题制约着区域经济向高质量发展阶段迈进。为解决这些问题，推进区域经济实现高质量发展目标，2018 年 11 月 18 日，国家发布了《中共中央国务院关于建立更加有效的区域协调发展新机制的意见》，为促进中国区域经济转向高质量发展提供了政策支持。

一、促进区域高质量发展的新空间动能

"十四五"规划提出"以中心城市和城市群等经济发展优势区域为重点，增强经济和人口承载能力，带动全国经济效率整体提升。以京津冀、长三角、粤港澳大湾区为重点，提升创新策源能力和全球资源配置能力，加快打造引领高质量发展的第一梯队。在中西部有条件的地区，以中心城市为引领，提升城市群功能，加快工业化城镇化进程，形成高质量发展的重要区域。破除资源流动障碍，优化行政区划设置，提高中心城市综合承载能力和资源优化配置能力，强化对区域发展的辐射带动作用"。

新时代支撑经济增长的区域经济格局调整思路是：一方面要推进区域治理体系与治理能力现代化；另一方面要构建区域协调发展新机制。区域发展不平衡不充分是社会发展不平衡不充分的重要表现之一，有效地解决区域发展不协调的现实问题是中国经济在全球经济下行的压力下保持预期增速的关键。区域治理体系与治理能力的现代化和区域协调发展新机制分别从区域管理的方式手段、制度安排、现实抓手和结果评估等诸多方面促进区域协调可持续发展，从而形成支撑经济增长的区域经济新格局。

经济进入新常态后，供给侧结构性改革带来的内外部环境条件的变化促使我国必须重构经济增长的动力机制。增长动力机制的重构有多个维度：宏观维度的关键是实现发展方式的转变；微观维度的重点是推动企业

转向自主创新；空间维度要着眼优化资源空间配置，重塑区域协调发展的增长极体系。多管齐下，共同推动经济从规模增长转向高质量发展。前两个维度国家层面采取了一系列政策措施并取得了显著成效。空间维度上，政府出台了一系列国家级区域规划和区域政策，对我国区域空间布局产生了深刻影响，重塑了我国经济地理版图，区域发展出现了空间分化，增长极空间格局变化显著。新时期，为应对国内外经济下行压力，迫切要求发挥优势，分类施策，重构增长极体系，纠正资源错配，释放创新活力，支撑全国经济稳定增长①。

未来我国区域经济布局的调整和优化，应该遵循区域经济发展基本规律，为高质量发展提供高质量的空间动能载体，构建推动区域高质量发展和区域协调发展的空间增长极体系。应从国家、区域、城市、县域四级空间尺度出发，以"整体分散，优势集中"为行动指南谋划新时代区域协调发展新格局。在国家尺度下，在集中力量缓解东西失调、南北分野的矛盾以促进国内大循环的同时，要以"一带一路"为牵引融入国际大循环。在区域尺度下，打造京津冀城市群、长三角城市群、粤港澳城市群、长江中游—中原城市群、成渝城市群五大核心增长极，助力沿海经济带与长江经济带建设、黄河流域生态保护和高质量发展。在城市—县域尺度下，抓好国家中心城市、区域中心城市的培育工作，激发县域经济活力。在此基础上，融通国家、区域、城市、县域四级尺度，共同引领"普遍沸腾"②。

① 刘元春，杨瑞龙，毛振华. CMF 中国宏观经济分析与预测报告（2020 年第三季度）：中国区域经济格局变动与增长极重构.（2020－09－28）[2021-11-23]. http://ier.ruc.edu.cn/docs/2020－09/4d1ec45320a445deb5bd49394d899b60.pdf.

② 孙久文，蒋治. "十四五"时期中国区域经济发展格局展望. 中共中央党校（国家行政学院）学报，2021，25（2）：77－87.

二、重要功能性区域的国土安全保障能力

"十四五"规划提出要"以农产品主产区、重点生态功能区、能源资源富集地区和边境地区等承担战略功能的区域为支撑，切实维护国家粮食安全、生态安全、能源安全和边疆安全，与动力源地区共同打造高质量发展的动力系统。支持农产品主产区增强农业生产能力，支持生态功能区把发展重点放到保护生态环境、提供生态产品上，支持生态功能区人口逐步有序向城市化地区转移并定居落户。优化能源开发布局和运输格局，加强能源资源综合开发利用基地建设，提升国内能源供给保障水平。增强边疆地区发展能力，强化人口和经济支撑，促进民族团结和边疆稳定。健全公共资源配置机制，对重点生态功能区、农产品主产区、边境地区等提供有效转移支付"。

保护国土安全的主要内容在于确保经济发展所需要的土地资源能源得到连续、安全和合理供应，并实现我国的粮食安全，其同样需要对国土空间进行规划，特别是需要以落实生态空间、城乡空间和农村空间，生态环境保护红线、永久基本农田和城镇开发边界为基本保证。因此，应明确划定"三个空间"和"三条红线"，或至少明确"三个空间"和"三条红线"划定的方法，以及划定后相关管理制度安排。

其一，按照生态功能划定生态保护红线。生态保护红线是指在生态空间范围内具有特殊重要生态功能、必须强制性严格保护的区域[①]。优先将具有重要水源涵养、生物多样性维护、水土保持、防风固沙、海岸防护等

---

① "一条红线"为国家生态安全托底：环保专家解读《关于划定并严守生态保护红线的若干意见》. 环境与发展，2017，29（1）：3-5.

功能的生态功能极重要区域，以及生态极敏感脆弱的水土流失、沙漠化、石漠化、海岸侵蚀等区域划入生态保护红线[①]。其他经评估目前虽然不能确定但具有潜在重要生态价值的区域也应划入生态保护红线。对自然保护地进行调整优化，评估调整后的自然保护地应划入生态保护红线；自然保护地发生调整的，生态保护红线相应调整。生态保护红线内，自然保护地核心保护区原则上禁止人为活动，其他区域严格禁止开发性、生产性建设活动，在符合现行法律法规的前提下，除国家重大战略项目外，仅允许对生态功能不造成破坏的有限人为活动[②]。

其二，根据国家保质保量的要求确定永久基本农田。所谓永久基本农田，是为保证我国粮食安全和主要农产品供应，进行永久性特殊保存的农田。按照农田现状分布，依据农田品质、经济作物栽培状况、土壤污染现状，在严守耕地红线的基础上，按照相应比例，把满足质量要求的农田依法划为永久基本农田。已划出的永久基本农田中出现规划不实、非法侵占、严重环境污染等问题的，要全面梳理整顿，实现永久基本农田面积不减、品质提高、格局稳定。

其三，按照集约适度、绿色发展的要求划定城镇开发边界。城镇开发边界是在一定时期内因城镇发展需要，可以集中进行城镇开发建设、以城镇功能为主的区域边界，涉及城市、建制镇以及各类开发区等。城镇开发边界划定以城镇开发建设现状为基础，综合考虑资源承载能力、人口分布、经济布局、城乡统筹、城镇发展阶段和发展潜力，框定总量，限定容

---

① 焦思颖．划红线明底线筑防线：《关于在国土空间规划中统筹划定落实三条控制线的指导意见》解读．资源导刊，2019（11）：12 - 13.

② 在国土空间规划中统筹划定落实三条控制线．人民日报，2019 - 11 - 02（4）.

量，防止城镇无序蔓延。科学预留一定比例的留白区，为未来发展留有开发空间。城镇建设和发展不得违法违规侵占河道、湖面、滩地①。

国家安全的塑造必须发挥我国长期规划的好传统和战略规划的强大定力。一方面，以国土空间规划优化国土空间格局，确保国土安全，比如将边疆地区的社会经济发展和边境城镇建设纳入国家安全战略，沿海地区需考虑未来海平面上升不同高度下的风险情景并制定适应性策略；另一方面，国土空间规划将承担起作为国家安全能力建设载体和路径的作用。

---

① 祁帆，贾克敬，常笑. 在国土空间规划中统筹划定三条控制线的五大趋向. 中国土地，2019 (12)：4-8.

第五章

深入实施区域重大战略

自然地理条件是中国推动区域发展的空间基础，区域发展战略则是中国制定区域经济发展政策和进行产业布局的依据。深入实施区域重大战略是"十四五"规划提出的一个重大战略安排，主要指京津冀协同发展、长江经济带发展、粤港澳大湾区建设、长三角一体化发展以及黄河流域生态保护和高质量发展五大战略。

第一节
京津冀协同发展

一、发展概况

作为我国重要的经济增长极，京津冀地区是我国人口集聚和经济发展的主要空间载体，2020 年京津冀人口达 1.10 亿人，占全国总人口的 7.65%，同年实现地区生产总值 8.6 万亿元，占全国经济总量的 8.7%，对推动全国尤其是北方地区经济稳定和高质量发展至关重要。长期以来，京津冀内部发展不平衡的问题是制约区域经济社会可持续发展的主要瓶颈。为突破发展困境、打造新的经济增长极，2014 年 2 月习近平总书记在考察京津冀时强调推动京津冀协同发展，优化国家发展区域布局和社会生产力空间结构，京津冀协同发展上升为国家战略。次年中共中央、国务院印发实施《京津冀协同发展规划纲要》，推动京津冀协同发展有序逐步推进。

由于聚集了过多非首都功能和经济活动，北京环境污染日趋严重，房价持续走高，城市功能交叉重叠，上述问题越来越突出。京津冀协同发展的核心则在于有序疏解北京非首都功能，将北京建设成为全国政治中心、文化中心、国际交往中心和科技创新中心。要牵住这个"牛鼻子"，以产业支撑、交通一体化和生态环境保护等为工作重点，调整区域经济结构和空间结构、辐射带动河北雄安新区和北京城市副中心建设，实现内涵集约和可持续发展，探索人口经济密集区的优化开发模式。天津则应基于港口优势和完备的制造业基础，重点推动全国先进制造研发基地、北方国际航运核心区、金融创新运营示范区和改革开放先行区建设；基于自然资源优势和生态环境保护的需要，河北在建设全国现代商贸物流重要基地、产业转型升级试验区、新型城镇化与城乡统筹示范区的同时，还应重点保护与修复生态环境，实现城市发展与资源环境相适应。

从三地的经济发展水平来看，2020年北京人均地区生产总值为16.49万元，天津为10.16万元，按照世界银行的标准已达到富裕水平，而河北仅为4.86万元，仅为北京和天津人均地区生产总值的29.5%和47.8%，且低于全国人均7.0万元的平均水平；同年京津冀三地人均可支配收入分别为6.9万元、4.4万元和2.7万元，区域内部发展差距较大[①]。从产业结构来看，虽然三地都已形成以服务业为主的三次产业结构，但制造业内部结构差异较大，京津两地制造业以技术含量高、附加值高的高科技产业为

---

① 数据来源于《北京市2020年国民经济和社会发展统计公报》《天津市2020年国民经济和社会发展统计公报》《河北省2020年国民经济和社会发展统计公报》。

主，而"三高一低"（高能耗、高污染、高投入、低附加值）的低端制造业在河北仍占一定比重。另外，京津冀生产要素单向流动趋势仍未发生根本性转变，要素流动仍面临一些隐性和显性壁垒。

相比我国其他重要经济增长极，京津冀发展状况仍有待改善。2020年京津冀地区生产总值为8.64万亿元，仍低于广东省且与长三角地区存在明显差距，对地区经济的辐射和引领作用相对有限；人均地区生产总值方面，河北的人均地区生产总值水平与同为城市群内部相对落后地区的安徽相比存在较大差距；产业结构方面，京津冀地区第二产业占比偏低，服务化倾向较为突出（见表5-1）。

表5-1 2020年京津冀及其他重要区域地区生产总值和三次产业结构

指标	北京	天津	河北	上海	江苏	浙江	安徽	广东
地区生产总值（万亿元）	3.61	1.41	3.62	3.87	10.27	6.46	3.87	11.08
人均地区生产总值（万元/人）	16.49	10.16	4.86	15.58	12.12	10.06	6.34	8.82
第一产业占比（%）	0.4	1.5	10.7	0.27	4.4	3.3	8.2	4.3
第二产业占比（%）	15.8	34.1	37.6	26.59	43.1	40.9	40.5	39.2
第三产业占比（%）	83.8	64.4	51.7	73.15	52.5	55.8	51.3	56.5

资料来源：国家统计局。

纵深推动京津冀协同发展是"十四五"时期的重点任务之一。"十三五"时期京津冀发展处于谋思路、打基础、寻找突破的阶段，三省市围绕非首都功能疏解等开展了一系列工作并取得了重大进展，如今京津冀协同发展已进入滚石上山、爬坡过坎、攻坚克难的关键阶段，未来要抓住疏解北京非首都功能的"牛鼻子"，以减量倒逼集约高效发展，带动北京城市副中心和雄安新区两翼齐飞，联动津冀，在创新驱动、机制体制改革、生态环境保护及交通一体化等领域重点发力，着力构建以首都为核心的世界级城市群。

二、"一核两翼"发展

"一核两翼"协同发展是京津冀协同发展的关键一环，也是构建多中心网络化空间格局和建设世界级城市群的重要基础。2017 年 9 月出台的《北京城市总体规划（2016 年—2035 年）》明确提出了"一核一主一副、两轴多点一区"的空间规划体系，首次提出了"一核两翼"空间格局。次年，中共中央、国务院在对《河北雄安新区规划纲要》的批复中再次强调"雄安新区作为北京非首都功能疏解集中承载地，与北京城市副中心形成北京新的两翼"，要"与北京中心城区、北京城市副中心合理分工，实现错位发展"。

（一）发展现状

"一核"即首都功能核心区，包括北京市东城区和西城区，总面积约为 92.5 平方公里，是全国政治中心、文化中心与国际交往中心的核心承载区，肩负着带动和辐射"两翼"乃至整个京津冀地区发展的重任。首都功能核心区第三产业拥有绝对优势，2020 年占其地区生产总值的比重高达95.9％，且以金融、科学研究与技术服务、信息技术等现代服务业为主，产业结构高端。自疏解非首都功能以来，首都功能核心区开发强度得到有效控制，东城区和西城区人口持续稳定减少，人口聚集程度和产业结构相应调整；城市环境和交通状况亦明显改善，政治中心、文化中心和国际交往中心的功能定位更加明确。

"两翼"分别为北京城市副中心和雄安新区，是非首都功能疏解的重要承接地。

北京城市副中心主要范围为原通州新城规划建设区，规划面积 155

平方公里，侧重承接北京市行政功能和部分经济功能，并带动廊坊北三县协同发展，构筑多中心发展格局。2015 年，北京市城市副中心以5.5％的行政面积集聚了 2.59％的经济规模和 6.35％的常住人口，经济密度和人口密度整体处于较低水平，产业结构相对单一和初级。在"一核两翼"协同发展的带动下，北京城市副中心承接市属行政职能和部分服务产业，产业及人口规模持续扩大，2020 年第三产业占比超过50％，正在向服务化和高级化方向演进①，经济规模及常住人口占北京的比重分别达到 3.06％和 8.81％，产业结构持续优化，基础设施和公共服务亦明显提升。

河北雄安新区设立于 2017 年 4 月，规划范围包括雄县、容城、安新三县行政辖区（含白洋淀水域）及周边部分乡镇，总面积达 1 770 平方公里，重点承接北京高端优质资源，集聚大数据、人工智能、生物技术、现代金融等创新型产业，逐步发展为京津冀科技创新和先进产业集聚高地。雄安新区建设初期开发程度较低，经济体量小，2017 年第一和第二产业占比分别高达 14.16％和 51.39％，产业结构较为初级，可开发空间充足。自2017 年雄安新区设立和成为北京新"两翼"之一以来，大量高科技企业和建设项目进入，2020 年域内完成固定资产投资同比增长 6.6 倍，规划体系和政策体系基本形成②。其中，容东片区安置房建设及雄安高铁站等交通项目建设进展显著，白洋淀流域水质持续改善，生态环境明显趋优，离建设成为绿色低碳、信息智能、宜居宜业、具有较强竞争力和影响力、人与

---

① 李国平，宋昌耀．"一核两翼"协同发展与现代化大国首都建设．行政管理改革，2021（2）：81-91.

② 雄安新区建设取得重大进展．（2021-01-29）［2021-11-24］. https://baijiahao.baidu.com/s？id=1690217983819065234&wfr=spider&for=pc.

自然和谐共生的高水平社会主义现代化城市更近一步①。

（二）发展重点

"一核两翼"的空间结构充分体现了"都"与"城"、"源"与"流"的关系，"一核"作为发展核心需明确自身定位并带动"两翼"齐飞，同时在发展定位中坚持"首都功能"高于"城市功能"，优先保障"首都功能"；"两翼"的使命在于服务和支撑核心区的发展，并分担其多余功能。推动"一核两翼"协同发展，有利于缓解北京的"大城市病"，拓展城市新发展空间并优化城市空间布局，促进京津冀形成多中心、网络化的发展格局，激发区域经济发展的新动能。

深入推进减量发展。实现减量发展是系统性、全局性、前瞻性的战略工程，以减量发展倒逼实现高质量发展，对于治理"大城市病"、实现可持续发展并纵深推动京津冀协同发展意义重大。减量发展涉及城市规划与发展的方方面面，既要关注低水平领域疏解，也要关注高端领域调整和升级。疏解非首都功能是北京减量发展的核心，要通过持续推动业态疏解带动功能重组和产业布局优化。北京应深入落实"控增量""疏存量"政策，动态完善新增禁止和限制产业名录，提高准入门槛；同时加快淘汰带来人口资源双重压力的非金属矿物制品业等行业、资源环境压力大的有色金属冶炼及压延加工业等行业，以及不具备比较优势的纺织服装等劳动密集型产业，有序疏解区域性专业市场和物流中心，仅保留一定的重要应急物资和城市生活必需品生产能力，形成与首都定位相适应的产业结构。

---

① 河北雄安新区规划纲要.（2018-04-22）[2021-03-21]. www.rmzxb.com.cn/c/2018-04-22/2032145. shtml.

减量发展同时应注重产业提质增效，打造更具活力的高精尖产业，培育新一代信息技术、医药健康、新能源汽车等万亿级产业集群，提高高精尖产业占比，推动制造业比重回升；注重发展数字经济，推动 5G 基站建设及智能制造布局，构筑具备特色和活力的现代化经济体系①。北京在减量发展中需统筹利用疏解腾退空间，充分利用科技创新优势和人才资源，推动产业结构优化升级，提升数字化、智能化、高端化、绿色化产业发展能力，注重与资源环境相协调并优化提升首都功能。

高标准高质量推动"两翼"建设。雄安新区和北京城市副中心作为非首都功能转移的重要承载地，与首都核心区协同互动构成"一核两翼"新空间格局，有利于推动北京转变单中心集聚发展模式，构建多中心的网络化发展格局。

北京城市副中心是北京市域内疏解承载非首都功能的拓展区，应重点承接服务类产业，加快推动市属行政事业单位及部分教育、医疗等公共服务机构迁入，提高服务能力和品质，吸引人才和产业流入。高水平规划建设北京城市副中心还应坚持世界眼光、国际标准、中国特色，牢固确立其绿色发展定位，积极拓宽绿色生态空间，推动企业清洁生产②。其应基于城市副中心定位，聚焦发展数字信息、文化旅游等高端服务类产业集群，并强化对河北省三河、香河、大厂三县市的辐射带动和引领作用，基于北三县资源禀赋和发展定位，推动适宜产业向其延伸和拓展，强化区域产业协作和经济联系，构筑北京城市副中心与北三县一体化发展机制，打造成

---

①② 中共北京市委关于制定北京市国民经济和社会发展第十四个五年规划和二〇三五年远景目标的建议.(2020-12-07)[2021-08-18]. www.beijing.gov.cn/zhengce/zhengcefagui/202012/t20201207_2157969.html.

为京津冀协同发展的桥头堡。

雄安新区则是非首都功能域外疏解承载地，应主要承接科技创新导向产业，推动北京高校、医疗机构、科研机构、企业总部及金融机构等一系列标志性项目进入，为其科技创新和高质量发展培育人才和产业基础。此外，雄安新区整体开发应坚持开放式建设、市场化运作，加快推进启动区、起步区和重点片区建设，重点推进高端产业核心聚集区和高端商务区建设。创新发展是雄安新区高质量发展的核心，将雄安打造成全球创新高地势在必行，未来需推动与北京高校及科研院所深度合作，持续引进高层次人才，推动新一代信息技术、现代生命科学、新材料等战略性新兴产业发展，并深化管理体制机制创新，为雄安长远发展提供科技支撑。

北京城市副中心和雄安新区作为首都"两翼"，未来需差异化发展、突出特色，有效支撑新型首都城市圈建设。促进"两翼"差异化发展，也有利于构建"一核两翼"新发展格局，推动以首都为核心的世界级城市群建设。

三、产业链与创新链融合

京津冀地区内各城市应结合其所处发展阶段和在区域中的功能定位，采取差异化的产业发展和创新联动政策，构建大、中、小城市职能分工合理、优势互补的产业分工格局[①]。产业链与创新链是互动发展、相互促进的有机体，推动两者深度融合有利于激发创新驱动的原生动力，在带动产业升级和发展的同时有效提升原始创新能力，加快突破关键技术瓶颈，提

---

① 席强敏，孙瑜康．京津冀服务业空间分布特征与优化对策研究．河北学刊，2016，36（1）：137-143.

升产业链整体水平。

（一）发展现状

京津冀三地在创新链、产业链、资金链、政策链等多方面深度融合。北京加快向外疏解产业，侧重转移中低端制造业，天津则重点建设先进制造业，河北逐步淘汰"高能耗、高投入、高污染、低效益"的落后产能，同时承接北京转移产业，不断优化产业结构。

产业协同发展载体构建取得重要突破。初步形成"2＋4＋N"的产业协同发展格局，包括北京城市副中心和雄安新区 2 个集中承载地，曹妃甸协同发展示范区、北京新机场临空经济区、天津滨海新区和张承生态功能区 4 个战略功能区，及 46 个专业化、特色化的产业承接平台，非首都功能疏解和产业协同发展的平台载体和关键环节建设取得重要突破。此外，三地政府联合出台《京津冀协同发展产业转移对接企业税收收入分享办法》，探索构建区域合作和利益分享机制，推动行政体制改革和助力打破行政壁垒。产业协同发展载体的构建有利于生产要素合理流动，加快疏解非首都功能并均衡三地发展，推动生产力布局结构优化，提升整体发展水平。

区域协同创新取得一定进展。"京津研发、河北转化"的协同创新发展模式已初步形成，河北与京津共建科技园区、创新基地、技术市场、创新联盟等创新载体超过 210 家，2018 年吸纳京津技术合同成交额达到 203.9 亿元，输出技术成交额比上年增长了 210.4％，吸纳技术成交额增长了 63.4％[①]。中关村与津冀科技园区合作不断深化，截至 2020 年 10 月，

---

① 中国科学技术发展战略研究院. 中国区域科技创新评价报告 2020. 北京：科学技术文献出版社，2020.

中关村企业在津冀两地设立分支机构累计超 8 300 家，北京流向津冀技术合同成交额累计超 1 200 亿元，协同打造科技创新园区链①。三地间技术合作日益紧密，2020 年北京输出津冀技术合同 5 033 项，成交额 347 亿元，增长 22.7%，京津与河北共建的各类产业技术创新联盟达 95 家，有效提升了企业技术创新能力②。

京津冀产业链与创新链的融合发展虽然已取得一定的突破，但仍存在以下突出问题：

第一，北京对津冀的创新驱动辐射作用相对有限。科技创新是京津冀协同发展的根本动力。从创新资源分布角度来看，北京集中了大量科研院所和高校，科技人才密度高，对京津冀乃至北方地区辐射效应强。然而，由于虹吸效应的存在，北京科技创新资源分布过于集中，2019 年北京拥有研究与试验（R&D）发展人员 464 178 人，是天津的 4.82 倍、河北的 3.94 倍；科研支出差距亦相当大，2019 年北京 R&D 内部支出经费为 2 233.6 亿元，是天津和河北的 4.82 倍和 3.94 倍。在此情形下京津冀内部创新差距较大，呈现出显著的"核心—外围"格局，加之制造业产业结构约束，北京创新驱动辐射作用相对有限，大量科技成果外流至长三角和珠三角地区。此外，京津冀创新资源外溢和创新收益回流的常态化机制尚未形成，还未构成创新驱动发展的良性循环，弱化了科技创新原生动力。

第二，制造业结构差异阻碍产业链与创新链融合。三地产业的相互依赖性和上下游关联性较弱，难以形成产业互动和协同发展格局，限制了京

① 北京亮出京津冀协同发展成绩单.（2020-12-09）[2021-11-24]. https://baijiahao.baidu.com/s? id=1685532681395622038&wfr=spider&for=pc.
② 2020 年京津冀区域经济稳步回升.（2021-03-22）[2021-11-24]. http://www.cnr.cn/bj/si-jh/20210514/t20210514_525485702.shtml.

津冀协同发展深入推进。河北以资源型重化工业为主，装备制造业占据较大比重，产业结构相对单一，与京津对接的基础较为薄弱。创新资源是北京辐射带动津冀制造业协同发展的关键，但创新链的传递和延伸无法脱离产业链，因此需要围绕创新链布局制造业，完善创新链和产业链的衔接，完善区域协同创新网络①。

第三，北京产业疏解与津冀协同的衔接不足。北京在疏解非首都功能、退出一般制造业的同时强化制造业发展的效率和比较优势，但高技术制造业仍呈现出较强的向北京转移集中的趋势，未能通过北京的创新优势资源和较强的高技术制造业基础联动天津发展、带动河北制造业转型升级。三地制造业转移并未遵循比较优势原则，专业化分工更加不清晰，原本差异化的分工格局正在消解②。

（二）发展重点

构建京津冀协同创新共同体，促进北京创新资源溢出和创新成果在津冀转化，是京津冀建设创新引领、协同发展产业体系的重点③。北京拥有大量的科研院所和高素质人才，且聚集了大规模高新技术产业，创新基础雄厚，但京津冀地区创新资源过度集中、产业结构与创新成果不匹配、成果转换机制尚不成熟、创新成果外流等问题制约了创新驱动的实现，加快培育创新发展新动能势在必行。全面落实科教兴国、人才强国、创新驱动

---

① 孙铁山，席强敏.京津冀制造业区域协同发展特征与策略.河北学刊，2021，41（1）：165－172.

② 孙铁山，席强敏.京津冀制造业区域协同发展特征与策略.河北学刊，2021，41（1）：165－172.

③ 孙久文，卢怡贤，易淑昶.高质量发展理念下的京津冀产业协同研究.北京行政学院学报，2020（6）：20－29.

发展等国家重大战略，统筹基础研究和关键核心技术攻关，重点推进量子、人工智能、区块链等新兴领域研发机构发展，将北京建设为国际科技创新中心和综合性国家科学中心。加快推动部分科技创新主体和高科技产业向天津及雄安新区转移，推动形成三位一体的高新技术产业带和绿色发展创新创业带，提高整体科创能力和产业协同水平。此外，京津冀需加快构建和完善科技创新管理体制与收益分享机制，实行"揭榜挂帅"制度，优化科创项目管理组织模式，弱化科技攻关制度束缚并提高推进效率；同时应加快完善科技成果转化机制和收益回流机制，打通基础研究产业化绿色通道，并通过收益激励为各主体投入创新提供原生动力，形成科技创新的良性循环。

推进"三城两翼一区"统筹融合发展。重点聚焦中关村科学城，提高其基础研究和战略前沿技术攻关能力，发挥原始创新策源地的引领和示范作用，打造国际一流科学城；协同推进怀柔科学城和未来科学城建设，前者重点推动重大科技基础设施建设，构筑科技攻关和战略前沿产业孵化的技术支撑；后者则重点引进科技创新人才与高水平研发中心，集聚创新主体、激发创新活力，打造全球领先的创新高地。北京经济技术开发区作为三大科学城科技成果转化的承接地，应重点打造高端制造业产业集群，提升高精尖产业能级，更好地承接创新外溢效应。"两翼"则重点在于拓宽北京科技创新功能，通过北京城市副中心优化市域内科技创新资源布局，借助雄安新区带动京津冀地区创新发展。"三城两翼一区"错位发展、分工协作、协同推进，对于实现京津冀创新发展意义重大。

四、交通一体化

京津冀交通一体化核心在于打造"海陆空互联互通的京津冀"，建设轨道上的京津冀。未来国家主干铁路、城际铁路、市郊铁路、城市地铁、省际航线和港口互通，形成"四纵四横一环"的总体布局，构成京津冀之间的海陆空立体交通网络。2015 年 12 月国家发展改革委和交通运输部联合出台《京津冀协同发展交通一体化规划》，提出推动交通智能化，打造以首都为核心的世界级交通体系。完备的交通运输体系是产业升级、协同发展的基础；随着运输成本的下降，产业分布逐渐聚集，规模效应驱动生产效率和经济效益提升，带动区域发展①。

（一）发展现状

交通一体化是京津冀其他领域深入推进的先行举措。铁路方面，京唐铁路及京滨、津唐城际铁路稳步推进，京津冀核心区 1 小时交通圈基本形成，轨道上的京津冀初具规模；公路建设方面，京秦、津石高速加快建设，首都环线持续推进，截至 2018 年 8 月京津冀国家高速公路"断头路"均已打通；航空方面，2019 年 9 月北京大兴国际机场正式投运，带动大兴临港经济区发展；公共交通方面，京津冀初步实现公共交通跨省运作，现有 38 条省际化公交线路，线路总里程 2 700 余公里，覆盖河北省廊坊、涞水、赤城等 17 个毗邻县（市），日均客运量超过 40 万人次②。三地印发《京津冀公路立法协同工作办法》等文件，建立区域执法联动机制，逐步推进区域交通运输管理政策、执法、信息、标准等多方面的统一和协调工作。

---

① 闫昊生，孙久文 . 京津冀协同发展的理论解释：基于"新"新经济地理学的视角 . 经济与管理研究，2018，39（1）：57-67.
② 北京亮出京津冀协同发展成绩单 . （2020-12-09）[2021-11-24]. https://baijiahao. baidu. com/s? id=1685532681395622038&wfr=spider&for=pc.

京津冀已初步形成以"四纵四横一环"为骨架、多节点、网络状的交通运输格局，初步构建起了高质量立体交通网络。但京津冀非核心地区交通关联度有待提高，冀中和冀南地区交通联系不足，京津冀北部地区如承德与周边地区交通轨道建设有较大提升空间；北京枢纽压力过大，天津铁路枢纽功能有待提高，其铁路与机场、港口联动水平较低。

（二）发展重点

加快推动城际铁路建设，强化周边地区与北京的联系，同时推动铁路客运和货运外环线建设，完善轨道交通网络布局，不断向"轨道上的京津冀"的目标迈进。积极推进京雄高速等高速路建设，提高京津冀机场、港口协同水平，打造现代化机场群与港口群，构建海陆空一体化的交通体系。此外，应发挥天津港的海上门户枢纽作用，加快建设连接西部及北部腹地的铁路，构建以海陆联运为核心的多式联运，支撑京津冀纵深推进和陆海深度融合①。

五、生态环境保护

生态环境和资源状况是地区经济社会实现可持续发展的重要基础，环境污染的负外部性对产业聚集存在抑制作用，会降低核心区域的聚集水平②。京津冀长时间、高强度的持续开发对地区资源环境形成了极大压力，生态退化、环境污染、资源浪费等问题频发，限制了其产业升级和可持续

---

① 天津市国民经济和社会发展第十四个五年规划和二〇三五年远景目标纲要.(2021-04-01)[2021-05-25]. http://www.ndrc.gov.cn/fggz/fzzlgh/dffzgh/202104/P020210401307524156363.pdf.

② 闫昊生，孙久文.京津冀协同发展的理论解释：基于"新"新经济地理学的视角.经济与管理研究，2018，39（1）：57-67.

发展能力。为遏制环境恶化趋势并推动生态环境保护，2015 年国家发展改革委联合环境保护部出台《京津冀协同发展生态环境保护规划》，划定了区域生态保护红线、环境质量底线和资源消耗上限，明确了生态环境和资源利用刚性约束。

（一）发展现状

京津冀生态环境共保共建工作有序推进。环境污染联防联治和生态保护协同推进机制不断完善，三地共建生态文明示范区、跨区开展碳排放交易试点和排污许可权交易，逐步构建起一体化的环境准入准出机制和区域横向生态补偿机制，生态保护机制体制逐步完善。三省市加大环境监测和执法力度、加强环境信息公开、推动联合执法和信息共享，深层次推进协同防治污染，改善区域生态环境质量，打造京津冀生态修复环境改善示范区。

2020 年，京津冀地区 PM2.5 平均浓度为 43.6 微克/立方米，同比下降 12.8%，较 2014 年下降 52.9%，生态环境质量明显改善。生态协同治理机制初步构建，区域生态环境容量扩大。此外，京津冀逐步建立大气污染联防联控体系，重点应对雾霾、沙尘等生态环境问题，并签订横向水资源补偿协议，提高水资源合理利用和保护效率。2014—2018 年，京冀生态水源保护林累计增加 50 万亩，北京、天津和河北优良水体比例分别提高 32%、15% 和 8%；PM2.5 平均浓度分别下降 40.6%、37.3% 和 41.1%[①]。

京津冀生态环境治理已取得较突出的进展，但大气和水域跨区域治理、生态问题应对和生态修复方面仍面临诸多挑战；沙尘及雾霾问题尚未

① 陈璐 . 河北蓝皮书：京津冀协同发展报告（2020）. 北京：社会科学文献出版社，2020.

得到根本性治理，水资源相对短缺且水质偏低；受制造业结构影响，河北部分地区大气污染严重；生态脆弱，自我修复能力仍有待提高；京津冀跨界生态补偿仍以中央拨付资金为主，呈现出行政化、短期化等特征，横向生态补偿机制有待进一步完善，市场化程度亦有待提高；现阶段生态环境保护和治理主要由政府主导，企业和民众参与有限，资金来源较为单一。

（二）发展重点

深化京津冀大气、水和固体废弃物污染联防联控联治，共建张承水源涵养功能区和生态环境支撑区、京津保生态过渡带等，提高区域环境承载力。完善跨省市生态环境保护协作机制和流域生态补偿机制，扩大重点流域横向生态补偿范围，并制定和完善环境治理相关法规和标准体系，为其提供法律保障和技术支撑。探索培育区域生态产品交易市场，推动环境保护要素自由流动，实现环境效益和经济效益的有机协调。

第二节

长江经济带发展

一、发展概况

长江经济带东起上海、西至云南，涵盖上海、江苏、浙江、安徽、江西、湖北、湖南、重庆、四川、云南、贵州等 11 个省市，横跨我国东中西三大区域，地域面积约 205 万平方公里，2019 年人口和地区生产总值占全国的比重分别约为 42％和 46％，是我国经济社会繁荣和稳定的重要支撑。2014 年，长江经济带发展战略上升为国家级三大战略之一，此后国家陆续出台《国务院关于依托黄金水道推动长江经济带发展的指导意见》《长江经济带综合立体交通走廊规划（2014—2020 年）》等文件，强调依托黄金水道构建综合立体交通走廊，联通东西，加快推动区域产业结构优化升级和生态环境保护。

2016 年 9 月，《长江经济带发展规划纲要》正式发布，加快推进长江经济带生态保护和绿色发展。以长江黄金水道为依托，发挥上海、武汉、重庆等超大城市的核心作用，辐射带动沿江城镇发展，构筑沿江绿色发展轴；以长江主轴线为基准，联通南北并向南北腹地拓展，提升南北两翼支撑能力；以长三角城市群为龙头、长江中游城市群和成渝城市群为支撑，强化经济增长极塑造和区域联动，并发挥各地级市的支撑作用，推动形成"一轴、两翼、三极、多点"的区域发展格局，实现流域互动和集约发展，形成我国重要经济驱动力。

长江经济带黄金水道东接长三角城市群、西连中西部腹地，市场需求潜力巨大，资本赋存充裕，逐渐成为优质要素的聚集地[1]。在全球经济增长放缓和不确定性上升的背景下，长江经济带是我国构建国内国际双循环格局、引领实现高质量发展的重要支撑。

（一）发展现状

经济规模持续扩大，增速略微下降。2019 年长江经济带经济总量达

---

[1]　孙久文．"十四五"规划与新时代区域经济发展．中国经济报告，2021（3）：98 - 104.

45.8 万亿元，同比增长 7.2%，增速略有下降但仍高于全国平均水平；人均地区生产总值高达 78 276 元，同比增长 3.4%，高出全国平均水平且呈现优势扩大趋势。2019 年，长江经济带 11 省市地区生产总值占全国的比重达到 46.2%，同比上升 1.4 个百分点，经济持续健康发展。此外，长江经济带内部发展差距趋于缩小，长三角地区经济总量占比略有下降，由 2017 年的 52.3% 降至 2019 年的 51.8%，而云贵川渝地区占比则由 23.2% 提升至 24.1%，东西落差相对缩小，区域经济发展趋向平衡。

产业结构进一步优化。2019 年，长江经济带服务业增加值超过 24 万亿元，同比增长 7.8%，已成为经济增长的主要驱动力。工业经济发展有所好转，战略性新兴产业持续成长。2019 年长江经济带战略性新兴产业平均增速高达 11.2%[①]，新产业集群经济贡献持续提升。2019 年全年长江经济带实现出口额 83 817 亿元，同比增长 12.5%，社会零售消费额 1 776 636 亿元，同比增长 8.9%，投资增速持续下滑，经济拉动结构持续优化。

区域科技创新水平持续提高。长江经济带科技创新投入持续提升，尤以长三角地区最为显著。2019 年江苏和浙江科技进步贡献率分别为 64% 和 63.5%，远高于全国 59.5% 的平均水平。科技研发费用占 GDP 的比重方面，苏浙沪三省市分别为 2.72%、2.60% 和 3.93%，科技创新驱动能力持续提升。

然而，现阶段长江经济带区域发展仍存在不平衡问题，中上游地区与下游地区整体发展差距较大，不利于长期持续发展。跨区域合作机制亦较不完

---

① 长三角与长江经济带研究中心．长江经济带发展报告（2019—2020）.（2020-12-23）[2021-11-24]. https://cyrdebr. sass. org. cn/2020/1223/c5775a100921/page. htm.

善，长三角的辐射和带动作用传导有限，区域高效协同发展仍有待推进。

（二）发展重点

坚持生态优先、绿色发展，把握生态修复和环境保护核心，探索与资源环境相适应的绿色化高质量发展道路，打造人与自然和谐相处的美丽中国样板。努力推动长江经济带建设为引领中国经济高质量发展的排头兵、实施生态环境系统保护修复的创新示范带、培育新动能引领转型发展的创新驱动带以及创新机制体制区域合作的协调发展带。

以提高城市网络效率为先导，推动城市群协作发展。以构建武汉、长沙、南昌协作"金三角"为突破口，摒弃传统的行政区经济思维，加大省际毗邻城市间直通要道的建设力度①。充分挖掘中西部广阔腹地的庞大内需潜力，缩小区域发展差距，形成上中下游优势互补、协作互动的发展格局，加快建设生态环境优美、水脉畅通、功能完善、经济活跃的长江全流域黄金水道。

二、生态环境治理与保护

作为我国重要的生态功能区和战略水源地，长江经济带具有水源涵养、水土保持、维护生物多样性等多种功能，对于维护整体生态安全和经济社会可持续发展意义重大。然而历经多年开发建设后，高能耗、高污染的粗放型生产方式仍未得到根本转变，生态环境整体形势较为严峻。美丽长江建设关乎国家富强和民族复兴，因此国家相继出台了《长江经济带生

---

① 孙久文，蒋治．"十四五"时期中国区域经济发展格局展望．中共中央党校（国家行政学院）学报，2021，25（2）：77-87．

态环境保护规划》《长江保护修复攻坚战行动计划》等一系列政策，系统性推动长江流域环境治理和生态保护修复。生态环境保护是长江经济带高质量发展的必由之路，需坚持"绿水青山就是金山银山"的重要理念，在"山水林田湖草是一个生命共同体"的思想指导下有序开展环境污染治理和生态保护修复工作。

（一）发展现状

生态环境质量显著提升，其中水生态环境改善尤其突出。2020年前11个月，长江经济带水质优良断面比例为86.6%，较2016年提高了13.3个百分点，劣V类水质比例为0.4%，较2016年下降了2.9个百分点。植被覆盖状况大幅改善，2019年长江经济带完成造林面积248.23万公顷，约占全国造林总面积的35.13%，其中四川、重庆、贵州、湖南、湖北等中上游省市造林面积位居前列，长江经济带各省市森林覆盖率平均值高达44.93%。得益于植被覆盖率提高，该流域水土流失等环境问题得到缓解，2018年水土流失面积40.10万平方公里，较2011年下降了38 964.96平方公里，占土地面积比例从21.35%下降至19.46%[①]，长江干流泥沙含量持续降低，减少长江中下游的泥沙淤积。

生态保护修复大幅推进。截至2020年，已对8 311公里干流岸线5 700多个项目开展全覆盖现场核查，核查发现的2 441个违法违规项目中已完成整改2 414个，拆除取缔27个，共腾退复绿岸线158公里；沿江各省市大力开展湿地保护与恢复、退耕还湿、湿地生态效益补偿等工程项

---

① 长三角与长江经济带研究中心.长江经济带生态发展报告（2019—2020）.(2020-12-23)[2021-11-24]. https://cyrdebr. sass. org. cn/2020/1223/c5775a100923/page. htm.

目，其中实施湿地保护与修复工程 20 个。

生态环境管理和联防联控机制逐步完善。《长江保护法》自 2021 年 3 月 1 日起正式实施，法律支撑取得突破性进展；生态环境行政执法、负面清单制度、水资源管理制度、空气质量考核评价等制度相继完善和落实，形成长江生态环境保护的有效制度支撑；此外，长三角地区大气污染联防联控机制建立，跨区域生态补偿机制探索取得重要成果，区域生态保护协作的行政壁垒和制度性障碍不断破除。在各级政府的重视和大力宣传下，生态保护和绿色发展理念深入人心。

但是，长江流域生态状况仍然不容乐观，长江沿岸的大规模开发及污染排放导致大面积的生物栖息地受到不同程度的破坏，生物资源量趋于下降，生物多样性遭受较大冲击，部分鱼类濒临灭绝，2016 年发布的《中国脊椎动物红色名录》中长江流域受威胁鱼类多达 90 余种。入海口生态问题亦不容忽视，2019 年有 15 个受检海洋生态系统处于亚健康或不健康状态。部分地区环境污染形势较为严峻，流域东中部地区大气污染物排放负荷较大，空气质量整体处于较低水平。长江经济带以 21％的土地承载了全国 30％的石化产业、40％的水泥产业，且主要集中在流域东中部，污染物排放规模超出环境自净能力，江苏、上海、安徽、湖北等省市空气质量优良率相对较低。此外，长江经济带聚集了大量钢铁、化工、有色金属加工等行业，工业污染物排放量大面广，土壤及河流生态污染较为严重。

（二）发展重点

将长江经济带生态环境保护摆在首要位置，持续推动生态环境突出问题整改，在全流域实施精细化分区管控，重点开展城镇污水垃圾处理、工业污染治理、农业面源污染治理、船舶污染治理等工程，强化污染源整治，减少污染物排放，持续打好碧水保卫战、蓝天保卫战和净土保卫战。

注重长江生态修复，实施长江十年禁渔，重点推进赤水河流域生态保护。各地根据实际需要实施水土保持、退田还湖还草、湿地保护等工程，选择重点水体开展生态多样性修复和维护，加快构建江湖关系和谐、水土保持有效、生物种类多样的生态安全格局，提高整体环境质量。

加快完善生态环境联合治理体系，严守生态保护红线，建立和完善生态红线监管相关制度和标准体系，确保生态红线区域面积不减少、功能不降低。落实负面清单制度，基于国家和各省（区、市）负面清单体系，逐步淘汰高污染、高能耗的过剩产能，管控环境风险大的产业，逐步确立生态环境保护的硬约束。此外，还需完善跨区域协同保护机制，强化流域省际合作，重点推进生态环境共保联治与协同监管，尝试建立并完善跨区域补偿制度。

三、综合交通运输体系建设

完备高效的交通运输体系是长江经济带贯通东西、辐射南北的重要支撑。长江经济带已基本形成以黄金水道为依托，水运、铁路、公路及航空多种运输方式协同发展的综合立体交通网络，海陆空衔接趋于完善，运输效率大幅提升且运输成本整体下降，构成长江经济带跨区域协作和高质量发展的重要支撑。未来长江经济带将持续推进综合交通运输体系建设，重点提升黄金水道运输能力、缓解三峡枢纽瓶颈制约、加强立体交通衔接，加快完善综合运输网络，打造贯穿东西、辐射南北的经济大动脉。

（一）发展现状

长江经济带综合交通运输状况不断改善，2018 年长江经济带实现铁路营业总里程 3.9 万公里，约为全国铁路总里程的 30%，比上年增长

4.43%；公路总里程达 211.73 万公里，其中高速公路总里程超过 5 万公里，约为全国高速公路总里程的 39.06%。长江经济带内河航道优势突出，尤以下游地区见长，运营里程超过 9 万公里，占全国内河航道里程的 71.12%。从全国来看，航空运输发展势头亦较为良好，2019 年长江经济带共有 78 个机场，占全国总机场数量的 32.64%。上、中、下游机场数量分别为 38 个、16 个和 24 个。2019 年，长江经济带的客运量和旅客周转量分别占全国总量的 50.45% 和 45.16%①。

交通基础设施建设投资总量保持高水平。2019 年长江经济带实现公路水路交通固定资产总投资 12 114.01 亿元，占全国总投资的 51.65%，交通运输体系建设持续推进。

长江水道存在制约瓶颈，主要表现为高等级航道占比不高，中上游航道梗阻问题较为严重，高效集疏体系尚未形成，铁水联运衔接不畅，综合性交通枢纽有待建立。陆地交通运输的发展对水道航运产生了一定的挤出作用。2019 年，长江经济带的内河港口吞吐量呈下降趋势。其中，货物吞吐量实现 27.4 亿吨，同比下降 36.89%；外贸吞吐量为 5.98 亿吨，同比下降 25.92%；集装箱吞吐量为 5 627 万标准箱，同比下降 10.13%。纵向运输体系亦有待进一步完善，东西向铁路和公路运输能力相对较弱，南北向通道运力有限，向西开放的国际通道有待建设和完善，通达深度整体较低。

（二）发展重点

在"浚深下游、畅通中游、延展上游、疏通支流"的原则指导下，重

---

① 王晓娟，曹敏. 长江经济带交通运输业发展报告（2019—2020）.（2021-01-12）[2021-11-24]. https：//www. pishu. com. cn/skwx_ps/literature/6347/12299461. html? zas_rct＝852f56bbe810a25ff 5b71dc8281c4c341962b75f&_zas_loginURL＝https：//www. pishu. com. cn/skwx_ps/ssologin.

点推进长江航道系统治理，进一步畅通黄金水道①。加快建设上海、南京、武汉和重庆四大航运中心，优化港口布局，联通长江干支流和入海航运；提升三峡枢纽通过效率，合理布局过江通道，提高全河道航运效率。

加快建设综合交通枢纽，推进多式联运畅通。重点推进铁路、公路与重点港口衔接，构建与长江航道平行和纵向交叉的铁路网络；完善重点区域间高速公路建设，形成以高速公路为骨架、普通国道省道为补充的交通运输网络；完善航空枢纽建设，构筑多个机场群，与港口群互联互通，形成综合性立体交通运输网络。

四、绿色产业体系构建

绿色产业注重产业发展与生态环境的和谐融合，在拉动经济增长的同时还具备防止环境污染、保护生态的功能②。构建绿色产业体系是破解长江经济带资源环境约束的重要突破口，也是长江流域生态环境保护和高质量发展的重要保障。2017年工业和信息化部等五部门联合印发《关于加强长江经济带工业绿色发展的指导意见》之后，各省份亦相继出台相应绿色产业发展规划，有力地推动了绿色产业体系的构建。

（一）发展现状

科技创新基础良好，支撑绿色产业构建。长江经济带聚集了2个综合性国家科学中心、9个国家自主创新示范区、90个国家高新区、161个国家重点实验室和667个企业技术中心，有助于加快淘汰落后产能、激励创新创业

---

① 金凤君，张海荣．长江经济带交通体系建设与重庆的通道战略．西部论坛，2017，27（2）：30-38.

② 刘国涛．绿色产业与绿色产业法．中国人口·资源与环境，2005（4）：95-99.

活动、推动绿色产业技术实现突破，是长江经济带发展的重要潜力所在①。

上游有色金属冶炼、采矿等产业占比高，中下游钢铁、电力、化工等产业密集分布，且相当一部分生产方式较为粗放，能耗及污染物排放水平高，构成绿色产业体系建设的巨大阻力；新兴绿色产业成长较慢，仍处于积累阶段。

（二）发展重点

优化产业结构，建设环境友好型、资源节约型的生态产业集群。加快长江经济带石油、化工、有色金属采选等传统支柱产业转型升级，淘汰部分落后产能，依托科技创新对其进行环保改造，在有条件的地区率先形成节约能源资源和保护生态环境的产业结构、增长方式、消费模式②，实现清洁生产、绿色发展和循环发展。

第三节

粤港澳大湾区建设

进入新时代后我国对构建双循环格局和高质量发展的需求逐步提升，

---

① 孙久文，张静．长江经济带发展的时空演变与发展建议．政治经济学评论，2019，10（1）：151-171.

② 李琳．推动长江经济带绿色发展．（2019-07-04）[2021-11-24]．https://news.gmw.cn/2019-07/04/content_32971252.htm.

"一带一路"建设深入推进，为粤港澳大湾区实现高质量发展、提升国际竞争力、更高水平参与国际经济竞争与合作提供了契机。粤港澳大湾区的建设应借助进一步深化改革和对外开放的契机，对接国际经贸规则，推动建立与国际接轨的开放型经济新体制。

一、发展概况

作为首个国家层面确定的大湾区和世界四大湾区之一，粤港澳大湾区承担着引领改革开放和创新驱动发展的重要使命。粤港澳大湾区涵盖香港、澳门 2 个特别行政区及广东省广州、深圳、珠海、佛山、惠州、东莞、中山、江门、肇庆 9 市，覆盖面积约为 5.6 万平方公里，2020 年大湾区常住人口规模达 8 617.15 万人，其中广东省 9 市常住人口为 7 801.43 万人，相比 2010 年增长 39.02%。粤港澳大湾区亦是我国对外开放程度最高、经济活力和创造力最强的地区之一，2020 年粤港澳大湾区经济总量达 11.36 万亿元，以 0.58% 的面积创造了全国 11.2% 的产出，对于辐射带动南方地区发展和改革开放深入推进具有重要作用。

粤港澳大湾区概念于 2015 年在《推动共建丝绸之路经济带和 21 世纪海上丝绸之路的愿景与行动》中被首次提出，2017 年 7 月粤港澳三方共同签署《深化粤港澳合作 推进大湾区建设框架协议》，粤港澳大湾区建设步入快车道。2019 年 2 月《粤港澳大湾区发展规划纲要》出台，明确以香港—深圳、广州—佛山、澳门—珠海为发展核心，构建极点带动、轴带支撑的高质量网络化城市群[1]，全面推进粤港澳大湾区建设。

---

① 孙久文，蒋治. "十四五"时期中国区域经济发展格局展望. 中共中央党校（国家行政学院）学报，2021，25（2）：77-87.

（一）发展现状

粤港澳大湾区经济发展势头良好，2020 年粤港澳大湾区创造了全国 11.2%的生产总值，人均地区生产总值高达 16.15 万元，远高于全国平均水平；产业体系完备且结构高端化，集群优势明显，珠三角九市已初步形成以战略性新兴产业、先进制造业和现代服务业为主体的产业结构，产业国际竞争力持续增强。其中，制造业持续向中高端推进，空间上布局集中于珠三角地区，结构上先进制造业和高新技术产业已成主体，2018 年其占规模以上工业增加值比重分别为 59.4%和 35.8%，同比提升 0.8 和 0.7 个百分点。深圳继续保持领先优势，先进制造业和高技术制造业占其规模以上工业比重分别达 72.5%和 66.1%[①]。

然而，粤港澳大湾区产业结构相比世界其他主要湾区仍有一定差距，亟须进一步提高在全球产业价值链分工体系中的地位。此外，广州和深圳对区域优质人才、资金、技术等要素存在强大的虹吸效应，地级市间产业竞争力差距显著，发展不均衡将影响粤港澳大湾区整体竞争力的提升[②]。

（二）发展重点

粤港澳大湾区"一国两制、三关税区"的独特性，使其在支持香港、澳门融入国家发展大局，保持港澳长期繁荣稳定等方面具有强大优势，能够有效丰富"一国两制"的实践内涵。深港、粤澳将重点合作推进科技创新、产业升级、基础设施优化，有利于贯彻新发展理念，推动供给侧结构

---

① 2020 深圳经济运行和进出口情况. (2021-02-02)[2021-11-24]. http://www.sz.gov.cn/cn/xxgk/xwfyr/wqhg/20210202/.

② 孙久文，蒋治. 粤港澳大湾区产业结构与国际竞争力水平研究. 特区实践与理论，2019（2）：74-77.

性改革深入进行，培育经济发展新动能，形成以创新为主要支撑的经济体系和发展模式，成为带动我国区域经济高质量发展的新引擎；同时还需加强域内其余节点城市对各类资源的整合力度，确保城市群网络内各城市人口规模与经济规模同步扩容①，向建成世界级城市群迈进。

"十四五"期间，粤港澳大湾区应积极构建具备国际竞争力的现代产业体系。支持传统产业转型升级，依托以人工智能、5G 等技术为核心的新一轮科技革命，加快制造业数字化、智能化和绿色化进程，提升传统产业的创造力和国际竞争力。培育壮大战略性新兴产业，重点推动新一代信息技术、新能源、生物技术、5G 和互联网等行业成长并壮大为支柱产业，带动产业结构优化和促进区域经济高质量发展；推动金融市场互联互通，结合各地实际发展特色金融产业，如支持香港打造大湾区绿色金融中心、推动广州建设绿色金融改革试验区、保障澳门壮大租赁等特色金融业务，并以香港为基础建设国际金融枢纽，构建完备的现代服务业体系。

大力发展海洋经济，依托沿海区位优势、优越的港口条件和丰富的海洋资源，集中发展临海石化、海洋运输、海洋渔业等产业，同时加强海洋科技创新平台建设，支持深圳建设全球海洋中心城市，拓展蓝色经济空间，建设现代海洋产业基地②。多措并举推动粤港澳大湾区成为经济活力充沛、创新能力突出、产业结构优化、生态环境良好的国际一流湾区和世界级城市群。

---

① 孙久文."十四五"规划与新时代区域经济发展.中国经济报告，2021（3）：98-104.

② 粤港澳大湾区发展规划纲要.（2019-05-23）[2021-03-24]. www.shunde.gov.cn/data/2019/05/23/1558575813.pdf.

二、"两廊两点"发展

"两廊"即广深港科技创新走廊和广深澳科技创新走廊，"两点"为深圳河套科技创新极点、珠海横琴科技创新极点。2017 年广东省委省政府出台《广深科技创新走廊规划》，支撑广深轴线区域进行科技产业创新和科技体制改革，为"两廊两点"建设奠定了扎实基础。"两廊两点"将重点推进原始创新、产业创新、机制改革和产学研协同发展，打破制度和行政束缚，提升原始创新和战略性前沿行业关键技术攻关能力，推动形成完整有效的科技创新链，形成支撑国际科技创新中心的创新主轴。

（一）发展现状

广东科创中心引领地位凸显，推动粤港澳区域创新能力进一步增强，综合科技创新水平不断提高。粤港澳大湾区深入实施创新驱动发展战略，加快建设国家自主创新示范区，粤港澳大湾区综合性国家科学中心获批。粤港澳大湾区聚集了 173 所高校、43 个国家重点实验室，科技创新人才储备丰富，基础良好。近年来深圳科技创新成果斐然，2019 年深圳高新技术产业增加值占地区生产总值的比重高达 34.28%，国内专利授权 16.66 万件，占全国专利授权总量的 6.73%，每万人口发明专利拥有量达 106.3件，是全国平均水平的 8 倍。从 2018 年主要计划单列市、副省级城市技术流向情况来看，深圳吸纳技术 17 490 项，输出技术 9 777 项，是计划单列市、副省级城市中吸纳技术项目最多的城市[①]。2015—2019 年五年间，

---

① 王京生．粤港澳大湾区创新报告发布.（2019-12-24）[2021-11-24]. http://www.gov.cn/xin-wen/2019-12/24/content_5463729.htm.

粤港澳大湾区发明专利总量达 128.76 万件，其中珠江东岸和西岸分别约 75.51 万件和 49.50 万件，位列世界四大湾区之首[①]。

科技投入和建设亦得到充分重视，广东在科技创新投入和科技促进经济社会发展方面领跑全国，2019 年 R&D 经费支出金额达 2 705 亿元，占全国总额的 13.7%，位居全国首位[②]。2014 年起广东与香港联手实施"粤港科技创新联合资助计划"，累计支持项目已超过 150 个，有力地推动了科技创新合作开展和成果诞生。广东还将携手香港打造国际科技创新中心，充分发挥粤港澳大湾区的磁吸效应，会集国际范围内的科创人才、研发平台和科技成果转化基地，提高原始创新能力和经济影响力。

虽然科技成果规模巨大，但施引专利量不及世界其他三大湾区，专利发明质量有待提升。产学研一体化也需要重点推进，粤港澳大湾区已具备促进科技创新及成果转化的完备产业体系，但现阶段企业、高校和科研机构间尚未建立起稳定高效、深层次的合作机制，创新链条不完整且较为脆弱。香港具备强大的基础研究能力，但其制造业空心化严重从而不具备转化科创成果的能力；广州科技型企业整体规模较小，企业创新能力相对不足；深圳布局了大量科技龙头企业，但缺乏高质量研究型大学和世界级研发平台，区域创新效率有待进一步提高[③]。

（二）发展重点

促进产学研深度融合，充分调动企业、高校及科研机构协同创新的主

---

① 申明浩. 粤港澳大湾区协同创新发展报告（2020）. 北京：社会科学文献出版社，2020.

② 中国科学技术发展战略研究院. 中国区域科技创新评价报告 2020. 北京：科学技术文献出版社，2020.

③ 辜胜阻，曹冬梅，杨嵋. 构建粤港澳大湾区创新生态系统的战略思考. 中国软科学，2018（4）：1-9.

动性和积极性，促进粤港澳科技创新成果在珠三角转化。加快科技创新平台和成果孵化平台建设，为科技创新提供完备的基础设施和相关服务，构建以企业为主体、以市场为导向的科技创新体系。

推动粤港澳大湾区综合性国家科学中心创建，提高原始创新能力，打造我国重要的原始创新策源地。同时依托完备的产业基础，聚焦人工智能、生物医药、高端芯片、智能制造等重点领域开展核心技术攻关，突破新兴产业"卡脖子"困境，推动粤港澳大湾区成为全球产业创新高地。

全面深化科技体制改革创新，加快港澳与珠三角 9 市在科技人员流动便利化、知识产权保护、职业资格互认、科研资金流动等领域深度配合，减少科技创新的机制体制束缚。其中，需要重点推动科技成果转化制度改革，健全科技成果使用和收益分配机制，向科研主体倾斜，为科技创新提供充足的原生动力，形成科技创新与成果转化的良性循环。

三、基础设施资源的优化配置

优化基础设施资源配置是一体化发展和高质量发展的重要保障。打通粤港澳大湾区内部交互渠道、畅通对外联系通道，构建布局合理、运行高效的基础设施联通网络，推动生产要素自由且低成本流动，强化区域经济协同。

（一）发展现状

现阶段粤港澳大湾区以轨道交通和高速公路为主体的交通运输网络基本形成，港澳及珠三角九市经济联系日益紧密，粤港澳大湾区相对均衡的多极网络联系格局初步形成，有力地推动了粤港澳大湾区一体化发展①。截至 2019 年年底，粤港澳大湾区高速公路通车里程高达 4 500 公里，核心区密度约为 8.2 公里/百平方公里，铁路和城市轨道通车里程分别超过 2 200 公里和 1 000 公里。珠江黄埔大桥、虎门大桥、港珠澳大桥和南沙大桥等 4 座横跨珠江的东西向大桥通车，以广州为核心，联通港澳、珠三角和粤东西北，辐射全国的放射性路网和内部城际网络骨架初步形成。2019 年珠三角港口完成货物吞吐量 15.2 亿吨，其中集装箱吞吐量高达 6 500 万标准箱，港口运输能力位居世界前列。粤港澳大湾区主要城市"1 小时生活圈"建设大幅推进。2018 年，广深港高铁、港珠澳大桥开通，2019 年虎门二桥正式通车，联通粤港澳大湾区南北、东西，极大地缓解了珠江两岸运力不足、耗时较长、成本较高的困境，推动了港澳更好地融入粤港澳大湾区发展大局。

重大科技基础设施对原始产业创新的知识溢出效应愈加显著，有助于会集创新人才、引发科技突破、带动新兴产业发展，对区域产业创新能力提高具有正向激励作用。进入 21 世纪后广东省开始推进重大科技基础设施建设，现有国家超级计算广州中心及深圳中心、东莞中国散裂中子源、深圳国家基因库等 8 个重大科技基础设施，为原始创新和产业创新提供了良好基础。然而，相比我国其他重要经济增长极，粤港澳大湾区重大科技基础设施建设统筹规划相对不足，与产业发展需要吻合度较低，科技基础设施之间协同合作程度亦有待提高②。

---

① 覃成林，柴庆元．交通网络建设与粤港澳大湾区一体化发展．中国软科学，2018（7）：71-79.

② 陈岸明，魏东原．粤港澳大湾区重大科技基础设施布局的优化分析：基于国际比较的视角．国际经贸探索，2020，36（10）：86-99.

（二）发展重点

统筹港口和机场布局，优化航运和航空资源配置，构建便捷高效的航空和航运集群，推动海陆空运输方式无缝衔接，提高运输效率。同时还应加强区域内快速交通网络建设，重点推动珠三角与港澳地区之间、珠江东西两岸间以及珠三角城市间的互联互通，构建以城际铁路、高速公路为主体的区域内快速交通网络，最大限度地缩小城际流动时间。此外，还需配套完善通关机制体制，推动"一地两检"模式推广，保障交通运输设施的积极效应得到充分发挥，促进人员、物资高效流动。

粤港澳大湾区应立足科技创新和产业升级需求，积极争取布局国家级重大科技基础设施，形成体系完备、运行稳定的重大科技基础设施集群，支撑基础研究和前沿产业创新突破，提高整体科技创新水平，为结构优化和高质量发展提供技术支撑。

四、内地与港澳的机制对接及人才流动

人才是科学和产业发展的第一资源，粤港澳大湾区要实现高质量发展需充分调动各地人才的积极性，消除机制体制障碍，会集港澳高层次人才。2017 年《关于粤港澳人才合作示范区人才管理改革的若干政策》发布，探索建立粤港澳三地人才职称评审协商等机制，为港澳青年内地就业创业提供便利和支持，加快会集各方一流人才。

（一）发展现状

港澳籍人才与内地人才一体化建设和流动持续推进。2019 年 5 月《广东省人民政府印发关于加强港澳青年创新创业基地建设的实施方案的通

知》正式出台，积极推进省级孵化基地建设，同时推动珠三角 9 市认定建设一批港澳青年创新创业基地；积极推动港澳居民入编事业单位。2018 年12 月发布的《广东省人民政府关于进一步促进科技创新若干政策措施的通知》提出了一系列为保障科技创新人才待遇而制定的新措施，在出入境便利、创新创业激励、知识产权保护、住房及子女就学等方面给予诸多支持政策，有效提高了珠三角对港澳人才的吸引力。2019 年 3 月，《关于推动出入境证件便利化应用的工作方案》正式出台，将广东省列为唯一试点省份，出台了持港澳永久居民身份证的外国人出入境便利政策，逐步构建起人才流动便利化的机制体制。

粤港澳大湾区专业资格互认取得实质性进展。2011 年起，广东省与澳门共同研究实施"一试多证"技能人才评价方式，考生通过考试后便可同时获得国际、国家及香港特别行政区多方认可的证书，有效推进了专业资格互认，有利于集聚专业技术人才。2016 年起，广东省通过"粤方先认"方式，推动港澳职业技能证书与国家执业资格证书互认，机制对接不断深化，人才流动成本进一步降低。然而，港澳人才结构及规模仍有待优化，高层次人才相对不足，粤港澳人才流动与合作机制亦有待完善①。

（二）发展重点

未来需要进一步畅通港澳与内地人才流动渠道，并优化职业资格认定、人才管理等体制，扩大内地与港澳专业资格互认范围，尤其在科研、教育、高端产业等方面提高对港澳一流人才的吸引力，推动高技术人才向

---

① 刘佐菁，陈杰 . 新时期粤港澳人才合作示范区发展战略研究 . 科技管理研究，2019，39（8）：122 - 127.

珠三角集聚。深入推进重点领域规则衔接、机制对接，为粤港澳人才流动提供制度保障。还应出台相关政策和措施，为港澳青年到珠三角地区求学和就业创业提供良好环境，打造粤港澳青年交流和人才流动品牌项目。

第四节

长三角一体化发展

作为我国经济活动最活跃、创新实力最雄厚的区域，长三角地区在国民经济由高速发展转向高质量发展的阶段发挥着重要引领作用[1]。推动长三角一体化，是引领全国高质量发展、完善我国改革开放空间格局、打造强劲活跃增长极的关键举措，对于探索一体化发展模式和路径、带动长江经济带发展意义重大[2]。

一、发展概况

长三角包括上海、江苏、浙江和安徽三省一市，区域面积达 35.8 万平方公里，该区域以上海为中心城市，以杭州、南京为副中心城市，以无

---

[1] 孙久文，蒋治."十四五"时期中国区域经济发展格局展望.中共中央党校（国家行政学院）学报，2021，25（2）：77-87.

[2] 中共中央国务院印发《长江三角洲区域一体化发展规划纲要》.(2019-12-01)[2021-04-21]. www.gov.cn/zheng ce/2019-12/01/content_5457442.html.

锡、常州、苏州、宁波、合肥等 27 个城市为中心区（覆盖面积 22.5 万平方公里），构成了辐射和带动长三角全域的城市体系，在经济增长、产业实力、绿色发展、普惠共赢、创新能力、对外开放等领域处于领先地位，一体化基础良好①。长三角一体化战略可以追溯至 20 世纪 80 年代。1982年国务院设立的上海经济区是长三角一体化的最初雏形，进入 21 世纪后长三角地区的区域性协作层级逐步提升，直至 2018 年首届国际进口博览会开幕式上习近平总书记宣布长三角一体化上升为国家战略，长三角一体化得到前所未有的重视并从国家层面全面推进。2019 年《长江三角洲区域一体化发展规划纲要》印发实施，擘画了长三角一体化的清晰蓝图。在"一极三区一高地"的战略定位下，长三角地区在高质量发展、区域一体化和深化改革开放等方面取得了长足进展，形成了我国经济发展的强大动能。

2020 年，长三角经济总量已达 24.47 万亿元，占全国经济总量的比重高达 24.1%，城乡居民可支配收入亦处于全国前列。长三角地区内部经济差距不断缩小，且科技创新优势显著，拥有上海张江、安徽合肥 2 个综合性国家科学技术中心，上海、南京、杭州和合肥 4 市研发强度均超过 3%，在此环境下孕育出大批科技水平高、发展活力强的企业。截至 2021 年 3月，长三角拥有独角兽企业 113 家，未来独角兽企业 103 家，其中上海和杭州分别拥有 53 和 37 家，主要集中于汽车交通、医疗健康、先进制造和电子商务等领域②。

---

① 孙久文. 新时代长三角高质量一体化发展的战略构想. 人民论坛，2021（11）：60-63.
② 2021 年长三角独角兽与未来独角兽企业榜单.（2021-04-28）[2021-11-24]. https://baijiahao. baidu. com/s? id=1698251972319150546&wfr=spider&for=pc.

然而长三角一体化在深入推进过程中仍面临一些阻碍：江苏、浙江和安徽三省与上海的经济联系还不够密切，扩散效应仍不如极化效应[①]，上海在一体化发展中的龙头和辐射作用相对有限。现阶段一体化激励方式仍以自上而下为主，政府推动力度较大，《长江三角洲地区区域规划》《长三角地区一体化发展三年行动计划（2018—2020年）》等规划和方案有力地推动了一体化有序进行，但市场化机制建设仍不完善，行政区利益冲突下区域间合作易受冲击，构成长三角一体化长期发展的潜在风险。此外，生产绿色化和生态环境保护仍有较大提升空间，上海单位生产总值废水排放量、江苏单位生产总值耗电量等指标较高，污染较为严重，对生态环境构成了较大压力。虽然近年来长三角地区空气污染治理、水污染治理及水生态保护成效卓著，但离构建生态绿色一体化示范区仍有一定距离。

一体化发展是区域深化分工、实现优势互补、推动区域经济发展水平整体提升的重要路径，是加快长三角资本、人才和技术等优质要素高速、高效、高质量集聚的必然选择[②]。为推动一体化发展迈入更深层次和更广范畴，长三角亟须打破三省一市的行政壁垒和束缚，以上海为核心，联动南京都市圈、苏锡常都市圈、杭州都市圈、宁波都市圈和合肥都市圈，打造"一市五圈"的网络化空间格局[③]，加快推进协同发展和世界级城市群建设。长三角未来将以上海青浦、江苏吴江、浙江嘉善为试点建设"生态绿色一体化发展示范区"，重点培育高端服务业、建设自贸区、普及医疗

---

① 刘志彪，孔令池. 长三角区域一体化发展特征、问题及基本策略. 安徽大学学报（哲学社会科学版），2019，43（3）：137-147.

② 孙久文. 新时代长三角高质量一体化发展的战略构想. 人民论坛，2021（11）：60-63.

③ 孙久文，蒋治. "十四五"时期中国区域经济发展格局展望. 中共中央党校（国家行政学院）学报，2021，25（2）：77-87.

教育、构筑便捷交通网，率先向实现现代化迈进[①]。此外，长三角还需着力推动要素供给和政策供给高质量一体化，在交通网络不断完善、运输成本大幅降低的背景下，消除限制人力、资本、技术等生产要素跨行政区自由流动的障碍，探索构建包括一体化投资发展专项资金、人力资本统一开放市场和技术创新成果交易平台在内的三维组合[②]，推动长三角一体化快速前进。

二、科创走廊和产业创新带建设

长三角 G60 科创走廊源于沿 G60 沪昆高速构建的产城融合走廊，最初于 2016 年 5 月由上海市松江区提出，随后浙江、嘉兴、金华等市陆续加入，现已成为包括上海、嘉兴、杭州、金华、苏州、湖州、宣城、芜湖和合肥等 9 个市的科技和产业创新高地，覆盖面积 7.62 万平方公里。2021 年 4 月《长三角 G60 科创走廊建设方案》印发实施，为长三角 G60 科创走廊有序推进提供了系统性指导。未来长三角 G60 科创走廊将在深化产业集群布局、加强基础设施互联互通、推进协同创新等方面发力，对标国际科技创新和先进产业集群，着力打造为支撑长三角高质量发展的协同平台，提高该地区参与全球合作竞争和辐射周边地区发展的能力。

（一）发展现状

长三角 G60 科创走廊是中国制造迈向中国创造、科技和制度创新双轮驱动、产城融合发展的先行走廊，反映出长三角地区科创驱动、协同发展和区域一体化共识逐渐深入。科创走廊区域科技创新合作不断深化，合作申请专

---

① 孙久文."十四五"规划与新时代区域经济发展.中国经济报告，2021（3）：98-104.
② 孙久文.新时代长三角高质量一体化发展的战略构想.人民论坛，2021（11）：60-63.

利整体呈上升趋势，由 2010 年的 543 件增加到了 2018 年的 1 926 件，年均增长率为 17.15％，其中上海科技创新合作覆盖范围最广，2018 年合作城市数量高达 31 个，基本涵盖所有苏浙城市。上海、南京、苏州、无锡和常州作为长三角合作申请专利的核心节点，构成该区域科研合作网络基本框架，形成了沪宁创新带，2018 年五市申请专利增至 1 295 件，占比高达 67.24％[①]。城市间科技创新溢出和辐射效应亦不断增强，2019 年长三角三省一市技术市场相互间合同输出共计 14 128 项，合同金额近 431.93 亿元。上海对苏浙皖具有明显的正技术外部性，其中以对浙江的溢出效应最强。科创走廊沿线 9 个城市间经济联系不断增强，一体化发展格局日益完善。

尚未从一体化高度进行整体规划和设计是长三角 G60 科创走廊目前存在的关键问题。由于经济基础、政策环境和发展环境相似，各城市产业发展方向相似程度较高[②]，产业分工水平较低，苏浙沪在中高端制造业领域的优势存在重叠，产业结构存在趋同现象，难以突出各自比较优势。此外，地区间产业规划有效对接机制尚未建立，整体发展联动效应尚未得到发挥；科技创新合作和成果交易平台的缺失阻碍了科技创新合作和成果转化，降低了研发和流通效率[③]，是长三角 G60 科创走廊未来发展亟须解决的问题。

（二）发展重点

长三角 G60 科创走廊是长三角一体化和高质量发展的先驱，未来应营造开放的创新环境和完善的服务平台，吸引国际范围内的科技创新资源与

---

① 徐宁. 长三角产业创新发展报告：基础与现状. (2020-12-11)[2021-11-24]. https://xw. qq.com/amphtml/20201211a04f8i00.

② 张学良，李丽霞. 长三角区域产业一体化发展的困境摆脱. 改革，2018（12）：72-82.

③ 潘家栋，包海波，周学武. 基于 SNA 的 G60 科创走廊沿线城市群经济联系研究. 浙江学刊，2019（5）：73-83.

高端产业向长三角集聚,形成富有活力、高效运行的创新和产业高地。此外,各城市需加快构建共同投入、协同管理、利益共享的科技研发与成果转化长效机制,破除要素流动和产业转移行政壁垒。

大力推进区域协同创新,激励企业开展研发活动,推动国家科学技术创新中心等研发平台建设,并加快构建科技资源共享和科技成果转化平台,为科技研发和成果转化提供载体。在制度方面,积极深化政策和管理制度改革创新,优化政务服务生态,完善知识产权保护机制,营造良好的科技创新和产业发展环境。

加快推动传统产业转型升级和培育战略性新兴产业,重点推动人工智能、新能源、先进制造等领域技术攻关和成果转化,打造世界级产业集群和科技创新策源地。此外,还应以金融服务业为重点推动现代服务业发展,进而带动跨区域产业协作和产业链深度融合,形成实体经济、科技创新和金融服务协同发展的现代化产业体系。

三、基础设施互联互通

基础设施互联互通在长三角一体化中起着先导和支撑作用,是影响城市经济集聚和融合发展的关键因素。长三角三省一市陆续签订《长三角地区打通省际断头路合作框架协议》《长三角地区省级交通互联互通建设合作协议》等交通设施发展协议。依托长三角良好的区位优势和港口条件,推进交通、科技创新、产业升级等多方面基础设施互联互通,有利于深入推进长三角一体化发展。

(一)发展现状

长三角区域铁路、高速公路、航空、航运和城市轨道交通等已基本实现互联互通，逐步形成了综合立体交通网络。高速公路网基本成型，高速铁路网密度居全国之最，形成了以上海、南京、杭州和合肥为轴心的多节点铁路网络，交通圈圈层化特征明显；依托上海、南京、杭州和合肥四大枢纽共 19 座机场，联合次一级城市中小型辐射机场，构成完备的航空运输网络，国际航空枢纽、国内航空枢纽及区域航空枢纽一体化的综合立体航空网络逐渐建成；长三角处于"一带一路"和长江经济带交汇处、南北沿海干线和长江干线的交叉点，共有沿海港口 19 个、内河港口 10 个，沿海及沿江港口分工合理，以上海港和舟山港为龙头形成了层级完善的现代化港口群；公共交通基本实现市内及周边地区一体化，上海、南京、杭州和合肥实现了与其下辖县的公共交通一体化，部分省市边界县实现公共交通互通。除了基础设施建设不断完善之外，交通体制机制一体化亦有较大进展。2018 年长三角综合交通改革与发展领导小组办公室挂牌成立，在发展规划、交通治理等方面协同推进，加快了长效机制的形成[①]。

然而，长三角地区交通基础设施建设仍存在分布不均衡的问题，经济欠发达地区及部分城镇运输方式单一，东西向铁路运输能力相对有限，长期处于高负荷运营状态。长三角陆海空联动、多式交通一体化水平有待提升，集装箱铁海联运比例较低，立体交通网络流畅运行状况仍有待改善。此外，基础设施协同管理体系较不完善，统一的交通公共信息服务平台尚未建立，监管标准和执法力度未统一，统筹规划和互动合作机制有待改进。

（二）发展重点

重点提升交通协调能力，消除多种运输方式的衔接障碍，实现多式联

---

① 熊娜，郑军，汪发元. 长三角区域交通高质量一体化发展水平评估. 改革，2019（7）：141－149.

运，并推动城市间交通网络互联互通；注重区域交通主干网络与城市交通网络的衔接，提高整体通行效率；继续完善基础设施一体化机制，统一开放交通运输市场，推动信息共享和资源优化配置，并着力推动监管一体化，在统一监管标准、联合执法等方面发力，破除行政壁垒。

四、自贸试验区发展

自贸试验区是在主权国家或地区关境以外划出的准许外国商品豁免关税和自由进出的特殊政策区域，是新形势下我国全面深化改革开放、深入融入经济全球化、推动中国经济转型升级和高质量发展的重要空间载体。成立于 2013 年 9 月的上海自贸试验区是我国最早设立的自贸试验区，自2017 年起浙江、江苏、安徽逐步启动自贸试验区建设，并于 2021 年发起长三角自贸试验区联盟，覆盖面积达 705.34 平方公里，为探索完善自贸区模式和强化国际经济交流提供了有益借鉴。

（一）发展现状

上海自贸试验区建设趋于成熟，截至 2019 年年底，累计新设立企业 6.4万户，其中新设外资企业 1.2 万户，占比由成立初期的 5％上升到 20％左右[1]，企业规模及质量整体明显提高，对经济增长的贡献率显著提升。对外投资管理方面，实行备案管理制度，办结效率大幅提升。人民币跨境使用和外汇管理创新进一步深化，跨境结算总额增长明显。上海自贸试验区带动浦东新区经济持续稳定快速发展。2019 年，浦东新区地区生产总值达到

---

[1]　上海自由贸易试验区管理委员会. 上海自由贸易试验区 2019 年运行状况. (2020-06-08)[2021-11-24]. http://www.china-shftz.gov.cn/NewsDetail.aspx? NID = b5d19316 - e279 - 4026 - b5da - 851ea94cd9e0&Type=44&navType=1.

12 734.25 亿元，同比增长 7%；外贸进出口持续增长，完成进出口总额 20 514.73 亿元，占上海市的 60.3%①。洋山港区和外高桥港区合计完成集装箱吞吐量 3 907.3 万标准箱，同比增长 3%，推动上海港连续 9 年位居全球第一大集装箱港②。

除上海自贸试验区以外，长三角其余自贸试验区建设时间较短，但皆发展迅速。浙江自贸试验区油气产业规模庞大，已聚集各类油气企业逾 7 600 家，2020 年油品贸易额超过 5 580 亿元，油气领域多元化竞争和集聚效应显著。2020 年前 7 个月，江苏自贸试验区累计利用外资 15.2 亿美元，完成进出口总额 3 207.7 亿元，占全省的 13.3%，并推动重大产业项目落地投资额近 2 000 亿元；制度创新层面成就斐然，累计形成 115 项制度创新成果，其中有 3 项全国推广③。

（二）发展重点

自贸试验区对区域经济的促进作用主要体现在质量效益指标上，通过制度创新和政策支持能够有效带动区域经济高质量发展④。未来需加快打造虹桥国际开放枢纽，强化上海自贸试验区临港新片区开放型经济集聚功能，深化沪苏浙皖自贸试验区联动发展；重点探索构建适应我国实际并与

① 上海自由贸易试验区管理委员会. 上海自由贸易试验区 2019 年运行状况.（2020-06-08）[2021-11-24]. http://www.china-shftz.gov.cn/NewsDetail.aspx? NID=b5d19316-e279-4026-b5da-851ea94cd9e0&Type=44&navType=1.

② 上海自由贸易试验区管理委员会. 上海自由贸易试验区 2019 年运行状况.（2020-06-08）[2021-11-24]. http://www.china-shftz.gov.cn/NewsDetail.aspx? NID=b5d19316-e279-4026-b5da-851ea94cd9e0&Type=44&navType=1.

③ 三大片区已形成 115 项制度创新成果.（2020-09-27）[2021-11-24]. https://baijiahao.baidu.com/s? id=1677155845193663894&wfr=spider&for=pc.

④ 彭羽，杨作云. 自贸试验区建设带来区域辐射效应了吗：基于长三角、珠三角和京津冀地区的实证研究. 国际贸易问题，2020（9）：65-80.

国际经贸活动规则相对接的规则和制度体系，吸引国际优质发展要素进入，并引领新一轮国际经贸规则调整和完善。

五、公共服务便利共享

公共服务便利共享旨在推动公共服务资源在长三角地区有序流动，以区域协作方式加快实现基本公共服务均等化，提高民众生活水平，是提升地区吸引力、加快人口和产业集聚、推动长三角一体化和高质量发展的现实需要。优化公共服务资源空间布局，推动优质教育、医疗和养老等资源向欠发达地区流动，并推动生态保护和环境污染共治，是长三角一体化向深层次、广范畴迈进的必由之路。

长三角地区教育、医疗卫生资源内部差异仍较大，但整体趋于收敛。长三角公共服务一体化创新实践密集展开，近年来在异地报销、教育资源优化、制度探索等方面进展较大，在教育、体育、文化服务等领域取得了阶段性成果[①]。2018 年 1 月长三角区域合作办公室挂牌成立，负责研究制定长三角一体化发展规划，为公共服务便利共享提供了组织机构保障。

然而由于公共服务所具有的公共产品特性和行政区划制度的束缚，公共服务便利共享容易陷入集体行动困境，公共服务提供主要依赖政府财政支持，出于地方短期利益考虑，各地政府倾向于降低共享公共服务成本或将其外摊，限制了公共服务便利共享的大范围推广。因此，需要通过制度设计形成激励各地竞相开放的动力机制，其中尤以社会保障制度最为典型。由于不同社会群体户籍及工作单位性质存在差异，因此其在

---

① 于迎，唐亚林．长三角区域公共服务一体化的实践探索与创新模式建构．改革，2018（12）：92－102.

社会保障享受条件及待遇方面也有所差异①。

为更有效、更稳定地推动公共服务便利共享，应提高三省市人均公共财政支出。提高财政支出是公共服务便利共享的基础和根本保障，未来需要优化财政资金在公共服务方面的支出，并尝试采取多元化的资金和服务供给模式，保障公共服务供需稳定。长三角各省市需强化信息对接和共享，推动公共服务便利共享，推动跨区域的成本共担、利益共享，消除行政区划对公共服务一体化的阻碍。此外，公共服务便利共享有赖于公共服务一体化制度体系的建立，未来需加强跨行政区协调，建立基本公共服务标准体系，对其进行标准化管理，促进公共服务均等化、标准化、普惠化；加快实现待遇互认，在长三角范围内建立统一的公共服务体系，推动居民在就业、教育、养老等方面享受同等待遇，实现身份互认。

第五节
黄河流域生态保护和高质量发展

黄河流域生态保护和高质量发展是事关中华民族伟大复兴的千秋大计。推动黄河流域高质量发展对支持域内省份巩固脱贫攻坚战成果，解决

---

① 张晓杰. 长三角基本公共服务一体化：逻辑、目标与推进路径. 经济体制改革，2021（1）：56-62.

好与民生密切相关的生态安全、饮水稳定和旱涝灾害等问题意义重大。在"绿水青山就是金山银山"和"山水林田湖草是一个生命共同体"的理念引导下，着力推动流域生态大保护、协同推进大治理，实现生态环境保护与高质量发展有机结合，将黄河打造为造福人民的幸福河。

一、发展概况

黄河流域规划范围包括青海、四川、甘肃、宁夏、内蒙古、山西、陕西、河南、山东9省区，横跨我国东中西部，覆盖面积130万平方公里。2019年9月，习近平总书记在黄河流域生态保护和高质量发展座谈会上提出了黄河流域生态保护和高质量发展的重大国家战略，此后多次考察黄河流域省区。2021年，中共中央、国务院印发《黄河流域生态保护和高质量发展规划纲要》，系统推进了黄河流域生态环境保护与科学发展。

黄河流域是我国重要的生态屏障和经济地带，是我国的"能源流域"，上游的水能资源，中游的煤炭资源及下游的石油、天然气资源都是支撑中国经济发展的重要资源①。未来将聚焦生态建设和绿色发展，统筹推进山水林田湖草沙综合治理，改善黄河流域生态环境，保护传承和弘扬黄河文化，将其建设为生态保护和高质量发展先行区。

2019年，黄河流域9省区总人口达4.79亿人，地区生产总值为24.74万亿元，分别占全国的34.2％和25％②。产业结构较为初级，第一产业和第二产业占比较高。该区域是我国贫困人口的主要聚集地，但自2010年

---

① 陈耀，张可云，陈晓东，等.黄河流域生态保护和高质量发展.区域经济评论，2020（1）：8－22.

② 张廉，段庆林，王林伶.黄河流域生态保护和高质量发展报告（2020）.北京：社会科学文献出版社，2020.

以来黄河流域9省区农村贫困人口持续减少，从2010年的6 059万人减少至2018年的577万人①，脱贫攻坚成果极为显著。2020年年底完成了脱贫攻坚任务，绝对贫困人口全部脱贫。

黄河流域生态修复和环境保护亦取得突出成就。2019年黄河流域Ⅰ-Ⅲ类断面占全流域的比例为73.0%，主要污染物浓度显著降低，水环境质量明显改善；水沙治理成效显著，水土流失实现面积强度"双下降"，流域蓄水保土能力大幅提升；生态修复成效明显，截至2018年年底黄河流域已建立663处自然保护区，并在2021年划定了三江源国家公园；此外，流域用水量过快增长和河流断流、河道萎缩问题也得到有效控制，为流域高质量、可持续发展和民众生活水平提升提供了重要保障。

然而，现阶段黄河流域粗放型生产方式尚未得到根本转变，黄河流域煤炭、石油等传统能源丰富，较为依赖传统能源开发利用及相关产业，过剩和落后产能问题较为突出，一定程度上抑制了科技创新以及新兴产业的发展②。未来需因地制宜构建具有地域特色的现代产业体系，壮大生态农业和循环工业，提高经济发展活力和韧性，打造贯通东西的黄河生态经济带，形成上中下游联动发展格局。

二、生态系统的保护与修复

黄河流域分布着诸多重要生态功能区，对我国生态安全具有举足轻重的作用。该区域生态环境较为脆弱，加之粗放型生产等各种人为因素的破

---

① 国家统计局住户调查办公室. 中国农村贫困监测报告（2019）. 北京：中国统计出版社，2020.
② 安树伟，李瑞鹏. 黄河流域高质量发展的内涵与推进方略. 改革，2020（1）：76-86.

坏，黄河流域生态形势较为严峻。在"绿水青山就是金山银山"等发展理念引导下，黄河流域生态系统保护修复取得了明显进展。

（一）发展现状

水域环境质量明显改善，黄河流域达到或优于Ⅲ类的水质比例显著提高，劣Ⅴ类水质比例明显降低，主要污染物浓度降幅明显，2019 年黄河流域Ⅰ-Ⅲ类断面比例为 73.0%，较 2015 年提高了 11.8 个百分点；劣Ⅴ类断面比例为 8.8%，较 2015 年降低了 4.1 个百分点。生态保护修复成效明显，黄河流域 9 省区已全部完成生态保护红线划定，三江源国家公园也正式划定，以国家公园为主体、以自然保护区为基础的自然保护地体系初步形成。截至 2018 年年底，黄河流域已建立自然保护区 663 处，其中国家级自然保护区 53 处，山水林田湖草沙生态保护修复工程试点工作全面推进[1]。

水土流失综合防治初见成效。青藏高原及三江源国家公园水土流失面积趋于缩小，水源涵养能力有效提升，水源区生态状况趋优；以水力侵蚀为主的黄土高原年际水土流失面积减幅约为 1.91%，蓄水保土能力显著增强，环境承载力明显提高。

黄河流量整体仍处于较低水平，流域多年平均径流量为 534.8 立方米，人均年径流量为 473 立方米，仅占全国平均水平的 23%，但承担着全国 15% 的耕地面积和 12% 的人口的用水需求[2]，供需严重不匹配。所幸通过水利工程及跨区域水资源调配，在龙羊峡、刘家峡、万家寨、三门峡、

① 张廉，段庆林，王林伶. 黄河流域生态保护和高质量发展报告（2020）. 北京：社会科学文献出版社，2020.
② 张金良. 黄河—西北生态经济带建设的水战略思考. 人民黄河，2019（1）：37 - 40.

小浪底等骨干水利工程的联合调度下，截至 2019 年，黄河干流实现连续 20 年不断流，水资源利用状况大幅优化。流量相对稳定也保障了生态修复的进行。自 2010 年至 2019 年，刁口河累计生态补水 2.43 亿立方米，有力地推动了黄河河口及附近海域生态恢复。

（二）发展重点

积极推动黄河流域生态修复和环境保护，构建"一带五区多点"的生态安全格局。强化流域生态安全建设，实施差异化治理，上游以三江源、若尔盖等水源涵养区为重点，着力推动生态保护和修复，提升水土涵养能力；中游侧重水沙问题处理和环境污染治理，创新水土治理模式，着力控制污染物排放；下游应重点推进黄河三角洲湿地保护与污染防控，改善入海口生态环境。

推进水资源集约利用，将水资源环境承载力作为刚性约束，优化人口和产业发展规划，加快发展并推广节水技术，提高水资源利用效率。还需抓住协调水沙关系的"牛鼻子"，实施河道和滩区综合提升治理工程，减少泥沙淤积，扩大发展空间。

精准开展源头污染治理和系统治理。开展农业灌溉区面源污染治理，推进农药化肥减量化和绿色生产；清理整顿黄河沿线高污染、高能耗企业，强化城镇污染治理设施和配套管网建设，实现污水处理达标排放。

三、中心城市和城市群发展格局优化

黄河流域跨度大，域内各城市资源禀赋和发展基础差异巨大，充分发挥中心城市和城市群的引领作用有利于推动城市联动发展，破解发展不均衡局面，辐射带动全域高质量发展。

（一）发展现状

黄河流域中心城市和中原城市群加快建设，全国重要的农牧业生产基地和能源基地地位进一步巩固，经济发展势头良好。黄河流域主要分布了7大城市群，总面积约为89.8万平方公里，包括关中、中原和山东半岛等大平原中心型城市群，宁夏沿黄、呼包鄂榆、晋中等"能源流域"城市群和兰州—西宁城市群。黄河流域城市群对黄河流域整体发展有着举足轻重的影响，2018年7大城市群总人口为2.6亿人，占黄河流域9省区总人口的61.9%，地区生产总值合计约为16.46万亿元，约占黄河流域9省区经济总量的66.5%，但也排放了黄河流域70%以上的污染物[①]，是黄河流域生态保护巨大压力的来源。

然而，黄河流域内城市群整体发展规模较小，协同程度较低，表现出集聚程度低、高端高新产业比重低、建设用地扩张速度慢等特征[②]。区域内城市经贸合作体系也有待完善，政策体系协调度较低，人才、资金、技术等生产要素自由流动阻碍大，尚未形成紧密联系的经济网络。

（二）发展重点

推进黄河流域区域协同发展，以西安、郑州、青岛等中心城市为节点，以中原城市群为核心增长极，携手关中平原城市群、呼包鄂榆城市群、兰州—西宁城市群和山东半岛城市群，构建多层次的黄河流域城市群

[①] 张廉，段庆林，王林伶. 黄河流域生态保护和高质量发展报告（2020）. 北京：社会科学文献出版社，2020.

[②] 方创琳. 黄河流域城市群形成发育的空间组织格局与高质量发展. 经济地理，2020，40（6）：1-8.

体系，辐射带动中上游陕甘宁革命老区和少数民族聚集区振兴[①]。其中，重点推进中原城市群协同和深化发展，打造郑州大都市圈，并沿铁道发展轴提升城市群内部通达度[②]。

构建黄河流域综合立体交通走廊，完善城市群经济网络。黄河河道条件限制了航运发展，应当以铁路和公路为核心，建设完善的轨道运输网，并结合迅速发展的航空运输、对接海洋运输，推动多式联运发展，提高城市间客货运输效率并降低物流成本，破除城市群发展壮大的障碍。

四、黄河文化旅游带建设

作为中华文明的重要发源地，黄河流域塑造了中华民族的民族精神并形成了黄河文化，构成了中华文化的重要组成部分。保护并传承黄河文化，深挖其所蕴含的历史和时代价值，向世界讲好"黄河故事"，有利于坚定文化自信，为实现民族复兴的中国梦凝魂聚气。

（一）发展现状

据第三次全国文物普查数据，全国共调查登记不可移动文物 766 722 处，其中，青海、四川、甘肃、宁夏四省区分别调查登记不可移动文物 6 411、65 231、18 004、4 569 处，黄河流域文化遗产资源丰富。

各省区基于黄河自然景观和文化遗产资源状况，建设了一批独具特色的黄河文化旅游带，如青海黄河生态文化旅游带、甘肃黄河风情旅游带、宁夏黄河金岸、陕西黄河文化旅游带等，形成了覆盖全流域、风格多样的

---

① 孙久文．"十四五"规划与新时代区域经济发展．中国经济报告，2021（3）：98-104.
② 孙久文，蒋治．"十四五"时期中国区域经济发展格局展望．中共中央党校（国家行政学院）学报，2021，25（2）：77-87.

文化旅游体系。其中，甘肃省以兰州为中心，全方位打造黄河风情旅游带，已经形成了"一带两翼一线"的布局；宁夏则以银川为中心，集聚黄河地带 10 座城市打造沿黄城市群黄河金岸，重点对沿黄河文化旅游带进行开发；陕西省黄河沿线各市县共有不可移动文物 11 666 处，全国重点保护文物单位 41 处，分布密度高于全省平均水平，串联形成黄河文化旅游长廊；山西省拥有超过 140 个黄河文化旅游带资源，包括 11 个 4A 级景区、2 个 3A 级景区及一批重点发展景区；河南省则构建起"一体两翼四组团"的黄河文化旅游带，成为带动中西部地区和黄河流域发展的经济增长极。

（二）发展重点

实施黄河文化遗产系统保护工程，大力保护和弘扬黄河文化，延续历史文脉，打造具备国际影响力的黄河文化旅游带。对黄河文化遗产及传统文化进行保护性开发，开展黄河流域历史文化资源普查，建立黄河流域重点文物数据库，及时开展对珍贵历史文化的抢救和保护工作；在科学保护文化遗产的基础上，深入挖掘其历史价值和时代价值，适度进行多样化开发。

第六章

区域协调发展战略

推进西部大开发形成新格局

党的十一届三中全会开启了我国改革开放新时期。随着改革开放的逐步深入，在对外开放空间格局上，中国形成了"经济特区—沿海开放城市—沿海开放经济区—沿江、内陆和沿边城市"的多层次对外开放格局。在对外开放模式上，中国经历了由出口导向与以 FDI 扩大为动力的进口替代相结合的外向型经济向"引进来和走出去"共同发展、东中西部协调发展的外向型经济转变的发展历程。我国目前逐步形成了全方位、多层次、宽领域的对外开放格局。我国通过对外开放利用全球市场和资源，提高资源配置效率，扩大就业和促进增长，推动国内改革进程，取得了极大的成效。

在我国对外开放取得巨大成就的同时，必须认识到我国对外开放存在不均衡的问题。长期以来，东部地区是对外开放的前沿阵地，西部地区由于经济条件、地理位置的制约位于对外开放的末端。开放是繁荣发展的必由之路，西部地区必须寻求对外开放的机遇，积极融入全球经济才能获得更大的发展。随着西部大开发战略、"一带一路"倡议的推进，以及"陆海内外联动、东西双向互济的全面开放新格局"的提出，西部地区迎来了对外开放的新机遇。

为响应中国特色社会主义进入新时代、区域协调发展进入新阶段的新要求，统筹国内国际两个大局，2020 年 5 月 17 日，中共中央、国务院印发了《关于新时代推进西部大开发形成新格局的指导意见》（以下简称《意见》）。这是新时代党中央对西部大开发实现升级跨越、深化优化区域经济布局的新要求，给西部地区发展带来了新的重大机遇，注入了新的强劲动力。加大西部对外开放力度是新时代推进西部大开发形成新格局的重要举措，本节围绕西部地区对外开放展开相关分析。首先分析西部地区对外开放的发展情况，包括对外贸易、利用外资、对外直接投资、国际旅游四个方面，然后基于西部地区自身的发展特点、国内发展阶段、国际形势三个方面分析西部地区对外开放的必要性，最后总结西部地区对外开放的重点方向。

一、西部地区对外开放的发展现状

我国的改革开放是渐进式的改革。我国有层次地逐步推进对外开放，经历了不断扩大和深化发展的过程，目前已形成全方位、多层次、宽领域的对外开放格局。西部地区的对外开放是我国对外开放格局的重要环节。随着国际政治经济环境的变化以及国内开放发展的深入推进，西部地区在对外贸易、利用外资、对外直接投资、国际旅游等方面均实现了长足的发展。

（一）西部地区对外贸易的发展

随着经济全球化的不断深入，世界各国和地区间的经济联系日益加强，西部地区通过对外贸易逐步进入全球经济发展的舞台。2018 年西部地区进出口总额达 3 762.38 亿美元，而 2000 年仅为 186.13 亿美元。从增长率看，2000—2018 年西部地区进出口总额、出口总额、进口总额年均增长率分别为 18.18%、17.47%、18.97%，高于全国同期的 13.48%、13.63%、

13.31%。从占比看（见图6-1），西部地区进出口总额占全国的比重在2005年之前一直下降，2005年之后基本保持上升趋势，2005年西部地区进出口总额、出口总额、进口总额占全国的比重分别为3.36%、3.46%、3.47%，2018年分别上升为8.14%、7.52%、8.86%，占比有了较大的提升。

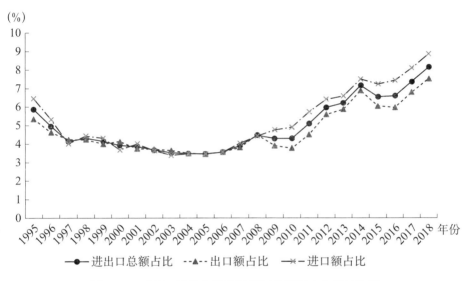

图6-1　1995—2018年西部地区对外贸易占全国的比重

资料来源：中国研究数据服务平台（CNRDS）。

（二）西部地区利用外资的发展

图6-2展示了西部地区年末登记的外商投资企业数量及占全国的比重。从中可以看出，2007年之前，西部地区外商投资企业数量较低且增长趋势不明显，2007年之后，外商投资企业数量有了断层式跃升，之后平稳中有增长。2008—2018年，西部地区外商投资企业数量年均增长率为2.4%，低于全国同期年均增长率（3.16%）。西部地区外商投资企业数量占全国的比重在2010年达到顶峰，为9.48%，之后逐年下降，到2018年为7.63%。

从图6-3可以看出，西部地区外商投资企业投资总额保持平稳较快增

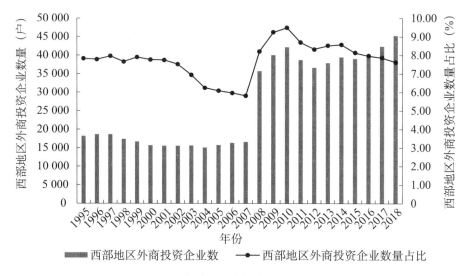

图 6-2 西部地区外商投资企业数量和占比

资料来源：中国研究数据服务平台（CNRDS）。

长，2018 年西部地区外商投资企业投资总额为 6 360.33 亿美元，2000 年仅为 502.89 亿美元。2000—2018 年的年均增长率为 16.1%，高于全国的 14.28%。西部地区外商投资企业投资总额占全国的比重变化不大，总体上呈上升趋势。

（三）西部地区对外直接投资的发展

在"引进来"迅速发展的同时，我国"走出去"也开始起步并不断发展。2012 年，中国对外直接投资流量达 878 亿美元，首次跻身世界三大对外投资国之列。2015 年，中国对外直接投资流量首次高于实际利用外资，开始步入资本净输出阶段①。近年来，西部地区"走出去"的步伐也在不断加快，从对外直接投资流量来看，随着"一带一路"倡议的提出，西部

———

① 数据来源于历年中国对外直接投资统计公报。

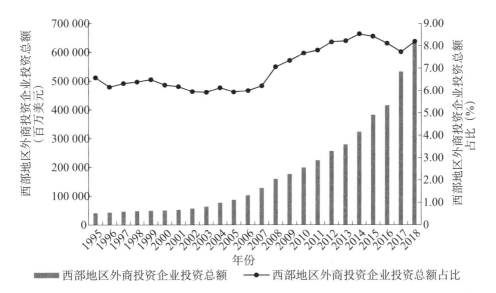

图 6-3 西部地区外商投资企业投资总额和占比

资料来源：中国研究数据服务平台（CNRDS）。

地区对外直接投资流量在 2014 年之后有了大幅增长，但是占全国的比重并没有持续上升（见图 6-4）。从对外直接投资存量来看，西部地区对外直接投资存量逐年增加，但占全国的比重自 2012 年以来却逐年下降，直到 2018 年才有小幅上升（见图 6-5）。

（四）西部地区国际旅游的发展

国际旅游涉及跨境的人员流动和资金流动，国际旅游人数和外汇收入反映了一个地区旅游产业对外开放和国际化水平。西部地区地域广袤、历史悠久，具有国际影响的旅游资源数量众多，是扩大对外开放、展示西部良好面貌的重要窗口。2018 年西部地区接待外国人入境旅游人数达 1 883.52 万人次，占全国的 29.47%（见图 6-6）。2018 年西部地区国际旅游外汇收入达 184.39 亿美元，占全国的 23.64%（见图 6-7）。

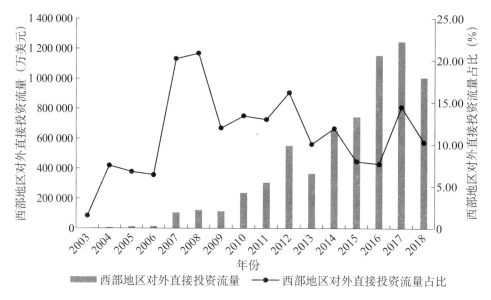

图 6 - 4　西部地区对外直接投资流量和占比

资料来源：中国研究数据服务平台（CNRDS）。

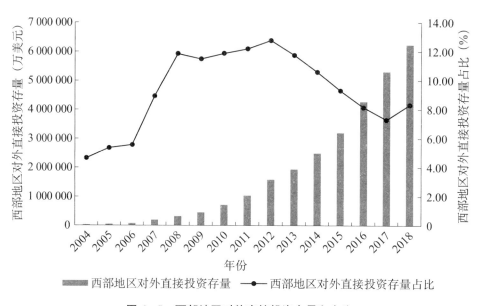

图 6 - 5　西部地区对外直接投资存量和占比

资料来源：中国研究数据服务平台（CNRDS）。

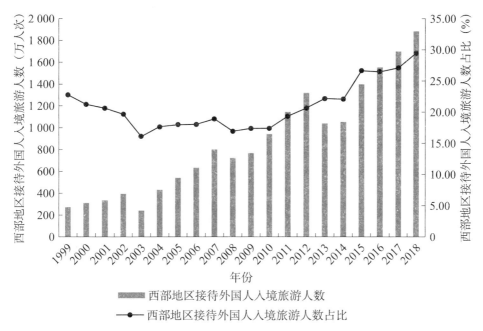

图 6 - 6 西部地区接待外国人入境旅游人数和占比

资料来源：EPS 数据库。

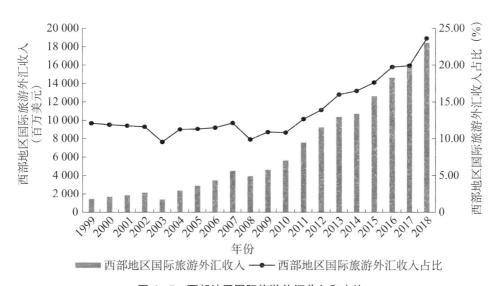

图 6 - 7 西部地区国际旅游外汇收入和占比

资料来源：EPS 数据库。

二、加大西部地区对外开放力度的必要性

推动西部地区扩大对外开放一直是党中央西部大开发战略的重要要求，《意见》提出"以共建'一带一路'为引领，加大西部开放力度"，更是将对外开放作为新时代推进西部大开发形成新格局的重要举措。根据西部地区自身特点，顺应国内发展和国际形势，加大西部地区对外开放力度有其必要性。

（一）西部自身特点要求必须加大对外开放力度

自 1999 年西部大开发启动以来，经历 20 余年的发展，西部地区在经济总量、产业体系、基础设施、生态环境等方面都取得了重大的历史性成就，但仍与东部地区存在很大的发展差距。对外开放方面，西部地区对外开放水平低于全国平均水平，远远落后于东部地区。截至 2018 年，西部地区进出口贸易总额占全国的比重不足 10%，外商投资企业数量占全国的比重仅为 7.63%，对外直接投资流量占全国的比重仅约为 10%，存量占全国的比重不足 9%。西部地区疆域辽阔，在吸引国际游客方面，接待外国人入境旅游人数占全国的比重仅仅不到 30%。经济发展水平低，对外开放程度不足是西部地区重要的发展特点。

第一，西部地区对外开放是基于西部地区战略位置的必然选择。改革开放以来，东部沿海地区以其优越的地理位置走在对外开放的前端，逐渐形成了可持续的良好发展机制，逐渐与西部地区拉大了差距。西部地区尽管远离东部沿海，但在对外开放方面有其自身的独特优势。与中国相邻的 14 个国家中有 12 个国家与西部地区接壤，向西、向南开放有着其他地区无法比拟的优势。随着交通基础设施不断完善，西部地区要以其独特的区

位优势为依托，以共建"一带一路"为引领，和沿边沿线国家展开广泛的经济联系，使西部地区成为一个开放高地。

第二，西部地区对外经济贸易合作的潜力有待释放。我国西部地区尤其是边境地区，产业规模小、人口密度低，属于我国的欠发达地区。这些地区的产业发展潜力尚未完全释放，产业的集聚和规模化水平都有待提高。边境贸易也停留在较低水平，贸易产品种类单一，且以资源型产品和农产品为主。所以，在向西开放的背景下，应充分挖掘西部地区特别是边境地区的发展潜力，改善基础设施条件，聚集产业和人口、资金、技术，建设对外开放和对外贸易的重要基地。

（二）国内发展阶段要求西部地区必须加大对外开放力度

党的十八届五中全会提出了创新、协调、绿色、开放、共享的新发展理念。开放是国家繁荣发展的必由之路，开放带来进步，封闭必然落后。改革开放 40 多年来，中国经济实现腾飞的一个重要法宝就在于坚持对外开放的基本国策。同时，区域差异大、发展不平衡是我国的基本国情，推动区域协调发展是建设现代化经济体系、推动经济高质量发展的重要任务。加快推进沿边、沿江和内陆地区开放，是实现全面开放、区域经济协调发展的重要方面。

第一，西部地区对外开放是贯彻新发展理念的必然要求。党的十八届五中全会提出了创新、协调、绿色、开放、共享的新发展理念，其中开放发展注重的就是解决内外联动的问题。加快形成西部大开发新格局，推动经济高质量发展，必须以新发展理念为引领，将开放发展贯穿于西部大开发新格局形成的全过程。习近平总书记指出："人类的历史就是在开放中发展的。任何一个民族的发展都不能只靠本民族的力量。只有处于开放交流之中，经常与外界保持经济文化的吐纳关系，才能得到发展，这是历史的规律。"东部沿海地区凭借有利的地理位置在改革开放中获得了政策红利，取得了巨大的发展，时至今日，东部地区依然是我国对外开放的排头兵。以共建"一带一路"为引领，加大西部开放力度，坚持"引进来"和"走出去"并重，形成陆海内外联动、东西双向互济的开放格局，是促进西部大开发形成新格局、全面贯彻新发展理念的重要举措。

第二，西部地区对外开放是促进区域协调发展的必由之路。为了解决新时代社会主要矛盾中的"不平衡不充分"的发展问题，党的十九大报告将区域协调发展战略首次上升为统领性的战略，作为新时代建设现代化经济体系的重要组成部分。与东部沿海地区相比，广大内陆地区开放水平虽明显提升但仍相对较低，不同地区间的经济合作虽在加强，但深度广度仍有待进一步拓展。新时代促进区域协调发展，不仅要继续提升东部沿海地区的对外开放水平和对内陆地区开放的带动能力，还要加快推进沿边、沿江和内陆地区开放，通过开放促改革、促合作、促发展。加大西部地区对内对外开放力度，实现西部地区经济发展的内部增长和外部联动双支撑，通过双支点支撑经济发展，实现全国区域经济协调发展。

（三）国际复杂形势要求西部地区必须加大对外开放力度

当前，大国之间政治经济博弈加剧，逆全球化在短期内有愈演愈烈之势，西方国家更加重视区域化的趋势，以保证自身经济贸易的势力范围。同时，全球产业链重新洗牌，产业链重构迫在眉睫。因此必须进一步加大对外开放，对于西部地区而言，就更加要逆势而上。

第一，西部地区面临着加强与"一带一路"国家经济关系的艰巨任务。随着逆全球化趋势的增强，以往基于地缘优势、地理分布、文化背景、宗教信仰等的国际经贸合作，已经被"美国优先"的政策导向彻底破坏。中国与"一带一路"国家的国际区域合作，逐渐成为我国对外经济贸易的基本盘。这种基于双边和简单多边的区域贸易协定，将进一步深化我国与"一带一路"国家的经贸关系。西部地区的地理位置使其成为建立这种经贸圈的前沿阵地，任务十分关键。完成这个任务的唯一途径就是加大西部地区对外开放的力度。

目前，中国面临着以美国为首的区域经济集团的挑战。形势的变化，特别是"一带一路"倡议的深化，为争取区域合作的主动权、摆脱发达国家的控制、开辟一种全新的区域合作模式提供了契机。在这里，西部地区任重而道远：从西部门户出发，在亚欧非更广阔的范围探索合作空间，寻求新的区域合作模式，包括基础设施建设、产业体系更新、经济结构转型、科技合作和人才培育、对外贸易发展与规模扩大等。然而，当前西部地区的对外开放，规模和水平都不尽如人意。只有认识到这种对外开放的紧迫性，才能在政策与战略上做出调整。

第二，西部地区对于我国重构国际产业链条发挥着关键作用。当前全球水平分工的产业链布局和供应链结构是全球生产要素以市场化方式自由流动，从而最优化配置资源所形成的，具有相对的稳定性。当这种稳定性被打破时，重建国际产业链就显得尤为重要。随着现代信息技术的更新、交通运输的发展、标准化技术的出现，国际产业链在全球范围的延伸和布局不可能完全断裂。然而，我国在其中的位置的变化与我们的开放程度相关联。从西部地区来看，地理位置上离"一带一路"国家近，但在开放程度上与东部沿海地区有较大差距。加大西部地区的对外开放力度，有助于提高我国在国际产业链中的位置。

我国当前正处于产业转型的关键时期。西部地区的劳动力密集型、资源密集型产业处于产业链和价值链的低端环节。对于"一带一路"沿线的多数发展中国家，对外贸易产品主要是能源类产品、初级产品，我国西部地区与这些国家的经济合作互补性较强。因此，西部地区需要建立开放发展的新平台，为"一带一路"国家提供新的合作机会。

三、西部地区扩大对外开放的重点方向

西部地区对外开放的重点和方向，是依托"一带一路"建立的国际大通道，打造面向中亚、东欧、南亚和东南亚的国际经济平台，以基础设施互联互通为突破口，拓宽合作领域，谋求共同发展和共同繁荣。

（一）提升西部地区产业对外合作水平

长期以来，我国西部地区在产业分工网络中处于价值链的低端环节，所承接的产业主要是东部沿海地区的原材料加工和服装纺织等产业，主要是因为这些产业的技术要求低，市场准入门槛低，西部地区本身丰富的能源资源和当地的人力资源优势使这些产业的发展具有了一定的优势。然而，这种处于价值链低端、基于劳动力和资源等要素禀赋方面的比较优势的分工地位，是西部地区面对的国家的产业发展特点，也是导致西部地区对外经济合作发展不快的客观因素之一。面对国际经济中低端产能过剩、廉价劳动力过剩的产业发展态势，西部地区只有成功实现经济转型升级，在产业层面上拉开与境外国家的技术水平差距，才能在国际竞争中处于有利位置。因此，依靠创新，摆脱对劳动密集型、资源密集型产业的依赖，深化产业链合作，培育出一批具有自主创新技术和具有竞争优势的产业，开辟具有西部地区特色的新的区域经济发展模式，是西部地区对外开放的

首要任务。

（二）推进西部城市群与中心城市建设

城市群是工业化、城镇化发展到较高级阶段才出现的区域空间形态，能够产生巨大的集聚经济效益，是国民经济快速发展、现代化水平不断提高的标志之一。根据这种建立在集聚基础上的分工理论，城市作为产业和人口聚集的空间载体，其重要地位不言而喻。城市系统的发展和升级与产业发展和分工深化的过程有着紧密的联系。随着产业分工系统的扩张，中心地演化为中心城市，单中心的中心城市向多中心的城市区域或城市群发展，最终贸易与分工的腹地会延伸至更广泛的区域甚至国际范围。

西部城市群与中心城市是扩大对外开放的主要空间依托。因此，科学规划城市群的发展和布局，特别是强化中心城市的带动功能，是西部地区扩大对外开放的重要任务。当前，我国的城镇化水平在空间分布上并不平衡，内陆地区的城镇化率与国家平均水平和沿海地区相比，存在明显差距。沿海地区有京津冀、长三角、粤港澳大湾区等城市群来支撑区域经济发展，西部地区的成渝城市群和关中城市群还处于发展的初期阶段，尤其是"胡焕庸线"以西的地区，还没有具备带动能力的大型城市群，也没有国家中心城市。

要通过加快西部地区城市群与中心城市建设来夯实对外开放的基石，使国际经济合作在能源、交通、信息等方面都能够顺利向前推进，进而依托城市中心聚集人口和产业，吸引国外的生产要素，打造具有较强增长力的增长极。另外，在沿边、内陆地区增加中小城市的数量，也是这项战略的重要环节。

（三）创新国际合作的新模式

西部地区扩大对外开放，要积极开展国际合作。不能满足于传统的松散型合作，因为这种合作一般是进行一些简单的日用品贸易。制度型的合作需要国家层面去促成。鉴于各国社会制度的差异，顺畅的制度型合作覆盖的国家数量有限。所以，以发展产业和科技等非政治议题为主的功能型合作是西部地区扩大对外开放的首选模式。功能型合作模式的特点是，能覆盖大量国家，可以采取多样而灵活的合作方式，更能够充实跨境区域合作的具体内容。

我国在西南地区与东南亚国家开展了大湄公河次区域经济合作，在东北地区与东北亚国家开展了图们江次区域开发合作，在西北地区的新疆借助上海合作组织经济合作机制与中亚国家开展了合作，这些国际合作都具有这样的性质。功能型合作需要大量的平台来支撑，要继续促进西部地区的出口加工区、保税区、保税物流园区、边境口岸城市等的建设，促进西部地区与其他国家在产品、生产要素流动等方面的深入合作。近年来，中国与"一带一路"国家的海外工业园区建设合作取得了很好的效果，西部地区可以借鉴相关的经验，推进以城市为单位的海外产业园区建设，并将其作为扩大对外开放的一条重要路径。

（四）促进广泛的互联互通

首先，交通基础设施的互联互通。国际大通道的建设是西部地区扩大对外开放的主要推动力之一。例如，欧亚大陆桥贯穿了西部地区的西安、兰州、乌鲁木齐等国内西部大城市，连接了中亚、东欧和西欧诸多国家，成为中国与丝绸之路沿线国家经贸往来的重要纽带。近年来，由重庆、成都、武汉、郑州、西安通往欧洲的渝新欧、蓉欧、汉新欧、郑新欧、西新欧等对欧外贸物流专列陆续开通，开创了欧亚互联互通的新机制。其次，创新区域合作机制的政策沟通。目前，我国在大湄公河次区域经济合作、中巴经济走廊、上海合作组织等机制下的合作都在不断推进。中国—中亚—西亚经济走廊、新亚欧大陆桥经济走廊、中蒙俄经济走廊等，也在有条不紊地推进。中缅油气管道、中亚油气管道、中俄原油管道和天然气管道等能源进口战略通道的建立，使中国的油气运输不再依赖途经马六甲海峡的海上运输通道，这是西部地区对国家能源安全的主要贡献。最后，软环境建设的民心相通、货币联通、贸易畅通。目前，我国与"一带一路"沿线国家在这些方面的互联互通都已经进入了向纵深推进的阶段，要真正实现我国西部地区与相关国家在政策、民心、货币、贸易等方面的对接，还需要在西部地区扩大开放的战略下，做更多艰苦的工作。

第二节

推动东北振兴取得新突破

我国当前的问题区域战略主要是针对产业衰退地区，尤其以东北老工业基地最为典型，问题区域战略主要是针对区域经济发展过程中出现的"萧条病"，以减缓问题区域经济衰退，保障和改善问题区域的民生。

一、政策出台背景和主要内容

改革开放以来，东北频频出现经济衰退现象，20 世纪 90 年代中后期，东北地区经济增速明显下滑，地区生产总值占全国的比重不断下降，经济发展严重下滑和失业率不断攀升，形成所谓的"东北现象"。2003 年，中共中央、国务院出台《关于实施东北地区等老工业基地振兴战略的若干意见》，开启首轮东北振兴战略，东北经济得到快速发展。2014 年以来，东北地区陷入经济发展低谷，"新东北现象"再度引起社会各界关注。东北地区是新中国成立以来计划经济时期重点发展的区域，东北地区受计划经济的影响最大，而改革开放的前沿是南方，东北地区受改革开放的影响最小，市场机制在东北地区的发展还有待进一步推进。国内研究东北经济衰退的学者认为，东北地区经济衰退的根本原因在于经济体制，市场经济受到压制，难以得到充分发育。

东北地区是新中国工业的摇篮和我国重要的工业与农业基地，东北有较强的制造业优势，在汽车、飞机制造等重工业方面具有一定基础优势，拥有一批关系国民经济命脉和国家安全的战略性产业，东北地区资源、产业、科教、人才、基础设施等支撑能力较强，发展空间和潜力巨大。东北地区区位条件优越，沿边沿海优势明显，是全国经济的重要增长极，在国家发展全局中举足轻重，在全国现代化建设中至关重要。加快东北老工业基地全面振兴，是推进经济结构战略性调整、提高我国产业国际竞争力的战略举措，是促进区域协调发展、打造新经济支撑带的重大任务，是优化调整国有资产布局、更好发挥国有经济主导作用的客观要求，是完善我国对外开放战略布局的重要部署，是维护国家粮食安全、打造北方生态安全屏障的有力保障。要充分认识推进东北老工业基地全面振兴的重要性和紧迫性，坚定不移地把这项宏伟事业推向新阶段。

表6-1列出了党和国家振兴东北老工业基地的一些方针政策。2016年，面对复杂的国内外经济形势，党中央、国务院提出了新一轮的东北振兴战略。"十三五"时期，国家明确提出要推动东北老工业基地全面振兴，要求把完善体制机制作为东北老工业基地振兴的治本之策，把推进结构调整作为东北老工业基地振兴的主攻方向，把鼓励创新创业作为东北老工业基地振兴的有力支撑。"十四五"规划特别强调，东北振兴要从维护国家国防、粮食、生态、能源、产业安全的战略高度，加强政策统筹，实现重点突破。

表6-1 东北振兴政策一览表

发布主体	时间	文件名称	主要内容
中共中央、国务院	2003年10月	《关于实施东北地区等老工业基地振兴战略的若干意见》	明确了实施振兴战略的指导思想、方针任务和政策措施
国务院	2007年12月	《关于促进资源型城市可持续发展的若干意见》	建立资源开发补偿机制、衰退产业援助机制，完善资源性产品价格形成机制；以市场为导向，以企业为主体，大力培育发展接续替代产业
国务院	2009年9月	《国务院关于进一步实施东北地区等老工业基地振兴战略的若干意见》	优化经济结构，建立现代产业体系；加快企业技术进步，全面提升自主创新能力；加快发展现代农业，巩固农业基础地位；加强基础设施建设，为全面振兴创造条件；积极推进资源型城市转型，促进可持续发展；切实保护好生态环境，大力发展绿色经济；着力解决民生问题，加快推进社会事业发展；深化省区协作，推动区域经济一体化发展；继续深化改革开放，增强经济社会发展活力

续表

发布主体	时间	文件名称	主要内容
国务院	2014 年 8 月	《国务院关于近期支持东北振兴若干重大政策举措的意见》	巩固扩大东北地区振兴发展成果、努力破解发展难题、依靠内生发展推动东北经济提质增效升级。全面推进城区老工业区和独立工矿区搬迁改造。在东北资源型城市建设一批接续替代产业园区和集聚区。加快城市基础设施改造
国家发展改革委、工业和信息化部、全国工商联、国家开发银行	2016 年 3 月	《关于推进东北地区民营经济发展改革的指导意见》	经过五年左右时间，通过推动民营经济发展改革方面的锐意创新，初步形成具有东北地区区域特色的民营经济发展新模式，探索完善有利于民营经济长足发展的政策环境，营造有利于民营经济公平发展的市场环境、民营经济产融结合互为支撑的金融环境
党中央、国务院	2016 年 4 月	《中共中央国务院关于全面振兴东北地区等老工业基地的若干意见》	到 2020 年，东北地区在重要领域和关键环节改革上取得重大成果，转变经济发展方式和结构性改革取得重大进展，经济保持中高速增长，与全国同步实现全面建成小康社会目标。产业迈向中高端水平，自主创新和科研成果转化能力大幅提升，重点行业和企业具备较强国际竞争力，经济发展质量和效益明显提高；新型工业化、信息化、城镇化、农业现代化协调发展新格局基本形成；加大中央支持力度，允许国有企业划出部分股权转让收益、地方政府出让部分国有企业股权，专项解决厂办大集体和分离企业办社会职能等历史遗留问题。中央财政继续对厂办大集体改革实施"奖补结合"政策，允许中央财政奖励和补助资金统筹用于支付改革成本
国家发展改革委	2016 年 8 月	《推进东北地区等老工业基地振兴三年滚动实施方案（2016—2018 年)》	着力完善体制机制、推进结构调整、鼓励创新创业、保障和改善民生四大核心任务，分年度明确了 137 项重点工作
国务院	2016 年 11 月	《国务院关于深入推进实施新一轮东北振兴战略加快推动东北地区经济企稳向好若干重要举措的意见》	推进行政管理体制改革，加快转变政府职能，进一步推进简政放权、放管结合、优化服务改革。全面深化国有企业改革，加快解决历史遗留问题；加快民营经济发展和传统产业转型升级，大力培育新动能，支持东北地区积极发展服务业，培育养老、旅游、文化等新消费增长点，打造重点开发开放平台

续表

发布主体	时间	文件名称	主要内容
国家发展改革委	2016 年 11 月	《东北振兴"十三五"规划》	加快转变政府职能、深化国企国资改革、大力发展民营经济、着力改善营商环境、放宽民间投资准入、推进重点专项改革、着力解决国企历史遗留问题、完善创新创业支持政策

资料来源：根据相关政府文件整理。

习近平总书记对东北振兴做出了重要批示，要求以新气象新担当新作为推进东北振兴，明确提出新时代东北振兴是全面振兴、全方位振兴：一是以优化营商环境为基础，全面深化改革；二是以培育壮大新动能为重点，激发创新驱动内生动力；三是科学统筹精准施策，构建协调发展新格局；四是更好支持生态建设和粮食生产，巩固提升绿色发展优势；五是深度融入共建"一带一路"，建设开放合作高地；六是更加关注补齐民生领域短板，让人民群众共享东北振兴成果。新一轮的东北振兴以提高发展质量和效益为中心，以供给侧结构性改革为主线，着力完善体制机制，推进结构调整，鼓励创新创业，保障和改善民生，协同推进新型工业化、信息化、城镇化和农业现代化，因地制宜、分类施策、扬长避短、扬长克短、扬长补短，有效提升老工业基地的发展活力、内生动力和整体竞争力，努力走出一条质量更高、效益更好、结构更优、优势充分释放的振兴发展新路。

二、东北振兴战略的实施效果

东北振兴战略一系列政策的实施，有效缓解了东北地区经济衰退的形势，促进了东北地区经济结构转型升级。东北振兴取得重要的阶段性进展，发展动力显著增强，历史遗留问题逐步解决，社会民生明显改善，为全面振兴奠定了坚实基础。

东北振兴战略提出以后，东北地区率先实行了免除农业税等惠农政策，粮食生产连创历史新高，作为全国商品粮和肉食供应基地的地位日益突出。以国有企业改组改制为重点的体制机制创新取得重大进展，绝大多数国有企业已扭亏为盈，摆脱了困境，利润大幅度增长，对外开放水平明显提高。企业技术进步成效显著，结构调整步伐加快。采煤沉陷区治理和棚户区改造等"民心工程"进展顺利，资源型城市经济转型试点稳步推进。基础设施不断完善，生态建设和环境保护取得积极成效。城镇社会保障体系初步建立，就业形势明显好转，城乡居民收入稳步提高。

在上一轮的东北振兴期，东三省经济增速较快，城乡差距逐渐缩小，失业率保持在较低水平，市场化程度有所提升，民营经济占比上升，经济所有制结构进一步优化，特别是投资结构与全国水平基本一致，私营工业企业效益大幅改善，现代农业发展取得了巨大进步。东北振兴战略为东北地区摆脱 20 世纪 90 年代的困难局面、重新走向经济振兴之路奠定了重要基础。通过实施振兴战略，东北老工业基地成功卸掉了沉重的历史包袱，长期困扰东北地区发展的深层次矛盾得到了明显缓解，综合经济实力显著提升，连续保持高于全国水平的领先的经济增速，振兴发展的活力和后劲进一步增强。

三、东北振兴战略实施过程中存在的问题

首先，体制机制的深层次矛盾尚未理顺，体制改革受阻和结构调整转换困难是"新东北现象"的症结所在。传统优势产业衰退，新的经济增长尚未形成规模是东北地区经济增长失速的直接原因，体制改革和结构调整

受阻是东北地区经济增长失速的症结所在。国有企业活力仍然不足，民营经济发展不充分，生产要素市场体系尚不健全；科技与经济发展融合不够，偏资源型、传统型、重化工型的产业和产品比重较高，经济增长新动力不足和旧动力减弱相互交织；城乡和城市内部二元结构依然突出，资源枯竭、产业衰退、生态严重退化等特殊类型地区转型压力加大，基本公共服务供给不足；基层政府思想观念不够解放，对经济发展新常态的适应引领能力有待进一步增强。由于长期形成的深层次体制性、机制性、结构性矛盾，加上周期性因素和国际国内需求变化的影响，东北地区经济下行压力仍然较大，有效投资需求严重不足，供给侧结构性改革和新旧动能转换任务艰巨，财政收支困难，经济社会领域风险不断积聚，不同地区、行业、企业分化特征明显，深层次矛盾和问题进一步凸显。

其次，东北地区产业结构单一，重工业比重过高，过度依赖资源型产业，过度依赖工业尤其是重工业。经济增长乏力，过去主要靠投资驱动的增长方式已难以为继。东北地区经济增长中投资贡献率偏高。自 2004 年提出东北振兴战略以来，东北的调整结构、转变发展方式和缩小地区差距工作有所进展，但仍任重而道远。近年来，尽管辽吉黑三省都大力发展新兴产业和服务业，但东北地区第一、二、三产业比重基本未变，服务业比重不升反降。和东南沿海相比，东北三省的民营经济仍旧不够发达，三省中民营经济比重最高的辽宁省也不过占到 67%。

最后，东北老工业基地民营经济薄弱，使得经济运行内生动力不足。东北地区经济不够活跃，面临着人才不断流失、创新能力不足、资源枯竭等问题。2015 年，辽宁省和黑龙江省常住人口分别为 4 382.4 万人和 3 812 万人，比上年分别减少 8.6 万人和 21 万人，吉林省常住人口为

2 753.3 万人，比上年增加 0.9 万人，三省合计共减少 28.7 万人。东北地区的投资下降情况要比其他地区严重得多。2015 年，全国固定资产投资增长率最低的省份为辽宁省，为－27.8%，出现了断崖式下跌。

上一轮东北振兴没有解决东北地区的根本问题，而且新形势下东北地区面临着更为艰难的困局，东北地区的体制机制问题并未得到根本性解决，结构性问题反而由于市场上旺盛的需求而更加突出，体制问题、结构问题、开放问题、人才问题、民生问题的解决方案落实尚不到位。创新体系不完善，产学研协同机制不顺畅，以装备制造业为核心的重工业核心技术和关键零部件受制于人，战略性新兴产业发展慢、体量小，全社会的创新创业意识差，等等。投资环境仍不理想，具体体现在法制环境差、信用基础薄弱、市场化程度远远不够等方面。

四、东北振兴战略未来的走向

（一）建立可持续发展长效机制，吸取上一轮东北振兴的经验和教训，注重培育东北地区经济增长的内生动力

发展战略性新兴产业，大力实施创新驱动发展战略，把创新作为培育东北老工业基地内生发展动力的主要发力点，加快形成以创新为主要引领和支撑的经济体系和发展模式。东北振兴一个重要的问题是国有企业改革。在坚持政府主导型振兴模式的制度路径的同时，更加注重振兴政策的调整和优化。一是东北国有企业要突破既得利益集团的阻挠，确定国有企业的市场主体地位。让企业按照市场规律而不是靠政府优惠政策获得竞争优势，保障真正在资源配置中起决定性作用的是市场。二是着力改善营商环境，给予企业家足够的自主权，并减少东北地区政府对企业经营的干

预，更好地发挥企业家的作用，及时解决民营企业发展中遇到的实际困难，放宽民间投资准入。以市场准入负面清单为基础，允许民营企业进入未明确限制和禁止的领域，切实转变政府职能，加快推进权力清单制度、审批制度的完善和国有企业转型等关键领域的改革。进一步把政府经济管理的重点转向维护有效率的市场，减少干预微观经济主体的经济活动。新一轮东北振兴应从重塑营商环境抓起，重点是软环境建设，主旨是留住企业留住人。三是东北地区政府要积极鼓励民间资本参与国有企业改革，发展混合所有制经济，积极推行员工持股计划，推动国有企业股权多元化，开展企业内部三项制度改革专项行动，推动完善市场化选人用人和激励约束机制，在更大范围大力推行经理层任期制和契约化管理。

（二）加快重点产业集聚区发展，培育接续替代产业

《国务院关于进一步实施东北地区等老工业基地振兴战略的若干意见》指出："推动辽宁沿海经济带、沈阳经济区、哈大齐工业走廊、长吉图经济区加快发展，建设国内一流的现代产业基地。""充分发挥沈阳、长春、哈尔滨、大连和通化等高技术产业基地的辐射带动作用，形成一批具有核心竞争力的先导产业和产业集群。"《中共中央国务院关于全面振兴东北地区等老工业基地的若干意见》指出："打造一批具有国际竞争力的产业基地和区域特色产业集群。设立老工业基地产业转型升级示范区和示范园区，促进产业向高端化、集聚化、智能化升级。研究制定支持产业衰退地区振兴发展的政策措施。"支持沈阳、大连、长春、哈尔滨等地打造国内领先的新兴产业集群。充分发挥特色资源优势，积极支持中等城市做大做强农产品精深加工、现代中药、高性能纤维及高端石墨深加工等特色产业集群。积极支持产业结构单一地区（城市）加快转型，研究制定促进经济转型和产业多元化发展的政策措施，建立新兴产业集聚发展园区，安排中央预算内投资资金支持园区基础设施和公共平台建设。

（三）进一步加大对外开放力度，推动东北提升开放式发展动力

以对外合作为新一轮东北振兴注入强大动力。东北地区应主动融入、积极参与"一带一路"建设，努力将东北地区打造成为我国向北开放的重要窗口和东北亚地区合作的中心枢纽。东北地区要发挥与俄罗斯、日本、韩国、朝鲜等国毗邻的区位优势，加强同周边国家的合作。充分利用东北地区现有港口条件和优势，大力推进对内开放，打破地区封锁和市场分割，积极吸引国内其他地区的各类生产要素进入东北地区等老工业基地市场，鼓励各类所有制企业积极参与老工业基地调整改造。

‖ 第三节 ‖
开创中部地区崛起新局面

一、新时期中部地区的战略地位

在东部沿海地区率先发展起来，并涌现出环渤海、长三角、珠三角等城市群之后，国家适时提出了西部大开发战略，而中部地区经济发展严重滞后于东部沿海地区，为此，中共中央做出了促进中部地区崛起的重大战

略决策。2004 年 3 月，温家宝总理在政府工作报告中首次明确提出促进中部地区崛起。2004 年 12 月，中央经济工作会议再次提到促进中部地区崛起。2005 年 3 月，温家宝总理在政府工作报告中提出要抓紧研究制定促进中部地区崛起的规划和措施。2006 年 4 月 15 日，《中共中央国务院关于促进中部地区崛起的若干意见》发布。2006 年 5 月 19 日，国务院办公厅发出《关于落实中共中央国务院关于促进中部地区崛起若干意见有关政策措施的通知》。2008 年 1 月，国家发展改革委牵头建立促进中部地区崛起工作部际联席会议制度。2009 年 9 月 23 日，国务院常务会议讨论并原则通过《促进中部地区崛起规划》。2010 年 8 月，国家发展改革委印发《促进中部地区崛起规划实施意见》。2012 年 8 月，国务院发布《国务院关于大力实施促进中部地区崛起战略的若干意见》。2016 年 12 月，经国务院批复同意，国家发展改革委印发《促进中部地区崛起"十三五"规划》，确定了新时期中部地区在全国发展大局中的战略定位——全国重要先进制造业中心、全国新型城镇化重点区、全国现代农业发展核心区、全国生态文明建设示范区、全方位开放重要支撑区。

中部崛起战略的实施有力地促进了中部地区的经济社会发展，"三个基地，一个枢纽"（即粮食生产基地、能源原材料基地、现代装备制造及高技术产业基地、综合交通运输枢纽）的地位日益巩固，并且，一系列有关中部崛起的配套政策规划也显著地提高了中部地区居民的生活水平，改善了中部地区的生态环境，促进了中部地区的改革创新，加快了中部地区的对外开放速度。

二、中部地区经济社会发展现状

中部地区的经济结构和国土空间开发模式的调整，需要结合本地区经济发展水平、产业结构、居民收入水平、生产条件、市场环境、交通设施、规模经济等多方面的条件展开。本节分析中部地区整体的经济社会发展现状。

（一）经济发展水平

第一，经济总量。整体来看，中部地区的经济总量和西部地区大致相当，逐年呈上升趋势，2018年之后和西部地区拉开了差距（见图6-8）。中部地区的地区生产总值的增长速度仍和东部地区存在较大的差距。横向对比来看，2013—2019年，东部地区的地区生产总值占全国的比重一直保持在50％以上的水平，中部地区和西部地区基本持平，皆在20％左右，东北地区则从8.6％持续下降到5.1％左右（见表6-2）。

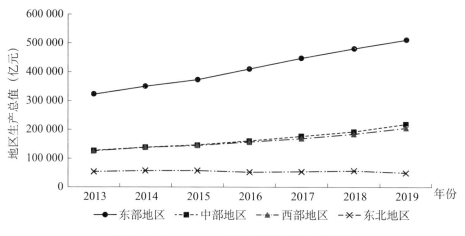

图6-8　2013—2019年四大板块地区生产总值

资料来源：历年《中国统计年鉴》，下同。

表6-2　2013—2019年四大板块地区生产总值占全国的比重　　　　（％）

年份	东部地区	中部地区	西部地区	东北地区
2013	51.2	20.2	20.0	8.6
2014	51.2	20.3	20.2	8.4

续表

年份	东部地区	中部地区	西部地区	东北地区
2015	51.6	20.3	20.1	8.0
2016	52.6	20.6	20.1	6.7
2017	52.9	20.8	19.9	6.4
2018	52.6	21.1	20.1	6.2
2019	51.9	22.2	20.8	5.1

第二，经济实力。人均地区生产总值方面，中部地区的人均地区生产总值整体上呈平稳上升趋势，且增长速度较快。中部地区的人均地区生产总值 2013 年与西部地区相当，2015 年之后和西部地区拉开了差距，2018年也超过了东北地区。但是中部地区的人均地区生产总值和东部地区还有很大的差距，东部地区的人均地区生产总值约是中部地区的 1.7 倍。同时，西部地区的人均地区生产总值也低于全国的平均水平（见图 6 - 9）。

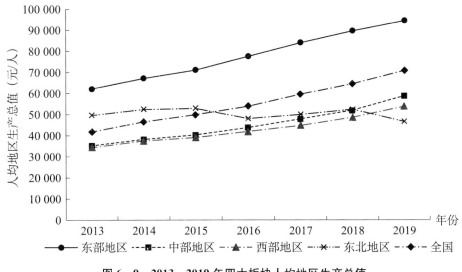

图 6 - 9　2013—2019 年四大板块人均地区生产总值

注：四大板块人均地区生产总值使用各板块地区生产总值除以年末地区总人口得到，全国人均生产总值使用国内生产总值除以全国总人口得到。

第三，居民收入。居民收入水平是衡量一个地区产业发展的需求要素条件的主要指标之一。一个地区居民收入水平与该地区产业发展相互影响。一方面，居民收入水平高，购买力就强，地区产品需求旺盛，从而有利于促进产业的发展；另一方面，地区产业的发展可为本地区提供更多的就业岗位，提高本地居民的收入水平，从而提升当地居民的消费能力。从图 6-10 可以看出，全国四大板块的居民人均可支配收入逐年呈上升趋势，但东部地区依然遥遥领先，且高于全国平均水平。2019 年，东部地区、中部地区、西部地区、东北地区的居民人均可支配收入分别为 39 438.9 元、26 025.3 元、23 986.1 元、27 370.6 元，城镇居民人均可支配收入分别为 50 145.4 元、36 607.5 元、36 040.6 元、35 130.3 元，农村居民人均可支配收入分别为 19 988.6 元、15 290.5 元、13 035.3 元、15 356.7 元，总体来看，中部地区的人均可支配收入和东部地区以及全国平均水平还存在较大差距。

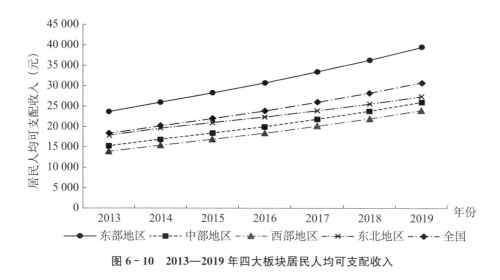

图 6-10　2013—2019 年四大板块居民人均可支配收入

中部地区居民收入水平直接影响地区市场活力和潜力。双循环新发展格局的提出，表明我国将更加注重国内大循环，并将其作为国内经济持续发展的主要动力来源；也表明我国在强调国内大循环的同时，要实现国内国际双循环相互促进，进一步扩大对外开放。中部地区人口众多，城镇和农村居民收入都高于西部地区，是支撑启动中国内需市场的中坚力量。因此，实现区域间产业有序转移与承接必须与启动内需市场紧密相连。启动中部地区内需市场关键又在于进一步提升中部地区整体消费能力，提高城乡居民收入水平，同时努力缩小中部地区城乡居民收入差距。

（二）产业结构

从中部地区三次产业结构的演变来看（见图 6‑11），中部地区的产业结构逐年优化，第三产业占比逐年上升，第二产业占比逐年下降。2017年，中部地区第三产业占比首次超过了第二产业。2019 年，中部地区第三产业占比首次超过了 50%。

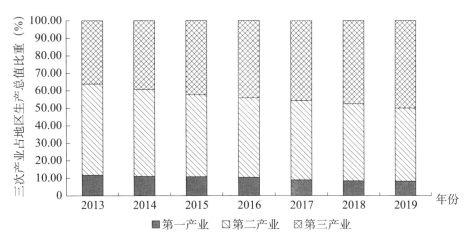

图 6‑11　2013—2019 年中部地区三次产业结构

尽管中部地区的产业结构不断向服务型经济转变，然而由于中部地区的经济规模相对较小，各产业的全国竞争力有所不同。2019 年，中部地区的地区生产总值占全国的比重为 22.2%，第一产业占全国的比重为

25.4％，第二产业占全国的比重为 23.7％，第三产业占全国的比重为 20.7％。可以看出，中部地区第三产业占全国的比重低于地区生产总值占全国的比重，说明中部地区第三产业的竞争力还有待提升（见表 6-3）。

表 6-3　2019 年各地区三次产业占全国的比重　　　　（％）

指标	东部地区	中部地区	西部地区	东北地区
年末总人口	38.6	26.5	27.2	7.7
地区生产总值	51.9	22.2	20.8	5.1
第一产业	33.3	25.4	31.9	9.4
第二产业	51.6	23.7	20.2	4.5
第三产业	54.5	20.7	19.8	5.0

主要农产品产量方面，中部地区的谷物和油料产量居全国之首（见表 6-4）。主要工业产品产量方面，中部地区的原煤产量有明显的优势，水泥、粗钢、钢材也有相对优势（见表 6-5）。

表 6-4　2019 年各地区主要农产品产量占全国的比重　　　　（％）

主要农产品	东部地区	中部地区	西部地区	东北地区
谷物	24.3	31.3	23.5	20.9
棉花	7.9	6.4	85.7	0
油料	19.4	42.8	32.4	5.5

表 6-5　2019 年各地区主要工业产品产量占全国的比重　　　　（％）

主要工业产品	东部地区	中部地区	西部地区	东北地区
原煤	4.9	31.9	60.6	2.6
天然气	12.1	4.2	80.1	3.5
水泥	35.9	26.5	34.0	3.6
粗钢	53.6	21.2	15.6	9.7
钢材	59.0	17.9	15.1	8.0
汽车	48.2	18.8	18.0	15.1
发电量	37.2	20.0	37.3	5.5

（三）基础设施

交通基础设施是一个地区经济发展的基础，也是提升地区产业竞争力的重要环节。新中国成立以来，中部地区交通基础设施建设取得了巨大的进步。公路、铁路、民航、水路及管道运输快速发展。2019 年，中部地区的铁路、公路和高速公路里程分别达 32 849.9 公里、1 371 135.8 公里、37 361.7 公里，客运量为 437 806.8 万人，货运量为 1 308 286.7 万吨（见表 6-6）。中部地区交通基础设施日趋完善，将有力促进中部地区的经济发展，为中部地区经济结构调整提供强有力的支撑。

表 6-6　2019 年四大板块的交通基础设施基本情况

指标	东部地区	中部地区	西部地区	东北地区
铁路营业里程（公里）	33 138.9	32 849.9	55 601.5	18 336.1
公路里程（公里）	1 178 782.5	1 371 135.8	2 062 440.2	400 137.3
高速公路（公里）	42 743.8	37 361.7	57 039	12 426.8
客运量（万人）	635 215.9	437 806.8	489 803.6	131 616
货运量（万吨）	1 809 035.3	1 308 286.7	1 232 242.3	271 921.1

三、融入国家重大区域战略，实现中部崛起

京津冀协同发展、长江经济带发展、粤港澳大湾区建设、长三角一体化发展、黄河流域生态保护和高质量发展共同构成了我国目前的国家重大区域战略。在上述五大国家重大区域战略中，长江经济带发展、长三角一体化发展以及黄河流域生态保护和高质量发展这三个战略涉及中部地区的部分市（区、县）。

（一）长江经济带发展中的中部地区

长江经济带横跨中国东中西三大区域，覆盖 11 个省市，地域面积约205 万平方公里，人口和经济总量超过全国的 40%，是具有全球影响力的内河经济带、东中西互动合作的协调发展带、沿海沿江沿边全面推进的对

内对外开放带，也是生态文明建设的先行示范带。《长江经济带发展规划纲要》确立了长江经济带"一轴、两翼、三极、多点"的发展新格局。"一轴"是以长江黄金水道为依托，发挥上海、武汉、重庆的核心作用，以沿江主要城镇为节点，构建沿江绿色发展轴，推动经济由沿海溯江而上梯度发展；"两翼"分别指沪瑞和沪蓉南北两大运输通道，这是长江经济带的发展基础；"三极"指的是长江三角洲城市群、长江中游城市群和成渝城市群，充分发挥中心城市的辐射作用，打造长江经济带的三大增长极；"多点"指的是发挥三大城市群以外地级城市的支撑作用，加强与中心城市的经济联系与互动，带动地区经济发展。

长江经济带发展依托三大城市群，即长江三角洲城市群、长江中游城市群和成渝城市群。长江三角洲城市群中，充分发挥上海国际大都市龙头作用，提升南京、杭州、合肥都市区国际化水平，以合肥为代表的部分中部城市积极融入长三角城市群，安徽其他地级城市不断完善城市功能，发展优势产业，建设特色城市，加强与上海、南京、杭州以及省会合肥之间的经济联系与互动。长江中游城市群中，完善武汉、长沙、南昌中心城市功能，促进三大城市组团之间的资源优势互补、产业分工协作、城市互动合作。

（二）长三角一体化发展中的中部地区

根据国家现代化建设的需要，长江三角洲从一个长江入海口的地理概念逐渐发展成为一个区域规划的概念。根据 2019 年中共中央、国务院印发的《长江三角洲区域一体化发展规划纲要》，长三角地区的规划范围包括上海市、江苏省、浙江省和安徽省全域，面积 35.8 万平方公里。以上海市，江苏省南京、无锡、常州、苏州、南通、扬州、镇江、盐城、泰州，浙江省杭州、宁波、温州、湖州、嘉兴、绍兴、金华、舟山、台州，安徽省合肥、芜湖、马鞍山、铜陵、安庆、滁州、池州、宣城 27 个城市为中心区（面积 22.5 万平方公里），辐射带动长三角地区高质量发展。该文件同时也明确了未来长三角区域的战略定位，即全国发展强劲活跃增长极、全国高质量发展样板区、率先基本实现现代化引领区、区域一体化发展示范区、新时代改革开放新高地。

中部地区的安徽省全域被纳入长三角一体化发展国家战略，提升了安徽在全国发展格局中的地位，为实现跨越式发展带来了历史性机遇。尤其是对于作为规划中心区的合肥、芜湖、马鞍山、铜陵、安庆、滁州、池州、宣城这 8 个城市来说，是千载难逢的好机会，因此这些城市要发挥自身的比较优势，加强区域合作联动，实现整体跃升。2019 年 7 月，安徽省也通过了《安徽省实施长江三角洲区域一体化发展规划纲要行动计划》，明确了安徽推进长三角一体化发展的总体思路、目标任务和重点举措，标志着长三角一体化发展国家战略在安徽进入全面实施阶段。

（三）黄河流域生态保护和高质量发展中的中部地区

2019 年 9 月，习近平总书记在于河南郑州召开的黄河流域生态保护和高质量发展座谈会上，提出了黄河流域生态保护和高质量发展的重大国家战略，并明确了黄河流域作为我国重要生态屏障和重要经济地带的地位，以及黄河流域生态保护与高质量发展的关系和未来的重大战略任务。中部地区的山西省和河南省的大部分地区涉及黄河流域生态保护和高质量发展。

黄河进入山西后，依次流经了忻州、吕梁、临汾、运城 4 个市，包括河曲、保德、兴县、石楼、永和、吉县、万荣等 19 个县（市），在山西河段全长 968.5 公里。2021 年 2 月，山西省通过了《山西省黄河流域生态保护和高质量发展规划》，规划范围为黄河干支流流经的县级行政区，共 11 市

86县（市、区），将推进汾河保护与治理、实施五水综改与五湖治理、开展国土绿化彩化财化行动、推进黄土高原水土流失综合治理等作为重点任务。

河南省是黄河流域的重要省份，黄河在河南境内流经三门峡、洛阳、济源、郑州等8个省辖市28个县（市、区），河道总长711公里，流域面积3.62万平方公里，占黄河流域总面积的5.1%。根据河南省2021年政府工作报告，河南省不断加强黄河流域生态保护。2020年统筹山水林田湖草沙系统治理，启动370公里沿黄复合型生态廊道建设，高标准建成120公里示范段。加强流域环境治理，18个国控断面水质全部达标。把黄河安澜作为底线任务，加强河道综合整治和重点防洪工程建设，打好黄河流域"清四乱"歼灭战，建成501公里标准化堤防，强化防汛组织调度，实现安全度汛。突出工业、农业、城乡供水及地下水治理等重点领域，加快转变用水方式，实施引黄灌区续建配套工程，节水能力不断提高 。

第四节
鼓励东部地区加快推进现代化

一、东部沿海地区高质量发展的现状与特征

党的十九大报告在首次提出高质量发展的同时，还开创性地将区域协

调发展作为统领性战略、作为解决发展不平衡不充分问题的关键出发点。40 多年前，伴随改革开放大幕的拉开，在沿海发展战略的推动下，沿海地区逐步成为中国经济腾飞的中坚力量。与此同时，区域发展不协调的问题也日益突出，集中体现为沿海地区与内陆地区间的发展差距扩大，具体反映在经济增长、产业实力、创新能力、对外开放、绿色发展、共享互惠等方面。针对上述问题，中央政府围绕区域协调发展，展开了理论与实践的探索。1999 年以来，中央政府先后实施了西部大开发、东北振兴、中部崛起战略，与东部率先发展战略相配合，共同组成区域发展总体战略的基本框架。党的十八大以来，中央政府在进一步贯彻落实区域总体发展战略的同时，将沿海地区作为塑造区域协调发展新格局的"牛鼻子"，开展了京津冀协同发展、长三角一体化、粤港澳大湾区建设等政策实践，沿海地区作为国民经济增长的压舱石、国家制造业中心、打造创新型国家的前沿地带、开放型经济建设的排头兵、绿色发展的示范窗口、共享互惠的战略高地的特征更加明显，在国民经济中的"塔尖"地位不断巩固。

第一，国民经济增长的压舱石。作为经济增长的先导区域，沿海地区经济总量大，地区生产总值已由 1978 年的 1 819.44 亿元攀升至 2018 年的526 663.70 亿元，同内陆地区的地区生产总值之比由 1978 年的 1.10：1 变化为 2018 年的 1.36：1。沿海地区经济总量扩张离不开经济中高速增长。在宏观经济增速趋缓的大背景下，沿海地区地区生产总值增速保持在 7％以上，超过全国平均水平，依然保持了强劲的增长态势。可见，沿海地区具备经济总量大、经济增速快两个特点，当之无愧地成为国民经济增长的压舱石，为高质量发展打下了坚实的物质基础。

第二，国家制造业中心。经济发达的国家和地区的经验表明，壮大高端制造业是提高全要素生产率、助力高质量发展的不二法门。从国际上看，全球制造业中心在 20 世纪 50—70 年代经历了"欧美—日本—亚洲四小龙和中国东部沿海地区"的空间转移。纵观上述转移趋势，以美国波士华地区、美国加利福尼亚地区、欧洲伦敦—巴黎—法兰克福三角地区、日本"三湾一海"为代表的世界制造业中心均无一例外地布局在沿海地区。从国内来看，自改革开放起，沿海地区就成为制造业发展的战略重心：在承接国际制造业转移的同时，内陆地区制造业也纷纷向沿海地区集中，沿海地区国家制造业中心的地位得以确立。

第三，打造创新型国家的前沿地带。创新驱动是发挥科学技术作为第一生产力的作用的必由之路。2006 年出台的《国家中长期科学和技术发展规划纲要 2006—2020 年》强调"要把提高自主创新能力摆在全部科技工作的突出位置"，提出了到 2020 年建成创新型国家的战略愿景。在经济动能转换的新形势下，沿海地区借助多年来积累的资金、人才与技术，主动实施高质量的自主创新。中国科学院 2018 年发布的《中国区域创新能力评价报告 2018》显示，沿海地区创新能力位居全国前列，已经步入创新引领高质量发展的新时代。为降低知识、技术、信息等优质要素在各创新主体间的流动成本，国家近年来以沿海地区为龙头，加快创新高地建设，最大程度地推动创新资源共享。1988 年，在科技部"火炬计划"的牵头带动下，以高新技术产业化为使命的创新试验区项目正式上马。截至 2018 年年底，沿海地区已获批设立 21 个国家级自主创新示范区、81 个国家级高新区、73 个国家级大学科技园，分别占到全国的 52.38%、48.21%、62.93%，科技创新的规模效应与外溢效应得到最大限度的释放。日趋完善的创新平台成为引导创新要素在沿海地区高度集聚的有力支撑，2018 年沿海地区 R&D 经费总额、R&D 人员总数已分别占到全国的 70.60％、67.52％。

第四，开放型经济建设的排头兵。经济高质量发展同对外开放层次密不可分。随着经济全球化向纵深推进，中国同世界各国的经济联系日益加深，构建开放型经济成为势不可挡的时代潮流。与内陆地区相比，沿海地区不仅具备海陆联运的区位优势，还面向广阔的国际市场，发展开放型经济的条件得天独厚。1980 年，中央开始在深圳、珠海、汕头、厦门 4 地试办经济特区，打开了对外开放的窗口。为拓展对外开放的广度，国家于 1984 年设立了包括大连、天津、青岛、宁波、北海等在内的 14 座沿海开放城市，环渤海、长三角、闽东南、珠三角四大沿海经济开放区趋于形成，以加工贸易为典型特征的外向型经济获得飞速发展。步入 1990 年，中央政府将浦东的开发与开放确立为国家战略，处于海岸线中点的上海成为对外开放的后起之秀。伴随沿海开放战略的贯彻落实，沿海经济开放区逐渐连接成片，形成了一条以上海为中心，以京津、广深为南北两翼的高质量沿海经济开放地带。为响应高质量发展的时代要求，沿海地区先行先试，率先开展自由贸易区政策实践，在综合保税区内建成了一批进出口商品交易中心，在加大技术密集型产品跨国贸易力度的同时，坚持"引进来"与"走出去"相结合，使得沿海地区开放型经济迈入新层次。

第五，绿色发展的示范窗口。绿色高效是人与自然共生的不二法门，人地关系和谐是经济社会与生态环境两大系统高质量发展的可靠保障，其关键在于形成绿色循环的发展模式。为解决经济高速增长进程中出现的资源枯竭、生态破坏、环境污染等问题，沿海地区在稳步提高社会经济效益的同时，恪守"绿水青山就是金山银山"的理念，响应国家主体功能区建设的号召，统筹循环生产模式、绿色生活方式，维系生态系统的良性运转，成为绿色发展的示范窗口。在循环生产模式、绿色生活方式的驱动下，沿海地区"三废"得到有效控制，各类污染物的产生量与排放量均明显低于内陆地区，成功引领经济活动生态化，扮演了绿色高质量发展先行者的角色。

第六，共享互惠的战略高地。共享和谐的终极目标是实现改革发展成果由人民共享，集中力量解决人民日益增长的美好生活需要同不平衡不充分发展间的矛盾。在以人为本理念的指引下，沿海地区基本公共服务供给逐步扩大，经济发展的质量实现飞跃。具体表现如下：相比内陆地区，沿海地区更早地将幼儿养育视作人力资本的长线投资，注重学前教育资源的合理配置，学前教育普及率攀升；作为高等学校与科研院所的集聚地，沿海地区接受高等教育的人数稳步增加，在加速人力资本积累的同时，广大青年对科学文化知识的诉求得到满足，教育的正外部性较内陆地区更强；随着沿海地区经济增长压舱石的地位不断巩固，居民可支配收入在总量及增速上均高于内陆地区，与中等发达经济体间的差距渐趋缩小；为最大限度保障人民身体健康，沿海地区加大了对医疗卫生基础设施的投入力度，人均医疗资源拥有量迅速提高；在人口红利消失的背景下，受老龄化冲击最为明显的沿海地区通过完善养老保险体系，接近达到养老保险全面覆盖，为其他地区树立了良好典范。

二、东部沿海地区现代化过程中的突出问题

持续的经济增长、雄厚的产业实力、强大的创新能力、立体化的对外开放、集约化的绿色发展、彰显公平的共享互惠共同构成了沿海地区高质

量发展的突出特征，是沿海地区不同于内陆地区的重要体现，有效强化了沿海地区对内陆地区的辐射作用，使沿海地区日益成为塑造高质量发展新格局的主导力量。党的十九大报告在首次提出高质量发展的同时，还开创性地将区域协调发展作为统领性战略。然而，沿海地区面积广大，沿海北部、中部、南部地区①在经济增长、产业实力、创新能力、对外开放、绿色发展、共享互惠六方面存在不同程度的失调现象。因此，区域发展失调不仅表现在沿海地区与内陆地区之间，还存在于沿海地区内部，是高质量发展征程中亟待克服的突出问题。下面将立足高质量发展的逻辑原点与逻辑主线，重构空间尺度，详细分析 2012 年迈入新时代以来沿海北部、中部、南部地区高质量发展失调问题背后的现实原因，力争做到"立足现实而又高于现实"，确保新时代沿海地区高质量发展的思路设计与路径构想不失针对性，最大程度地满足新常态下人民日益增长的美好生活需要。

（一）经济增长不均衡

进入高质量发展的新时代，保持经济中高速增长成为国家宏观经济平稳运行的主要目标之一。自 2012 年起，沿海北部、中部、南部地区对我国国内生产总值的贡献率均保持在 10％以上，共同为经济持续运行于合理区间提供了可靠保障。然而，沿海地区经济增长却存在明显的分流现象，沿海北部、中部、南部地区的地区生产总值分别由 2012 年的 13.22 万亿元、10.89 万亿元、9.27 万亿元提升至 2018 年的 18.69 万亿元、18.15 万亿元、15.83 万亿元，年均增长率分别为 5.94％、8.88％、9.33％，经济

---

① 沿海北部地区包括辽宁、河北、北京、天津、山东，沿海中部地区包括江苏、上海、浙江，沿海南部地区包括福建、广东、海南、广西。香港、澳门、台湾因数据缺失、统计口径不一致，暂不纳入研究范围。

增长的失调问题突出。虽然沿海北部地区凭借更广大的地域在总量上占据了绝对优势地位，但沿海中部、南部地区的经济增长势头更为强劲，与沿海北部地区的地区生产总值的差距呈缩小态势。进入 21 世纪以来，尤其是党的十八大以来，伴随进入转换动能的高质量发展时期，沿海北部、中部、南部地区充分把握京津冀协同发展、长三角一体化、粤港澳大湾区建设的政策窗口期，加快培育京津雄、沪宁杭、粤港澳三大核心增长极，促使沿海北部、中部、南部地区的地区生产总值出现了不同程度的增长。与地区生产总值的情况不同，沿海中部地区的人均地区生产总值明显高于北部与南部地区，其比值由 2012 年的 1.30、1.48 上升至 2018 年的 1.54、1.50，且存在进一步上升的态势。

（二）产业结构差异大

伴随中国由高速增长阶段逐渐转向高质量发展阶段，结构性矛盾日益凸显，提升全要素生产率面临挑战。为此，近年的政府工作报告围绕现代化经济体系提出了加快制造强国建设、发展现代服务业等方略。现代化经济体系重在"体系"二字，在做大做强各产业门类的同时，还要注重结构优化，通过产业间的良性耦合，缩小同国际全要素生产率前沿面之间的差距，以更强大的产业实力服务于高质量发展。

沿海地区产业实力的增强依赖各产业门类的高质量升级。总体上看，沿海北部、中部、南部地区均将构建现代化经济体系作为主攻方向，但三次产业结构调整的进程不一，产业实力存在一定的差距，这成为提高全要素生产率的潜在威胁。从三次产业增加值占比的绝对数值来看，2012 年以来沿海北部、中部、南部地区的第一产业增加值占比均低于 10%，其中沿海中部地区 2012 年的第一产业增加值占比低于沿海北部、南部地区 2018

年的第一产业增加值占比，产业结构高级化进程更快。从三次产业增加值占比的相对变动趋势来看，2012—2018 年沿海北部、中部、南部地区第一、二产业增加值占比均呈下降态势，第三产业增加值占比均呈上升态势。

（三）创新能力不均衡

作为新发展理念之一，创新是经济体更高质量、更具效率、更加公平发展的不竭动力。但是，沿海北部、中部、南部地区创新能力不均衡的问题突出：从专利申请数来看，沿海北部、中部、南部地区的专利申请数分别由 2012 年的 32.63 万件、80.47 万件、28.77 万件增加至 2018 年的 69.13 万件、120.61 万件、101.11 万件，沿海中部地区专利申请绝对数最高，但沿海南部地区专利申请数上升速度最快，在 2016 年成功反超沿海北部地区，且同沿海中部地区的差距持续缩小；从专利授权数来看，专利授权数由多到少依次为沿海中部、南部、北部地区，其中沿海南部地区的专利授权数 2012 年与沿海北部地区大致相当，但到 2018 年已基本接近沿海中部地区，同专利申请数的时空变化轨迹大体一致。通过对专利申请数与授权数的比较可以发现，沿海北部、南部地区创新能力相对较弱，是沿海地区打造创新型国家前沿地带征程中必须克服的短板。

沿海三地区创新能力不均衡主要源于创新要素投入、创新平台建设两方面因素。作为专利研发活动的资金来源，企业创新资本投入是造成地区间创新能力差异的直接原因。统计表明，沿海中部地区 2012—2018 年规模以上工业企业 R&D 经费支出总额分别为沿海北部、南部地区的 1.20 倍、1.40 倍，同期 R&D 人员总数也分别达到沿海北部、南部地区的 1.49 倍、1.38 倍。沿海中部地区创新要素丰裕程度最高，为培育创新企业核心竞争力提供了坚实的物质保障，与专利申请数与授权数的情况相吻合。创新活动的顺利开展还离不开创新示范区的协同配合。2018 年，沿海中部地区拥有 4 个国家级自主创新示范区、28 个国家级高新区、34 个国家级大学科技园，仅江苏一地上述三类创新示范区的数量就分别达到 1 个、18个、15 个，更能促进创新成果的高质量转化。虽然沿海北部、南部地区同样拥有创新示范区，但却主要集中于京津雄、粤港澳一带，并未形成全域联动的网络化空间格局，创新要素的集聚外部性远不如沿海中部地区。

（四）对外开放水平存在差异

深化对外开放是高质量整合国内国际两个市场的有效途径。作为中国进出口贸易的最大集散地，沿海地区正日益成为全球产业价值链中的枢纽。"十四五"时期，为进一步夯实沿海地区在开放格局中的排头兵地位，必须直面沿海地区在进出口贸易、"引进来"与"走出去"三方面的发展失调问题，规避错综复杂的国际宏观环境所带来的不确定性。2012 年以来，在全球经济缓慢复苏的后金融危机时代，沿海北部、中部、南部地区进出口贸易总额呈现上升—下降—上升的变化轨迹，但总体保持上扬态势，2018 年的进出口贸易总额比 2012 年分别增加了 7.79%、24.29%、13.78%。相较而言，沿海中部、南部地区进出口贸易总额在绝对数量上拥有一定的优势，沿海北部地区相对滞后。沿海三地区进出口贸易总额的扩张离不开经济特区、开放城市、经济开发区的支撑。为巩固沿海地区开放型经济的先导地位，沿海自由贸易区试点于 2013 年正式拉开帷幕。依靠 20 世纪 90 年代以来积累的对外开放优势，沿海中部地区充分发挥"一带一路"交汇点的交通区位优势，于 2013 年 9 月在上海获批设立了中国首个自由贸易区，通过进出口产品结构的高级化培育外贸竞争优势，使得进出口贸易总额高于沿海北部、南部地区。2015年起，沿海北部、中部、南部的其他省（区、市）纷纷效仿，广东、天津、福建、辽宁、浙江、海南、山东、江苏、广西、河北、北京[①]分四批次获批设立自由贸易区。总体上看，沿海中部、南部地区自由贸易区建设起步早、试点范围广，高附加值产品的跨国贸易力度大于沿海北部地区，因而沿海北部地区的进出口贸易总额相对较低。

三、新时代沿海地区加快实现现代化的路径

作为国民经济增长的压舱石，沿海地区在产业实力、创新能力、对外开放、绿色发展、共享互惠等方面具有先导作用，是构建区域高质量发展新格局的战略支点。根据高质量发展的逻辑原点与逻辑主线，在把握沿海地区高质量发展现状、特征、突出问题的同时，为充分发挥沿海地区的引领作用，应以区域协调发展为导向，借京津冀协同发展、长三角一体化发展、粤港澳大湾区建设的东风，努力缩小沿海北部、中部、南部地区在高质量发展背景下的差距，有针对性地从产业实力、创新能力、对外开放、绿色发展、共享互惠五大领域入手，在保证沿海地区经济中高速增长的同时助力高质量发展。唯有以新时代"两步走"战略为驱动，才能通过沿海地区高质量发展带动内陆地区高质量发展，最终实现整个国家的高质量发展，提升新常态下人民的满足感、获得感。

（一）提升产业核心竞争力

提升产业核心竞争力是国民经济由高速增长向高质量发展过渡的重要

---

① 河北自由贸易区大兴机场片区包括北京9.97平方公里的面积，因此北京也享受到了自由贸易区的政策红利。

一环。凭借便利的交通区位、广阔的消费市场、充分的政策支持，沿海地区的产业全要素生产率水平在全国处于领先地位。站在高质量发展的历史转折点，为提升产业核心竞争力，沿海地区应做好以下两项工作：

首先，以高端制造业与现代服务业为双轮，共同驱动高质量发展。一方面，沿海北部、中部、南部地区分布有京津唐、长三角、粤港澳三大制造业基地，是夯实沿海地区国家制造业中心地位的主要抓手。三大制造业基地都应积极运用先进技术，不断创新管理模式，大力发展以集成电路、第五代移动通信、飞机发动机、新能源汽车、新材料为代表的高端制造业，并将其定位为提升全要素生产率的支柱产业。对尚处于制造业高质量转型关键时点的沿海北部、南部地区而言，在持续增加人力资本、知识技术等优质生产要素投入的同时，还需要携手沿海中部地区构筑高端制造业发展的互补机制，克服制造业全要素生产率不高的突出问题，最终巩固沿海地区国家制造业中心的地位。另一方面，随着新一轮科学技术革命浪潮的兴起，沿海地区服务业增加值占比已超过制造业，成为高质量发展的拉力。有鉴于此，沿海北部、中部、南部地区都要坚持生产性服务业与生活性服务业并重，重点扶持以金融、现代物流、信息网络为代表的生产性服务业，以文化旅游、商业贸易、居家养老为代表的生活性服务业，形成完备高效的现代服务业体系。沿海地区还要充分发挥信息技术高地的区位优势，引导高端制造业与现代服务业跨界融合，协同提高区域全要素生产率，发挥对高质量发展的正外部性。

其次，有序引导制造业梯度转移，重塑生产力空间布局。作为助推生产力重组的有效途径，制造业梯度转移将通过化解要素与产业的空间错配破除优化全要素生产率面临的障碍，从而释放各地区的竞争优势，共同朝着高质量发展的方向进军。在区域产业实力不平衡的现实情况下，各地区适合发展的主导产业不尽相同，这成为制造业跨区域梯度转移的现实基础。就京津唐、长三角、粤港澳三大沿海综合性国家制造业中心来说，新型钢铁、精细化工、电子信息等技术密集型产业已成为高质量发展时代的战略重心，以纺织、服装为代表的劳动密集型产业的优势不再，应当通过产业转移示范区建设，积极引导沿海北部、中部、南部地区达到环境质量标准的相关产业分别沿着"南下""西进""北上"的路径向内陆地区迁移，谨防制造业向海外过度流失，以助力高质量发展。在沿海三地区中，沿海北部、南部地区传统制造业的比重高于沿海中部地区，是顺利推进制造业梯度转移的决胜点，需要针对性更强、优惠力度更大的规划性文件作为保障，谨防出现木桶效应，从而持续提升全要素生产率。

（二）激发创新活力

在高质量发展的时代背景下，创新是新旧动能转换的不竭动力。与雄厚的经济实力相一致，沿海地区创新能力较强，是健全区域联动创新体系的突破口。为进一步强化创新对高质量发展的带动作用，需要发挥创新要素与创新平台对激发创新活力的支撑作用。从微观层面看，要充分尊重企业的创新主体地位，加快产学研一体化进程。相比高校与科研院所，企业具有响应市场需求进行创新的优势，能够将创新要素转化为可投入实际应用的专利成果。2018 年中国企业创新能力排行榜显示，近 90％的百强创新企业聚集于沿海地区，是激发沿海地区创新活力的微观主体。为此，要积极构建以企业为主体的创新机制，通过税收减免、加速折旧、盈亏相抵、延期纳税、信贷支持等优惠措施，为创新企业提供丰富的资金、人才要素支撑，催化创新成果在生产实践中的转化应用，使创新企业永葆核心竞争力。在沿海三地区中，沿海中部地区创新企业的集中度要高于沿海北部、南部地区，正外部性更强。要真正补齐沿海地区创新能力不均衡的短板，就应将丰裕的资金、优质的人才配置到沿海北部、南部地区的骨干企业中去，让更多企业迸发出跻身百强创新企业的潜能，形成沿海三地创新企业"你追我赶"的良性竞合局面。创新不能仅仅依靠企业自身，还需要同高校及科研院所建立联动机制，以国家级大学科技园为载体，通过产学研一体化带动高质量发展。

（三）发展高水平开放型经济

当前，世界面临百年未有之大变局，变局中危和机同生并存。在此背景下，为完成由高速增长向高质量发展的升级，必须保证经济体在面对外部冲击时具有较强的抵御力和恢复力。沿海地区是对外开放的窗口，经济外向度高，在中美贸易摩擦频仍的背景下，为降低高质量发展面临的不确定性，应从高水平对外开放中挖掘经济增长的潜力，以更强的经济韧性防范可能发生的系统性风险。要调整进出口贸易结构，攀升至国际分工价值链中高端。作为对外开放的第一线，沿海地区在改革开放之初充分发挥劳动力成本优势，重点发展以中低端产品为主的加工贸易，成为世界工厂，这一时期进出口贸易主要通过总量扩张带动经济社会发展。21世纪以来，在劳动力供给减少、土地价格上涨等多重约束下，传统加工贸易的优势不再。在高质量发展的全新历史时期，沿海北部、中部、南部地区在发挥要素禀赋优势的同时，都应继续将积极有为的自主创新作为第一要务，并借"一带一路"的东风，加速移动互联网、新能源汽车、大型飞机、超级计算机等高附加值产品进军国际市场的步伐，通过科技创新带动企业核心竞争力提升，刺激进出口贸易总额持续增长，努力占领微笑曲线两端，开拓高质量发展的新格局。

（四）深化生态文明建设

要建成资源节约型、环境友好型社会，就必须以高质量发展助推生态文明建设。沿海地区需将"绿水青山就是金山银山"的理念落实到生产生活实践中，在集约利用资源要素的同时，减少对生态环境的破坏。第一，注重循环生产，从供给侧高质量推进生态文明建设。一方面，对于钢铁、化工、建材、冶金等资本密集型产业部门而言，可通过就地绿色技术改造，释放环境规制的波特假说效应，继而更好地构建沿海优化开发区、重点开发区，巩固沿海地区绿色发展示范窗口的地位。另一方面，对于纺织、服装等劳动密集型产业门类来说，跨区域梯度转移是关键。在此过程中，需同国家主体功能区战略相对接，遵守《产业发展与转移指导目录（2018 年本）》等政策性文件的相关规定，合理圈定各省（区、市）转入与转出产业的主要门类，坚决避免高污染、高耗能行业由沿海地区向内陆地区的限制开发区、禁止开发区转移，坚决防止内陆地区沦为污染避难所。第二，倡导绿色生活，提高社会公众对生态环境治理的参与度。随着沿海地区居民物质生活的极大丰富，其对优质生态环境的支付意愿也不断增强。为此，要发挥社区团体、公共媒介在宣传绿色生活方式方面的重要作用，培养民众的环保责任意识与绿色消费习惯，倒逼社会生产模式高质量转型升级，巩固主体功能区的建设成果。

（五）增进共享互惠

坚持共享发展是社会公平正义的集中体现，与中国特色社会主义的制度特征高度契合。在扎实推进共同富裕的新征程中沿海地区需提升高质量发展的普惠性，达成"七有"目标，为内陆地区积累有益经验。首先，加大基本公共服务高质量供给的力度，实现"幼有所育、学有所教、劳有所得、病有所医、老有所养、住有所居"。扩大基本公共服务供给以满足人民对美好生活的多维诉求是一项系统性工程。其次，着力推动基本公共服务高质量均等化，维护社会公平正义，做到"弱有所扶"。在将基本公共服务的"蛋糕"做大的同时，将基本公共服务的"蛋糕"分好也是沿海北部、中部、南部地区共同面临的关键议题。均等化并不意味着基本公共服务的绝对平均分配。一般而言，可支配收入相对较低的群体往往更需依靠优质的基本公共服务提升生活质量。因此，沿海地区在扩大基本公共服务供给时，要注重向此类群体倾斜。特别需要指出，沿海地区作为人口净流入地，外来务工人员的收入水平整体低于本地人口，因此在满足户籍人口日常生活需要的同时，还要确保外来人口也能享受到同等福利。

第五节
支持特殊类型地区发展

一、特殊类型地区

党的十九大报告指出，中国特色社会主义进入新时代，我国社会主要矛盾已经转化为人民日益增长的美好生活需要和不平衡不充分的发展之间的矛盾，并要求深入实施区域协调发展战略，加大力度支持革命老区、民族地区、边疆地区、贫困地区加快发展。

（一）革命老区政策出台背景和实施内容

中国革命老根据地简称革命老区，是指土地革命战争时期和抗日战争时期，在中国共产党和毛泽东等老一辈无产阶级革命家领导下创建的革命根据地。它分布全国除新疆、青海、西藏和港澳台以外的 28 个省、自治区、直辖市的 1 300 多个县（市、区）。十九大报告指出"加大力度支持革命老区、民族地区、边疆地区、贫困地区加快发展"，充分体现了党中央对革命老区发展的高度重视。革命老区是中国农村地理环境最恶劣、为中国革命牺牲贡献最大、经济社会发展最落后之区域。有些革命老区虽然处于发达省份，但在人均收入、经济社会发展基础等多个方面的困难程度甚至相比西部的落后地区有过之而无不及。

2015 年 2 月习近平总书记主持召开陕甘宁革命老区脱贫致富座谈会，对支持革命老区的经济发展提出了五点要求："一是加大投入支持力度，采取更加倾斜的政策，加大对老区发展的支持，增加扶贫开发的财政资金投入和项目布局，鼓励引导社会资金投向老区建设，形成支持老区发展的强大社会合力。二是加快社会事业发展，重点是发展教育、医疗卫生、公共文化、社会保障等事业，实现基本公共服务对老区城乡居民全覆盖，深入推进老区新农村建设，加强农村环境卫生和住房建设。三是加大产业培育扶持力度，国家大型项目、重点工程、新兴产业，在符合条件前提下，要优先向老区安排；发达地区劳动密集型产业转移，要优先向老区引导；国家建设用地指标，要优先满足老区小城镇产业聚集区建设用地需要。四是积极落实改革举措，认真贯彻中央改革决策部署，针对制约本地经济社会发展的突出矛盾和问题，自觉向改革找突破、要效益，不断解放和发展社会生产力，不断促进社会公平正义。五是夯实管党治党基础，特别要有一个覆盖全面、功能健全的基层党组织体系，有一支素质较好、作用突出的党员、干部队伍，有一套便利管用、约束力强的制度机制，有一个正气弘扬、歪风邪气没有市场的政治生态。要选好配强农村基层党组织领导班子，团结带领农民群众脱贫致富奔小康。"①

革命老区是新中国的摇篮，由于自然、历史等多重因素影响，一些革命老区发展相对滞后、基础设施薄弱、人民生活水平不高的问题仍然比较突出，饮水思源，勿忘革命老区地位特殊，革命老区人民为中华民族解放和新中国的建立做出了巨大牺牲和不可磨灭的贡献，在新形势下加快革命老区振兴，具有重大的历史意义和现实意义。要加大政策支持和资金投入力度，扎实推进各项任务落实，不断深化改革、扩大开放，加快推进革命老区发展，充分发挥区域比较优势，增强革命老区自我发展能力；要加强区域经济联系，促进产业合理分工，提升经济发展质量和国家整体竞争优势；大力发扬革命传统、弘扬延安精神，为经济社会发展提供强大精神动力。推动革命老区发展有利于缩小区域发展差距，促进区域协调发展，实现全面建设小康社会目标。

革命老区优先发展战略突出了红色政权性质，体现了社会主义制度的优越性。实施革命老区优先发展战略，政策措施优先向革命老区倾斜，高度重视革命老区的建设发展，体现了对革命老区和革命老区人民群众的深

---

① 习近平主持召开陕甘宁革命老区脱贫致富座谈会侧记.（2015-02-16）[2021-03-29].
www.gov.cn/xinwen/2015-02/16/content_2820286.htm.

厚情谊，体现了对革命老区加快发展、革命老区人民过上更加美好幸福生活的深度关切，是推进革命老区建设发展的根本指导思想。

表6-7列出了已有的支持革命老区优先发展的政策。这些政策的特点是，按照经济社会发展的客观规律，对革命老区进行连片、系统的开发和建设，对革命老区实施重点投入建设规划。革命老区优先发展战略实施政策的密集出台，展现了党中央、国务院对革命老区发展的高度重视，体现了社会主义制度的优越性。但是目前还没有形成针对革命老区的全国性发展战略，在未来条件成熟的情况下可能会推出全国性的革命老区发展战略规划。已有的革命老区发展规划从实际出发，与国家和省级发展规划、发展战略相衔接，符合主体功能区规划的要求，尊重革命老区人民意愿，体现革命老区特色，涵盖人力资源开发、基础设施建设、支柱和特色产业培育、社会事业发展、生态环境保护、民生改善和社会保障建设等方面。

表6-7　新时代支持革命老区发展政策一览表

发布主体	时间	文件名称	主要内容
国家发展改革委	2012年3月	《陕甘宁革命老区振兴规划（2012—2020年)》	以原西北革命根据地为核心，综合考虑区域经济社会联系和协调发展要求，为陕甘宁革命老区全面振兴注入活力，努力推动革命老区实现振兴，使革命老区走出一条生态环境良好、能源资源集约开发、人民生活富裕的科学发展之路
国家发展改革委	2015年3月	《左右江革命老区振兴规划（2015—2025年)》	弘扬革命老区精神，立足革命老区比较优势，突出体制机制创新，支持在交通、产业、金融、扶贫、生态、国土开发与保护等领域深化改革，进一步扩大开放，为全国革命老区振兴提供可复制、可推广的发展模式

续表

发布主体	时间	文件名称	主要内容
国家发展改革委	2015 年 6 月	《大别山革命老区振兴发展规划》	弘扬革命老区精神，奋力攻坚克难，努力把大别山革命老区建设成为欠发达地区科学发展示范区、全国重要的粮食和特色农产品生产加工基地、长江和淮河中下游地区重要的生态安全屏障、全国重要的旅游目的地
中共中央办公厅、国务院办公厅	2015 年 12 月	《关于加大脱贫攻坚力度支持革命老区开发建设的指导意见》	把贫困革命老区作为革命老区开发建设的重中之重，充分发挥政治优势和制度优势，以支持贫困革命老区为重点，全面加快革命老区小康建设进程。对革命老区予以重点支持，积极谋划一批交通、水利、能源等重大工程项目，优先纳入相关专项规划
国家发展改革委	2016 年 7 月	《川陕革命老区振兴发展规划》	弘扬革命老区精神，把川陕革命老区建设成为区域开发与精准扶贫协同推进示范区，丝绸之路经济带和长江经济带的重要通道，清洁能源、特色农产品加工基地和军民融合产业示范基地，红色文化传承区和生态旅游目的地，以及秦巴山生态文明先行先试区
广东省发展改革委	2018 年 9 月	《海陆丰革命老区振兴发展规划》	以改变革命老区落后面貌和提高革命老区人民生活水平为目标，着力补齐基础设施短板，着力推动产业转型升级；明确了海陆丰革命老区振兴发展的八大任务，提出了含金量较大的支持海陆丰革命老区振兴发展的具体政策

资料来源：根据相关政府文件整理。

　　革命老区的劣势在地理生态，优势在红色资源，要围绕打造全国重要的红色旅游胜地，积极开发红色旅游资源，突出抓好重点景区建设，推动红色旅游产业快速发展。基于自身的禀赋优势，这些革命老区发展战略规划的目的在于实现革命老区发展的科学化、法治化、规范化、制度化，促进革命老区可持续发展。

（二）民族地区和边疆地区

党的十九大报告提出"全面贯彻党的民族政策，深化民族团结进步教育，铸牢中华民族共同体意识，加强各民族交往交流交融，促进各民族像石榴籽一样紧紧抱在一起，共同团结奋斗、共同繁荣发展"。我国是统一的多民族国家，共有 55 个少数民族、155 个民族自治地区，根据第七次全国人口普查结果，截至 2020 年，少数民族人口占全国总人口的 8.89％，民族自治地区的面积占全国国土总面积的 64％。

中国陆地边界长约 2.28 万公里，跨越 9 个省区（辽宁、吉林、黑龙江、内蒙古、甘肃、新疆、西藏、云南、广西），与 14 个国家接壤，绝大多数的少数民族世代居住于此，是集偏远山区、民族地区和贫困地区于一体的特殊地带。中国绝大多数的高原山地和沙漠戈壁也集中于此。恶劣的自然条件、险峻的地理地貌严重制约了生产方式的更迭，延缓了现代化进程，成为发展的障碍。囿于自然环境、资源禀赋及区位条件等方面的差异，传统的非均衡的区域发展模式长期占据主导地位，国内大量的生产要素例如政策资本、物质资本及人力资本迅速流入东部沿海地区，东部沿海地区迅速发展成为中国经济腾飞的重要引擎。而内陆腹地的民族地区长期处于经济发展的外围。区域发展的不平衡、不协调状态并没有从根本上得到改变。据国家民族事务委员会统计，2015 年，民族自治地区生产总值仅占全国生产总值的 9.71％，人均生产总值为 35 181 元，远低于全国 50 251 元的平均水平。

民族地区协调各方面关系、承受各种风险、化解社会矛盾的压力呈现加大趋势，面临发展经济和保护环境双重责任、加快发展和维护团结稳定双重压力。随着"一带一路"建设加快推进，区域协调有序发展，国家对民族地区、边疆地区全方位扶持力度不断加大，少数民族和民族地区面临难得的发展机遇。

民族地区大都以"大杂居、小聚居"的形式落户于边疆或偏远高寒山区，民族地区还肩负着维护边疆安全、保护民族文化、反分裂等公共事务。民族地区和边疆地区应在国家沿边开放战略指引下，紧紧把握"一带一路"倡议的政策红利，结合扩大沿边开放的实际需要，以"政策沟通、设施联通、贸易畅通、资金融通、民心相通"为任务，加快发展沿边开放经济。

表 6-8 列出了新时代党中央、国务院支持民族地区和边疆地区发展的一系列政策，民族地区和边疆地区工作是围绕着广大人民群众脱贫致富展开的，重点是维护民族地区和边疆地区安定团结，不断改善人民群众生活。这些政策以扶贫作为工作的重点，充分显示了中国特色社会主义的优势和新时代国家治理的特征。据国家民族事务委员会统计，2016 年，民族地区 8 省区①共计 402 万农村贫困人口实现脱贫，贫困人口总数从 2015 年年底的 1 813 万人下降到 1 411 万人。民族地区的地区生产总值由 2000 年的 8 702.09 亿元提高至 2015 年的 74 736.5 亿元，民族地区和边疆地区经济发展取得了长足进步，贫困人口大幅下降。

表 6-8 新时代民族地区和边疆地区发展政策一览表

发布主体	时间	文件名称	主要内容
中共中央、国务院	2005 年 5 月	《中共中央国务院关于进一步加强民族工作加快少数民族和民族地区经济社会发展的决定》	支持民族地区基础设施建设、经济结构调整，加大对民族地区的财政投入和金融支持，突出解决少数民族群众的贫困问题，大力推进兴边富民行动，加强民族地区人才资源开发和少数民族干部队伍建设

① 指辽宁、吉林、黑龙江、内蒙古、新疆、西藏、云南、广西。

续表

发布主体	时间	文件名称	主要内容
中共中央、国务院	2014 年 12 月	《中共中央国务院关于加强和改进新形势下民族工作的意见》	明确民族地区经济社会发展基本思路，紧紧围绕全面建成小康社会目标，深入实施西部大开发战略，以提高基本公共服务水平、改善民生为首要任务，以扶贫攻坚为重点，以教育、就业、产业结构调整、基础设施建设和生态环境保护为着力点，以促进市场要素流动与加强各民族交往交流交融相贯通为途径，把发展落实到解决区域性共同问题、增进群众福祉、促进民族团结上，推动各民族和睦相处、和衷共济、和谐发展，走出一条具有中国特色、民族地区特点的科学发展路子
中共中央、国务院	2015 年 5 月	《中共中央国务院关于构建开放型经济新体制的若干意见》	推动东西双向开放，促进基础设施互联互通，扩大沿边开发开放，形成全方位开放新格局。将沿边重点开发开放试验区、边境经济合作区建成为我国与周边国家合作的重要平台，加快沿边开放步伐
国务院	2015 年 12 月	《国务院关于支持沿边重点地区开发开放若干政策措施的意见》	深入推进兴边富民行动，实现稳边安边兴边，提高贸易和投资便利化水平，推进人员往来便利化，促进运输便利化，完善边民互市贸易
国务院	2016 年 12 月	《"十三五"促进民族地区和人口较少民族发展规划》	阐明国家支持少数民族和民族地区发展、加强民族工作的总体目标、主要任务和重大举措，确保少数民族地区如期实现脱贫目标，分类推进特殊贫困地区发展，补齐少数民族和民族地区发展短板，保障少数民族合法权益，提升各族人民福祉

资料来源：根据相关政府文件整理。

民族地区和边疆地区各方利益关系复杂，协调各方面关系、承受各种风险、化解社会矛盾的压力呈现加大趋势。民族地区和边疆地区承担着维护国家安全、实现国家长治久安的政治任务，在民族地区和边疆地区执行"团结第一，工作第二"的方针政策，经济社会发展服务于国家民族安定团结的政治大局，因此经济发展的条件不如东部发达地区成熟。民族地区与其他地区的发展差距逐渐扩大。民族地区工业化和城镇化水平低，目前的产业结构仍然处于很低的水平。2015年，与全国平均水平相比，民族地区对农业的依存度很高，达到了13.4%。民族地区和边疆地区的新产业培育是一项长期而艰巨的任务。民族地区和边疆地区是我国深度贫困的集中地带，其自我发展能力很弱，贫困程度深，贫困发生率高，缺乏全面脱贫的内生机制。截至2020年，在现行标准下，我国实现了全面脱贫，对于民族地区和边疆地区而言，由于其基础薄弱，防范返贫和实现长效脱贫是未来工作的重中之重。因此，民族地区和边疆地区要实现和全国同步发展的目标，必须依赖党中央和国务院的战略扶持，支持其优先发展。

（三）相对落后地区

相对落后地区地理位置偏僻，远离市场，居民家庭结构老龄化、人力资本低，长期以来的非平衡增长战略并未实现所有地区、人群获得均等的发展红利，仍有相当一部分低收入群体未能分享经济增长的成果。2020年，全国扶贫工作取得全面胜利，绝对贫困得以消除，但脱贫地区的社会经济发展水平仍然相对落后。根据中央要求，"十四五"时期需巩固脱贫成果，进一步促进这些地区的发展。在中国共产党第十九届中央委员会第五次全体会议上，中央做出了实现巩固拓展脱贫攻坚成果同乡村振兴有效衔接的战略部署。脱贫攻坚与乡村振兴都是国家为实现"两个一百年"奋斗目标而制定的重大战略，将巩固拓展扶贫成果与乡村振兴战略在"十四五"期间平稳有效地衔接，对实现"两个一百年"奋斗目标有着重大的战略意义。

2021年2月25日，习近平总书记在人民大会堂庄严宣告："经过全党全国各族人民共同努力，在迎来中国共产党成立一百周年的重要时刻，我国脱贫攻坚战取得了全面胜利，现行标准下 9 899 万农村贫困人口全部脱贫，832 个贫困县全部摘帽，12.8 万个贫困村全部出列，区域性整体贫困得到解决，完成了消除绝对贫困的艰巨任务。"

乡村振兴是十九大提出的一项重大战略，在脱贫攻坚取得胜利，国家进入建设社会主义现代化的新发展阶段后，工作重心就转入了全面实施乡村振兴战略的时期。乡村振兴战略的总体要求是产业兴旺、生态宜居、乡风文明、治理有效、生活富裕。乡村振兴战略的实施分"三步走"：到2020 年，乡村振兴取得重要进展，制度框架和政策体系基本形成；到2035 年，乡村振兴取得决定性进展，农业农村现代化基本上实现；到2050 年，乡村全面振兴，农业强、农业美、农业富全面实现。目前我们已经进入第二个阶段。当前实施乡村振兴战略的具体途径是：第一，产业振兴。产业振兴是全面振兴乡村的一大重点，培育好产业对于提高乡村自身的"造血"能力十分关键；产业振兴更是全面振兴乡村的大难点，主要是因为我国第一产业基础薄弱，农户生产单位小且散，难以形成系统的现代第一产业发展体系。第二，人才振兴。人才振兴是全面振兴乡村的关键点，每年愿意扎根农业农村的高校毕业人才不多，根源还是在于城乡差距较大。脱贫攻坚工作中选派驻村人员和驻村工作队的政策举措要继续实施，重点鼓励新型年轻干部驻村，为乡村注入新活力。第三，生态振兴。和城市相比，良好的生态环境应该是农村的绝对优势，把握运用好这一绝对优势对于促进城乡均衡发展非常关键。第四，文化振兴。文化振兴是全面振兴乡村的重要精神支撑，在充实农民的口袋的同时，还要丰富农民的脑袋。目前在农村类似高额结婚彩礼这样的不良习俗还普遍存在，要提高农民的文化素质，逐渐杜绝不良风气的蔓延。第五，组织振兴。组织振兴是全面振兴乡村的重要保障，建设好乡村基层干部组织，为开展乡村全面振兴工作提供智力支持和人力支持。

以消除绝对贫困为主要目标的脱贫攻坚时期已经结束，用乡村振兴全面覆盖脱贫攻坚，作为增加低收入人口收入、缓解相对贫困问题的基本战略和主要途径，伴随国家乡村振兴局的挂牌，已经正式确立。要实现巩固拓展脱贫攻坚成果与乡村振兴有效衔接，需要把握好"巩固、拓展"两个关键词的内涵。巩固脱贫攻坚成果的内涵，一方面是确保已脱贫但易返贫人口、易致贫人口（边缘人口）收入的稳定性，另一方面是对低收入人口和低收入地区持续实施一系列帮扶政策。所以，从"精准扶贫"过渡到乡村振兴，首先是帮扶对象的拓展，从原来的特定的个人向农村低收入群体拓展，惠及对象将进一步扩大；其次是贫困标准的拓展，在延续脱贫攻坚期间贫困标准的前提下，考虑多维贫困标准，如纳入收入/消费、受教育机会、医疗卫生以及水电等基本服务指标，低收入人口的标准要逐渐与2025年后的相对贫困标准靠近；再次是组织机构的调整、政策体系设计，要从国家实现现代化的要求出发，以建立反贫困的长效机制为主要目标，在扶持区域和扶持力度等方面都做出调整。

从国家角度看，在绝对贫困已经消除，相对贫困问题逐渐成为主要贫困问题之后，乡村振兴战略的基本出发点已经向实现共同富裕的伟大目标转变。共同富裕，从区域上看，就是把全国分为相对发达地区和相对落后地区，重点帮扶相对落后地区解决发展问题；从人口上看，即按照全国人口收入来分组，重点解决那些年收入在全国农村居民平均收入中位数60%以下的人口的收入问题。从国土空间角度看，乡村振兴战略是面向全国各类乡村的发展战略。全国乡村的特点不一，东部地区富裕的农村已经开始向"农村城镇化"的现代化目标前进，中部地区的农村在摆脱绝对贫困之后，"农村工业化"和"农业产业化"的发展方向十分明确；东北地区的农村正在向粮食基地方向发展；西部地区的农村面积广大，人口众多，自然条件复杂多样，因此"因地制宜"仍然是最基本的选择。所以，"相对落后地区"的划定，我们认为原则上应当限定在西部地区。从人口发展角度看，乡村振兴战略是面向全国乡村居民同时需要全国相关机构组织和市场主体参与的战略。当前，按照农民收入来分组，乡村人口可分为低收入人口和其他类型人口，这两类人口的扶助办法也存在不同。将低收入人口纳入乡村振兴战略的扶持范围是十分必要的。需要关注的是，乡村振兴是面向农村地区全体人民的，要防止出现"精英捕获"现象，导致低收入人口增收困难。实际上，我们面临着一个资源分配的两难的现实：扶助精力面向乡村的"精英群体"自然更容易产生效果，集中优势资源面向更容易出效果出成绩的乡村，有利于形成示范效应，发挥带动作用，但是相对落后地区和低收入人口很容易被忽略，收入增加缓慢，甚至会出现返贫。这是我们需要认真处理的一个难题。

乡村振兴战略的具体数字目标都不是针对单个乡村或居民个体提出的，而是针对全国乡村整体提出的。从理论上讲，相对贫困是一个将永远存在的问题，因为无论低收入人口的标准如何划定，本质上都是旨在解决发展差距问题，实现共同富裕。从现实情况来看，在新的区域标准出台之前，如果我们仍然以脱贫攻坚战当中摘帽的贫困县覆盖的区域作为相对落后地区，则 2013—2019 年我国相对落后地区农村人均可支配收入从 6 079 元增加到了 11 567 元，占全国农村人均收入平均水平的比例由 64.5%

增长至 72.2%，仍然处于全国相对较低水平。同时，我们也发现这中间的绝对差距扩大了：2013—2019 年相对落后地区农村人均可支配收入与全国平均水平的绝对差距由 3 351 元上升至 4 454 元。因而，建立长效工作机制就成为解决低收入人口收入问题的必然要求。

二、特殊区域开发难点

特殊类型地区往往面临着恶劣的自然条件、薄弱的经济条件和不利的社会条件，这些客观条件都是特殊类型地区长期陷于贫困的原因。地形条件限制、生态环境恶劣、地理位置偏远、经济基础薄弱、基础设施和基本公共服务欠缺、政策支持匮乏、人力资本缺乏等因素构成了特殊类型地区发展的重大障碍。多种不利条件叠加导致特殊类型地区经济发展动力不足。从整体来看，特殊类型地区的开发主要存在以下难点。

第一，基础设施和基本公共服务不完善。基础设施缺乏和基本公共服务不完善，成为制约特殊类型地区经济发展与脱贫攻坚的瓶颈。特殊类型地区大多交通闭塞，缺乏交通运输通道与运输网络，这些地区水利、电力、网络信息、物流等基础设施缺乏，卫生、教育、文化等公共服务设施落后，社会保障和公共服务水平亟待提升。

第二，产业基础薄弱，缺乏特色。产业是一个地区实现"内生性"增长的关键，特殊类型地区经济发展相对滞后，产业基础薄弱，缺乏主导和特色产业，产业层次低，大多数地区以农业生产或畜牧养殖为主，未充分发挥本地的比较优势。另外，特殊类型地区远离市场，资源开发程度不高，很难吸引企业入驻。这些发展劣势造成了农户收入单一、不稳定，地区内生发展动力不足。

第三，产业扶贫模式单一，创新不足。过去的产业扶贫政策大多是同质化的经济增长政策，在一定时期取得了明显的效果，但是随着扶贫工作的推进，这种同质化的、单一的产业扶贫模式产生了诸多弊端。特殊类型地区地域面积广，地区间要素禀赋不同，自然条件和社会条件存在差异，如果采取"一刀切"的扶贫政策，运用同一种扶贫模式，则势必会降低减贫效率。

第四，扶贫对象易返贫，"造血"能力不足。特殊类型地区经济基础薄弱，农民增收渠道单一、收入水平低，加之基本公共服务不完善，部分已经脱贫的贫困人口因病返贫、因婚返贫、因学返贫等问题突出。另外，部分扶贫对象的参与度不高，思想观念落后，未形成脱贫的内生动力，政府的"输血"工作未转化为"造血"能力。

第五，地区肩负脱贫致富和安全稳定任务。部分老少边穷地区，特别是民族地区和边疆地区，由于历史和诸多现实问题，尤其是受国际环境变化的影响，除了要脱贫致富外，还肩负着守土戍边、安全稳定的职能。相对而言，这些地区的"精准扶贫"工作面临的困难更多。

三、特殊区域战略未来走向

第一，推进基础设施建设。推进基础设施建设是保障贫困地区群众生存权、发展权的基础和前提，也是特殊类型地区"精准扶贫"工作的重点任务，因此，应着力加强特殊类型地区交通、水利、能源、信息和物流等基础设施建设。首先，推进交通基础设施建设。建设交通基础设施是贫困地区实现脱贫的基础条件，"要想富，先修路"，特殊类型地区一方面要构建交通骨干通道，另一方面要通过"百万公里农村公路工程"硬化农村道路，改善贫困乡村生产生活条件，保障贫困地区交通外通内联。其次，提升水利设施保障能力。保障贫困地区居民吃水、用水，是关乎贫困人口生存发展的基本问题，特殊类型地区应加大对重大水利设施和小型水利工程的投入，提高水资源开发利用水平和饮水安全保障能力。再次，推动能源工程开发建设。应保障特殊类型地区供电服务全覆盖，建成结构合理、技术先进、安全可靠、智能高效的现代农村电网。另外，依托当地的优势资源，推动风电、水电等能源工程开发建设，走出"资源诅咒"。又次，加强信息和物流设施建设。信息网络和物流发展对于经济发展至关重要，特殊类型地区应着力推进"宽带乡村"示范工程建设，完善农村快递揽收配送网点，加大对贫困地区物流硬件和软件的投入力度，实现"工业品下乡"和"农产品进城"双向流通。最后，改善人居环境和社区服务体系。一是要对农村的危房进行改造，开展生活污水和垃圾处理等人居环境整治工作；二是加强贫困村基层公共服务设施建设，拓展学前教育、养老服务、殡葬服务等功能；三是依托"互联网＋"拓展综合信息服务功能，逐步构建线上线下相结合的农村社区服务新模式，实现农村社区公共服务多元化供给。

第二，培育特色优势产业。习近平总书记强调，"发展产业是实现脱贫的根本之策。要因地制宜，把培育产业作为推动脱贫攻坚的根本出路"。突出产业脱贫的"治本"作用，关键在于"因地制宜"，这就要求特殊类型地区充分利用当地的资源禀赋、充分发挥当地的比较优势。同时，特殊类型地区普遍存在产业基础薄弱、科技含量不高、资金投入不足等问题，要解决这些现实问题，就要求当地政府从实际出发，理清思路，制定因地制宜的产业发展规划，从观念、资金、技术等方面加强引导和支持，培育当地特色优势产业。

第三，创新产业扶贫模式。扶贫政策不能"一刀切"，需要多角度、多领域探讨扶贫模式。目前各省（区、市）出台和完善了"1＋N"扶贫政策举措，旅游扶贫、电商扶贫、光伏扶贫、生态扶贫、农林产业扶贫等成效明显。特殊类型地区应立足当地的优势资源，以市场为导向，充分发挥企业、专业合作社、干部、网商的积极作用，探索"龙头企业＋示范园＋贫困户""专业合作社＋基地＋贫困户""干部＋基地＋贫困户""网商＋服务站＋贫困户"等产业模式。未来，促进科技成果向贫困地区转移转化的"科技扶贫"也将发挥重要作用，以解决贫困地区产业发展和生态建设的关键技术问题。

第四，注重精神扶贫和社会参与。"精准扶贫"不能只是政府"一头热"，既需要扶贫对象开动脑筋、勤奋努力、积极谋出路，也需要广泛的社会参与。扶贫既要扶"志"，也要扶"智"，从思想观念上摒弃教条灌输，从致富手段上摆脱单纯的物质输送，通过创新、产业发展，激发扶贫对象的内生动力。扶贫的目的是让贫困对象获得基本的生活保障，依靠自身的努力走向富裕的生活，因此，扶贫政策应实现由向贫困人口"输血"到提升其"造血"能力的转变。另外，脱贫人口极易出现返贫现象，有待建立反贫困监测的动态机制，对脱贫人口进行动态追踪，扶贫政策的制定应将返贫现象纳入考虑范围，并强化贫困人口的脱贫基础。

第五，做好生态环境保护工作。"精准扶贫"问题并不是简单的经济问题，它还涉及生态、文化问题。特殊类型地区往往生态环境恶劣，自然资源紧张或是人口数量超过了自然环境所能承载的限度，造成人地关系紧张。对贫困地区的扶贫问题进行研究和探讨时，不能忽略生态环境和外部环境对贫困地区经济发展的影响。"既要绿水青山，也要金山银山"，贫困地区的减贫工作不能以牺牲生态环境为代价，应牢固树立保护生态环境的理念。对于资源贫乏、人地关系紧张的地区，可以考虑有序迁出部分人口，降低生态压力，对迁出人口可以给予一定生态补偿。也可开展退耕还林、退耕还草工程，加大生态环境保护修复力度。

第六，加强民族特色保护与产业兴边。在民族地区推进"精准扶贫"工作的过程中，应加强对文化的保护，在保护少数民族特色村镇的基础上，开展民族特色村寨和民族特色小镇建设，打造特色旅游品牌和旅游线路，带动少数民族传统手工艺发展和农民增收。对于部分边境地带或沿边地区守土戍边的乡镇，不宜开展异地搬迁扶贫，因此应着力加强这些地区的基础设施建设，实施产业兴边和民生安边工程，通过开展跨境旅游合作或完善边民补贴机制实现这些地区贫困人口的精准脱贫。

第六节
积极拓展海洋经济发展空间

海洋事业关系民族生存发展状态，关系国家兴衰安危。我国管辖海域面积约 300 万平方公里，海岸线长 1.8 万多公里，是一个典型的海洋大国，海洋事业的发展对我国的长远发展尤为重要。党中央和政府历来重视海洋的发展，毛泽东提出了建设"海上长城"和"海上铁路"的战略思想，邓小平提出了关于海军建设的一系列思想理论，进入 21 世纪以来我国制定了一系列海洋发展规划，党的十八大报告做出了建设海洋强国的战略部署，将海洋事业的发展上升到更高的战略层次。习近平高度重视海洋强国建设，多次到沿海省份考察，并发表了一系列有关海洋强国建设的重要讲话，对海洋经济发展、海洋生态保护、海洋科技创新、海洋权益维护、海洋制度建设等问题做出了指导，形成了较为完善的海洋强国战略思想体系。其中，海洋经济是建设海洋强国的重要支撑，海洋经济的发展具有重要的战略意义。第一，缓解陆地资源紧张状况，拓展国土开发空间。海洋蕴藏着丰富的生物、油气和矿产等资源，海洋经济的发展有助于掌握更多的资源和空间，增强在世界经济发展中的主导地位。第二，促进新兴产业发展，加快新旧动能转换，打造新的经济增长点。海洋战略性新兴产业正处于蓬勃发展阶段，与其他产业联系较为紧密，能够推动其他产业升级发展，海洋尖端科技的突破有利于新兴产业的形成，为经济发展注入新的活力。第三，推动形成全面开放新格局。海洋历来是我国对外交往的重要通道，"海上丝绸之路"的建设有助于推动与周边国家的交流合作。第四，维护国家海洋权益。海洋经济的发展有利于增强海洋意识，提高对深远海资源的开发利用水平，避免他国侵占我国海洋权益，并为海军建设提供坚实的经济支撑。

一、海洋经济的演变与发展

我国海洋经济的发展历史较为久远。早在春秋战国时期，齐国就通过渔盐之利充实本国经济资源，秦汉时期"海上丝绸之路"初步形成，唐宋时期对外交往频繁，丝绸、茶叶、瓷器经由"海上丝绸之路"大规模出口，推动我国的造船技术及航海技术达到世界领先水平，明朝郑和下西洋更是推动我国古代海洋事业走向顶峰。新中国成立后，海洋经济战略地位不断提升，海洋经济进入新的发展阶段。

（一）滞后发展时期（1949—1977 年）

毛泽东曾做出"长江要过，海军要建"的战略决策，组织开辟南北航线和台湾海峡航线，推动了海洋事业的初期发展。然而，此时对海洋的认识着眼于军事、政治层面，对经济层面关注较少，海洋经济意识薄弱。海洋产业发展滞缓，产业结构单一，海洋经济的发展以海洋渔业、海洋运输业为主，在"以粮为纲"思想的主导下，海洋捕捞业不顾资源制约，盲目进行海洋捕捞，导致渔业资源遭到严重破坏。海洋运输业规模较小，初期阶段拥有独立产权的运输船舶较少，对国外船舶的依赖性较强，此后又因中美关系恶化导致海洋交通运输需求萎缩，发展基本处于停滞状态，直到70 年代才开始有所恢复。

（二）探索发展时期（1978—2002 年）

改革开放推动了海洋经济各产业孕育发展，使得海洋产业门类更为齐全。海洋油气业开始由试生产进入规模化生产阶段，海洋生物医药、海水利用、海洋工程建筑、海洋电力、海水利用等海洋新兴产业开始涌现。对外开放规模的不断扩大，推动了海洋交通运输业和海洋旅游业等服务业蓬勃发展。为进一步加强对各类海洋经济活动的管理，提高海洋资源开发利用能力，我国出台了《中华人民共和国海域使用管理法》《中华人民共和国对外国籍船舶管理规则》《中华人民共和国对外合作开采海洋石油资源条例》《中华人民共和国盐业管理条例》等一系列法律法规。然而这一时期部分海洋产业对国外技术依赖性较强，对技术要求较高的海洋第二产业等发展较慢，且缺乏统一的海洋产业规划，各海洋产业独立发展，未能有效发挥产业间的协同促进作用。

（三）快速发展时期（2003—2011 年）

经过 20 余年的探索发展，我国的海洋产业体系逐步完善，海洋经济初具规模，海洋经济发展的条件日益完善，党和政府也逐渐意识到海洋经济对促进国民经济健康发展的重要意义。2003 年，国务院发布了《全国海洋经济发展规划纲要》，这是我国第一个指导海洋经济发展的纲领性文件，也标志着我国对海洋经济的认识开始突破传统的"资源观"，将海洋经济作为整体的经济系统看待。2008 年，国务院发布了《国家海洋事业发展规划纲要》，这是新中国成立以来首份海洋领域的总体规划。各沿海省份也相继出台了本地区的海洋经济发展规划，并推动将各省份的海洋经济规划上升为国家战略，国家先后批准了山东半岛蓝色经济区、浙江海洋经济发展示范区、广东海洋经济综合试验区和福建海峡蓝色经济试验区等试点地区的海洋区域经济规划。此外，为促进海洋经济的健康发展，我国围绕海洋环境保护、海洋科技、资源开发等方面出台了多个政策文件。

（四）转型发展时期（2012 年至今）

党的十八大报告提出要"提高海洋资源开发能力，发展海洋经济，保护海洋生态环境，坚决维护国家海洋权益，建设海洋强国"，这一重大战略部署将海洋经济提升到更高的战略层次。2013 年，习近平在主持中共中央政治局第八次集体学习时进一步强调，建设海洋强国是中国特色社会主义事业的重要组成部分，要进一步关心海洋、认识海洋、经略海洋。同年，习近平首次提出建设"21世纪海上丝绸之路"的战略决策，要求大力发展海洋经济。在经济发展新常态背景下，海洋经济发展的重要意义进一步凸显。党的十九大报告中提出要"坚持陆海统筹，加快建设海洋强国"，强调以陆海统筹的视角发展海洋经济，将区域规划的范围由陆地拓展至海洋。为推进海洋经济高质量发展，2018年我国批准设立了14个海洋经济发展示范区，深入实施创新驱动发展战略，推动试点地区打造成为全国海洋经济发展的重要增长极和建设海洋强国的重要功能平台。

二、中国海洋经济规模

（一）海洋经济规模及增速变动

海洋经济已进入稳定增长时期，对沿海地区经济的拉动作用不断增强。图6-12展示了2001—2019年我国海洋生产总值及其占沿海地区生产总值的比重变动情况。2012年之前是海洋经济的快速增长期，2003年到2011年海洋经济规模几乎翻了两番，按照不变价格计算的年均经济增速达18.21%。2012年之后，海洋经济转向高质量发展，海洋经济生产总值增速不断下降，逐渐从2012年的8.1%下降至2019年的6.4%。随着中西部地区经济增速不断提高，其对国内生产总值增长的贡献不断加大，2014年起海洋经济生产总值占国内生产总值的比重呈现出轻微下降趋势，由2014年的9.54%降至2019年的9.00%左右。然而，海洋经济对沿海地区的经济带动作用不断增强，2016年起海洋生产总值占沿海地区生产总值的比重呈稳步上升趋势，2019年占比达到17.13%，4年间上升了0.74个百分点。

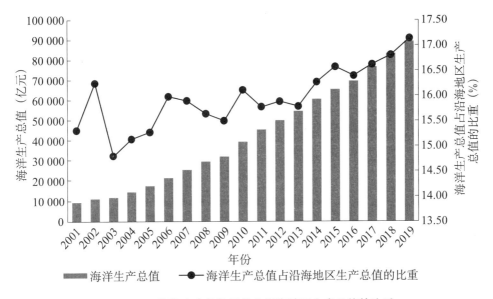

图 6-12 海洋生产总值及其占沿海地区生产总值的比重

资料来源：2001—2016 年数据来源于历年《中国海洋统计年鉴》，2017—2019 年数据来源于历年《中国海洋经济统计公报》。

（二）海洋经济产业结构

1. 海洋经济产业构成

产业结构不断优化，第三产业占据主导地位。我国海洋经济三次产业结构与陆域经济呈现完全不同的演进特征，海洋第二产业对科技水平要求较高，海洋工业体系的建立难度较大，因此海洋第二产业的发展相对较为滞后，只有在突破技术瓶颈之后，才能实现快速的发展。由图 6-13 可知，2001 年至 2005 年期间，第三产业占比略高于第二产业，初步呈现"三二一"的产业结构；2006 年开始，第二产业发展迅猛，与第三产业的差距不断缩小，一些年份甚至超过第三产业；2012 年之后，第二产业与第三产业均衡发展的格局被打破，第三产业得到迅速发展，与第二产业的差距逐渐

拉大，"三二一"的产业结构逐渐稳定。2019 年，三次产业占比分别为
4.2％、35.8％和 60.0％，第三产业高出第二产业 24.2 个百分点，第三产
业占据绝对主导地位。海洋产业结构调整工作成效显著，已经超前达到
《全国海洋经济发展"十三五"规划》中制定的海洋服务业增加值占海洋
产业比重超过 55％的发展目标。

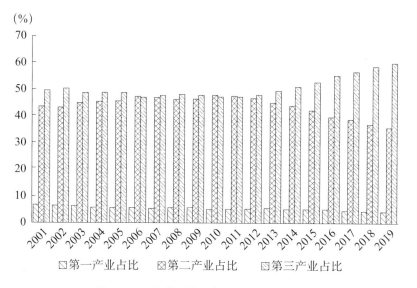

图 6-13　海洋经济三次产业生产总值占比

资料来源：2001—2016 年数据来源于历年《中国海洋统计年鉴》，2017—2019 年数据来源于历年
《中国海洋经济统计公报》。

滨海旅游业、海洋交通运输业和海洋渔业是海洋经济三大支柱产业。
表 6-9 展示了各主要海洋产业 2019 年占比和同比增速、2015—2019 年平
均占比和年均增速情况。从主要海洋产业的构成来看，2019 年三者占主要
海洋产业增加值的比重分别为 50.63％、17.99％和 13.20％，合计占比达
81.82％，其他各类海洋产业占比均不足 5％。其中，滨海旅游业规模最
大、增速最高，且增速呈逐年上升趋势，2015—2019 年年均增速达

11.83％，已经成为拉动海洋经济增长的主导产业。海洋交通运输业受国际贸易形势的影响，增速较以往明显下降，这也导致该产业占比逐年下降。海洋渔业是重要的传统海洋产业之一，受自然气候及资源影响波动较大，占比也呈逐年下降趋势，随着渔业资源的不断枯竭，未来增长空间较小。战略性新兴海洋产业保持高速增长。海洋电力业、海洋生物医药业均保持较高增长速度，2015—2019 年年均增速均在 10％以上，海水利用业增速相对较低，但近几年有提速趋势。其他海洋产业中，海洋盐业和海洋船舶工业增速 2015—2019 年呈明显下降趋势，尤其是海洋盐业下降最为明显，海洋矿业、海洋化工业以及海洋工程建筑业增速相对较低且增速波动较大。

整体来看，滨海旅游业目前仍是海洋经济的重要组成部分，未来发展空间较大，能够有力地带动海洋经济发展。战略性新兴海洋产业占比仍然较低，短期内难以成为促进海洋经济增长的主导产业，但其发展潜力巨大，辅以相应的政策支持和前瞻性的产业规划，未来有望为海洋经济的发展带来新的活力。

表 6-9　各主要海洋产业占比及增速

产业	2019 年占比（％）	2015—2019 年平均占比（％）	2019 年同比增速（％）	2015—2019 年年均增速（％）
海洋渔业	13.20	14.91	4.40	0.98
海洋油气业	4.31	3.79	4.70	2.56
海洋矿业	0.54	0.29	3.10	0.71
海洋盐业	0.09	0.12	0.20	−7.63
海洋船舶工业	3.31	4.30	11.30	−0.31
海洋化工业	3.24	3.37	7.30	3.01
海洋生物医药业	1.24	1.20	8.00	10.89
海洋工程建筑业	4.85	6.03	4.50	0.51
海洋电力业	0.56	0.48	7.20	10.39

续表

产业	2019 年占比（%）	2015—2019 年平均占比（%）	2019 年同比增速（%）	2015—2019 年年均增速（%）
海水利用业	0.05	0.05	7.40	4.73
海洋交通运输业	17.99	19.68	5.80	5.74
滨海旅游业	50.63	45.78	9.30	11.83

资料来源：历年《中国海洋统计年鉴》和《中国海洋经济统计公报》。

2. 主要海洋产业的国际比较

从国内外海洋经济发展趋势来看，海洋渔业、海洋交通运输业、滨海旅游业和海洋油气业已成为世界海洋经济的主要产业，而我国油气资源较为匮乏，海洋经济支柱产业为前三类产业。与其他国家相比，我国海洋支柱产业相关产品产量及服务规模处于世界前列，但经济效益不高，发展模式较为粗放，产业结构层次较低，产业资源亟待整合；战略性新兴海洋产业发展迅猛，但是技术水平与国外相比仍存在一定差距。

在海洋渔业方面，我国渔业产品产量位居世界第一位，2017 年海洋渔业捕捞量占世界总捕捞量的 16.62%，水产养殖量占世界总量的 58.43%，但是与其他国家相比，我国海洋渔业经济效益不高[1]。2016 年我国每吨渔业产品产值为 1 117.17 美元，而美国为 2 062.34 美元，我国单位海洋渔业产品产值仅为美国的一半左右。美国海洋渔业主要由海产品加工和贸易两大子行业构成，这两个行业经济效益相对较高。与之相比，我国海洋渔业产品附加值较低，发展模式较为单一，对渔业资源依赖性较强，未来应提高发展可持续能力，推动海洋渔业由规模化向精深化转型。

---

[1]　European Commission. FAO yearbook of fishery and aquaculture statistics 2017. [2019-9-30]. https：//ec. europa. eu/knowledge4policy/publication/fao-yearbook-fishery-aquaculture-statistics–2017 _ en.

在海洋交通运输业方面，2018 年我国有 9 个港口集装箱吞吐量位居世界前 20 位，占世界总吞吐量的 24.19％①，然而我国船队规模仅占世界船队规模的 8％，海运服务难以满足自身需求，较多海运服务由国外航运公司提供。这就导致我国获取的经济效益不足全球航运市场的 10％。在港口建设方面，尽管我国港口专业化、大型化、深水化程度不断提高，但港口服务水平仍然较低，运营模式仍需改进，附加值服务提供不足，港口服务功能亟待拓展；同质化竞争较为激烈，重复建设问题突出，港口资源亟待整合。整体来看，我国海洋交通运输业规模较大但效益不高，产业效率和管理水平均较低，高层次人才短缺，产业竞争力有待提升。

在滨海旅游业方面，我国仍处于初级发展阶段，旅游资源开发层次较低，对海洋自然景观依赖性较强，旅游休闲服务种类较为单一，不能满足国内游客日益多样化的旅游需求。近年来东南亚国家以较高的性价比和丰富多样的休闲活动，吸引了大量国内游客，我国成为泰国、越南等东南亚国家最大的旅游客源国，2016 年我国赴泰国和越南旅游人数分别为 1 003 万人和 324 万人，分别占上述两国境外游客总量的 31％和 32％。未来我国滨海旅游业需要提升旅游品质，开发具有本地特色的旅游服务，丰富旅游服务业态，培育新型旅游产业，提供集观光、度假为一体的综合性旅游产品，提高竞争力和经济效益。

在战略性新兴产业方面，我国发展较为迅猛，产业规模位于世界前列，但是发展起步较晚，产业发展尚不成熟，在技术和经济效益方面存在一些问题，尤其以海洋风电产业的发展最为典型。2019 年我国成为全球新

---

① United Nations Conference on Trade and Development. Review of maritime transport 2019. [2019-10-30]. https：//unctad. org/en/PublicationsLibrary/rmt2019 _ en. pdf.

增风力发电装机容量最大的国家，当年新增风力发电装机容量达 240 万千瓦；累计装机容量达 680 万千瓦，提前完成了《风电发展"十三五"规划》的目标，成为仅次于英国和德国的全球第三大海上风电国家[①]。然而，我国海洋风电技术与国外存在差距，关键设备国产化水平较低。2019 年欧洲新并网风电机组平均单机功率为 7.8 兆瓦，而我国平均功率仅为 4.0 兆瓦，大容量风电机组的关键部件主轴承大多采用国外企业产品。此外，海上风电成本较高，在政府补贴退出的情况下，风电企业可能会承担一定的经济风险。

三、海洋经济发展的政策建议

我国海洋经济规模已经位于世界前列，海洋经济稳定增长，成为拉动沿海地区经济增长的重要力量；海洋产业结构不断优化，主要海洋产业在全球市场中占据较大份额；海洋科技实力不断增强，海洋科技资源投入不断加大，部分地区能够突破资源的限制实现海洋经济的良好发展。同时也应注意到，我国海洋资源利用方式较为粗放，经济效益较低；海洋产业结构层次较低；科技水平与国外仍存在一定差距；各地海洋经济发展差距较大，需要促进各地区协调发展。为此，我们提出如下政策建议。

第一，强化海洋经济法律保障，发挥规划引导作用。推动海洋经济立法，保障海洋经济安全，促进可持续发展。国外沿海国家纷纷制定了基础性的海洋法律。加拿大是世界上第一个对海洋进行综合性立法的国家，于1996 年出台了《加拿大海洋法》，美国于 2000 年通过了《2000 年海洋法

---

① Global Wind Energy Council，Global wind report 2019．[2020-03-25]．https://gwec.net/global-wind-report - 2019/．

案》，为后续海洋政策的制定提供了法律保障，日本和英国也分别于2007年和2009年制定了《海洋基本法》和《英国海洋法》。我国也出台了不少涉海法律法规，但是缺少一部综合性的法律，未来应推动建立海洋领域的基本法律，为海洋强国建设提供坚实的制度保障。加强战略规划统筹引导，注重规划的长期性、系统性和战略性。纵观世界各国海洋经济发展进程，政府均在其中起到了重要的推动作用，通过制定系统性的规划，明确了发展海洋经济的战略思路，自上而下推动了海洋经济的发展。目前我国已经明确了"海洋强国"的战略思想，也出台了较多海洋领域的规划文件，后续要进一步完善现有规划，建立覆盖资金、政策、法律、管理等方面的战略体系，针对各海洋产业制定产业发展规划与政策指导目录。

第二，转变海洋经济发展模式，推动海洋产业提质增效。延伸整合海洋产业链，提升产业层次。推动传统海洋产业转型升级，解决产业链短、散的问题，延伸产业链深度，拓展产业链广度，提高产品附加值，发展新业态新模式，推动传统产业高技术化，减少对资源的依赖，形成高效、节约、可持续的发展模式。大力培育战略性新兴海洋产业，进行前瞻性产业布局，提高关键设备自给能力，弱化对国外设备和技术的依赖性。整合现有产业资源，减少同质化竞争，培育特色优势企业，提高资源利用率。推动产业集群发展，提升产业竞争力。建立海洋产业园区，发挥优势产业集群优势，在园区内部给予土地、贷款、税收等方面的优惠政策，吸引优势海洋企业进入，集聚生产要素，优化资源配置。通过共享基础设施和公共服务，促进知识交流和学习，提高海洋专业人才就业匹配度，发挥集聚优势。培育一批龙头企业，以龙头企业带动产业链上下游中小企业协同发展，建立完善企业孵化成长机制。通过企业之间的竞争合作激发企业竞争意识，推动形成持续性的竞争优势。

第三，深入实施"科技兴海"战略，促进海洋经济创新发展。一是增强企业自主创新能力，强化企业创新主体地位。提升行业龙头企业创新能力和动力，引导企业加强创新投入和人才培养，建立研发机构，完善企业内部创新激励机制。选取一批创新潜力大的中小型高科技企业，重点培育，引进国外核心设备，通过技术消化吸收再创新，实现细分领域关键技术突破。二是建设高水平海洋科研平台，推进关键技术创新突破。加快推进国家海洋实验室试点工作，建设面向世界的顶尖科研平台，服务国家海洋经济发展战略，突出平台的前瞻性、引领性和全局性。提高科研要素投入效率，共享科研创新资源。加强基础领域海洋科研工作，推动交叉领域科研创新，攻克重大科技难关，抢占全球范围内海洋科技制高点。三是推动产学研合作，提高海洋科技成果转化效率。推动产学研深度融合，构建以企业为主体、以市场为导向、高校和科研机构共同参与的海洋科技创新平台，鼓励多种形式的合作机制，推动科技成果的转化，实现知识生产、技术应用和产品市场化创新价值链的顺利衔接，形成科技创新和产业发展的良性循环。

第四，融合区域发展战略，实现海洋经济协同发展。挖掘区域比较优势，因地制宜明确发展思路。认清各地区在自然资源、生态环境、产业基础、科技支撑、人才储备等方面的实力，结合各地区的比较优势，明确海洋经济发展思路，因地制宜制定发展规划，减少同质化竞争，发展本地特色海洋产业。融合区域发展战略，推动区域合作。根据全国海洋主体功能区的划分，融合京津冀协同发展、长三角一体化等重大发展战略，推动山东、天津、河北和辽宁北部海洋经济圈的合作，协同实施长三角一体化战略，加强苏浙沪三地东部海洋经济圈的区域联动，发挥广东在南部海洋经济圈的引领作用，带动福建、广西和海南海洋经济的发展。建立跨区域协作平台，共同培育临海产业带、培养海洋科技人才、研发新技术新产品，优势互补、弥补发展短板，优化海洋资源要素配置，推动各地海洋经济协同发展。

第五，加强海洋生态环境保护，推进海洋生态文明建设。树立生态文明理念，加强海洋生态环境保护，对于保护海洋生物多样性、维护海洋生态系统平衡、促进海洋经济可持续发展具有重要意义。第一，合理开发、利用和保护海洋资源，提高海洋资源利用效率，强化海洋生态环境保护，发展绿色海洋经济，促进人海和谐发展。第二，控制海洋污染物的排放，加强海洋污染联防联治，海陆并举进行海洋污染物整治。第三，继续开展海洋生态文明示范区建设，划定海洋生态红线，提升近岸海域水质，提高自然岸线保有率，打造生态岸线和景观岸线，加强海洋自然保护区建设，建设良好生态环境，助力滨海旅游业发展。第四，完善海洋灾害监测和预警系统，提高海洋灾害应对能力，减轻海洋灾害损失，保障海洋经济安全。

第七章

"十四五"时期促进城市与区域发展的重要路径

　　"十四五"时期加快城镇化建设和推动区域经济高质量发展，需要始终以区域协调发展战略为根本遵循，统筹区域与城市间的关系，抓住当前城市与区域发展在动能转变与空间特征等方面的特点，切实完善新型城镇化战略、调整城镇化空间布局、优化区域经济布局、深入实施区域重大战略、贯彻落实区域协调发展战略，以此实现区域高质量协调发展。

第一节

"十四五"时期我国区域经济发展态势展望

　　进入"十四五"时期，展望和判断我国区域经济下一步的发展态势与方向，对于构建新发展格局十分重要。

一、国家重大战略稳步推进

　　步入 21 世纪，以区域发展总体战略、主体功能区、京津冀协同发展、长江经济带发展、粤港澳大湾区建设、长三角一体化发展、黄河流域生态保护和高质量发展、城市群与都市圈、国家中心城市、国家级高新区、经济技术开发示范区为代表的国家重大空间战略逐步推出，为"十四五"时期逐步化解新时代人民日益增长的美好生活需要和不平衡不充分发展之间的矛盾奠定了牢固的制度基础。

作为地理学区域学派的核心概念，空间尺度是对特定的地理空间按照一定特征进行划分所得的若干不同等级的子系统的空间大小的度量，因此层级性是区域的典型特征。就相应区域发展战略的空间属性而言，国家—区域尺度下的战略的"空间中性"特征较为明显，旨在实现"整体分散"；城市尺度下的战略更多地表现为"基于地区"，目的在于实现"优势集中"。"整体分散"与"优势集中"二者相互补充，使"普遍沸腾"的区域经济格局不断巩固，助力"十四五"时期区域经济实现本真复兴。根据上述尺度划分标准，国家—区域尺度的空间战略包括区域发展总体战略、主体功能区、京津冀协同发展、长江经济带发展、粤港澳大湾区建设、长三角一体化发展、黄河流域生态保护和高质量发展、城市群与都市圈，城市尺度的空间战略包括国家中心城市、国家级高新区、经济技术开发示范区。上述战略在地理空间上相互交织、相互渗透，将重新定义"十四五"时期的区域分工，垂直尺度将逐渐消融。在认真贯彻现有空间战略的同时，"十四五"时期还应在"整体分散、优势集中"的原则指导下，重点塑造以大运河文化带、河西经济走廊、云贵川大金三角、区域性城市群、区域中心城市为代表的新型经济地理空间，在行政重组、空间重组与规划重组中推陈出新，让"普遍沸腾"的区域经济格局更加稳固。

二、有序引导产业转移

面对百年未有之大变局，"十四五"时期产业转移将与更加复杂的国内国际形势相伴，呈现出以下新特征：第一，双向转移渐成趋势。在纺织、服装等劳动密集型制造业，钢铁、石化、有色金属等资本密集型制造业向中西部地区转移的同时，新能源汽车、新材料、计算机等技术密集型制造业逐渐向更有效率的东部沿海地区转移。第二,交通基础设施的改善、新技术的推广削弱了制造业对劳动力、土地的依赖。在国家高速铁路网络渐趋完善的"十四五"时期,空铁联运降低了贸易成本,加之大数据、人工智能、物联网等先进技术的使用,劳动力、土地等要素成本上升对制造业生产经营的约束有所减弱,国内产业梯度转移可能呈现出放缓态势。第三,集群招商成为重要模式。集群招商从市场细分和专业化分工的角度出发,致力于引进配套项目与相关企业,通过共享、匹配与学习三大微观机制最大化集聚经济的正外部性。

为更好地适应上述新特征,"十四五"时期要在因地制宜、分类指导的基本原则下,独资、合资、收购、兼并、非股权安排等方式并重,科学引导劳动密集型、资本密集型产业向中西部地区转移,避免过度向东南亚、南亚的国家和地区"外流"。在坚持梯度转移主导地位的同时,不断优化产业结构,夯实东部地区京津冀、长三角、珠三角,东北地区辽中南国家制造业中心的地位。

三、新型城镇化与乡村振兴并举

城乡深度融合是服务于新时代区域协调发展的关键一环。"十三五"时期,我国城镇化率由 2016 年的 57.35% 提升至 2019 年的 60.60%,提升了 3.25 个百分点,我国已由"乡土中国"步入"城乡中国"。然而,在我国城镇化进程中依然存在着明显的城乡失衡现象,集中表现为人口城镇化引发的人口结构失衡、以城市扩张和农村萎缩为主的空间失衡、以农村承接传统制造业转移为主的产业失衡、城乡管理体制分割的制度失衡、忽视中小城市过渡作用的城市体系失衡。上述种种失衡同区域差距相互交织,成为贯彻落实新时代区域协调发展战略进程中必须破除的障碍。

针对上述失衡现象，"十四五"时期要加快城乡深度融合的战略转型，就必须牢牢把握新型城镇化和乡村振兴两大战略要领，同步提升城市化和区域经济运行质量。要在不断扩大幼儿养育、科学教育、收入分配、医疗卫生、养老与住房保障等领域的基本公共服务供给的同时，加速基本公共服务均等化进程，切实保障农业转移人口的权利。要科学规划产业发展需求，在土地配置制度优化、资本下乡、城乡人力对流的三维框架下，促进城乡经济高质量发展。要更加珍视乡村生态环境，在弘扬现代城市文明的同时建设"望得见山，看得见水，记得住乡愁"的现代新农村。

四、扎实推进陆海统筹

我国管辖海域面积约 300 万平方公里，蕴藏着丰富的各类海洋资源，2019 年创造的生产总值已超过 8.9 万亿元。十九大报告将"坚持陆海统筹，加快建设海洋强国"纳入区域协调发展战略，将其作为"十四五"时期海洋经济高质量发展的指导原则。

"十四五"时期为在更高层次上扎实推进陆海统筹，需要关注三方面内容：其一，统筹海洋权益维护与海洋国际合作。在坚决维护我国海洋权益的同时，通过海洋保护与开发的国际合作有效化解当前国际政治经济形势下的各类不确定性。其二，统筹海洋资源利用与生态环境保护，统筹海洋产业结构优化与产业布局调整。积极开拓海洋船舶工业、海洋油气业、滨海旅游业跨界融合的新业态、新模式。其三，统筹近海优化开发与远洋空间拓展。发挥东部海岸地带增长极的引领作用，发展近海，辐射远洋。

五、加快绿色发展步伐

绿色发展是缓和人地关系、构建现代化经济体系的必然要求。党的十八大以来，以习近平同志为核心的党中央赋予了生态环境以生产力属性，秉承"绿水青山就是金山银山"的理念，从生产生活两方面论述了新时代构建资源节约型、环境友好型社会的构想。

"十四五"时期应综合考虑生态容量和资源承载力的双重约束，高质量完成以下三项工作：首先，以优化绿色全要素生产率为导向驱动产业调整升级。加快绿色技术创新步伐，培育一批以新材料、新能源汽车、高端装备制造为主体的技术集约型产业。其次，引导产业梯度转移有序推进。根据《国务院关于中西部地区承接产业转移的指导意见》《产业发展与转移指导目录（2018 年本）》等政策性文件，以绿色发展为首要评价准则，确定各省（区、市）转入与转出产业的主要门类，坚决避免高污染高耗能行业向限制开发区、禁止开发区转移，防止其沦为污染避难所。最后，建立健全环境污染的联防联控机制。适时淘汰落后产能，释放环境规制的约束效应，从源头上遏制废气废渣的排放，健全跨区域生态补偿机制。

六、健全开放型经济体制

改革开放以来，本着互利共赢的基本宗旨，我国先后设立了一批经济特区、沿海开放城市、沿海经济开放区、沿江开放城市、沿边开放城市，全方位、宽领域、多层次的对外开放格局已基本形成。

"十四五"时期，为在更高层次上健全开放型经济体制，需要抓好两方面工作：一方面，深化自由贸易区的试点实践。在扩大自由贸易区试点范围的同时，不断优化自由贸易区的微观制度设计，扎实推进以"一线放开""二线安全高效管住"为核心的监管服务改革，通过"单一窗口"建设为国际经贸往来提供线上渠道。在发展进出口贸易的同时，还应积极创造有利的政策环境，吸引外商投资、到境外投资、对外承包工程与劳务输出并举，在"引进来"与"走出去"的实践中融入国际经济技术合作网络。另一方面，拓展国际合作的领域。在开展经贸合作的同时，还要积极加深信息技术、文化教育以及非传统安全领域的合作，从而更好地适应错综复杂的国际政治经济环境。通过建设以大数据、云计算、物联网为技术支撑的信息大通道，拓展国际合作领域。

第二节

完善城市与区域发展的体制机制

区域发展机制是保证区域经济和区域合作持续运转的基础，需要从顶层设计、主要目标、主要内容、监管考核等多方面制定详细内容，并明确评价指标体系，以便地方有效开展具体工作。"十四五"时期需要通过强化顶层设计，用更加开阔的眼光，与时俱进地进行政策优化与调整，明确监管与考核评价指标体系，推动深入实施区域协调发展战略。

一、开拓顶层设计视野

区域协调发展的提出是对原有非平衡发展战略下实践的总结与升华，其提出的背景就是区域发展存在显著落差、沿海内陆差距不断扩大，因此区域协调发展战略从设想之初就是突破既有发展思路的新尝试。遵循这一思路，区域协调发展在新发展阶段应该根据新发展理念和新发展需求适时地开展一些理论创新和制度创新，通过开拓顶层设计视野确保区域协调发展战略能够更有效地指导区域经济发展，并抵御国外政治环境和宏观环境的潜在负面冲击，从而为新发展格局建设提供强有力的宏观保障。

就顶层设计的具体细节而言，除了要开阔视野，将国外成果经验积极内化为适合中国国情的制度，更多的是要在自己所处的发展阶段进行合理的创新，从制度设计、主要受众、主要目标、具体工作、考核标准等多个方面进行详细的设计，从而在适应当前发展需求的基础上，对未来区域经济协调发展提供较理想的政策环境。

二、与时俱进地进行政策优化与调整

促进区域协调发展需要在具体制度的设计和实施中秉持灵活调整的原则，确保各利益主体享受到协调发展所带来的实际便利，从而根据各利益主体在协调发展过程中所遇到的问题进行政策优化与调整。同时，在具体实施环节，要针对特殊类型地区制定差异化和特色化的制度设计，确保不同地区均能够享受到适宜本地区发展的最优政策。例如对经济较为发达的地区，要注重市场化体制机制建设，推动要素资源顺畅流动，提供更加高效便捷的公共设施服务，从而满足人口集聚的基本需求，带动经济高质量发展。对于欠发达地区，特别是刚实现脱贫攻坚的地区，要根据低收入人口的基本需要，从医疗服务、基础设施、子女教育、产业发展等方面提供切实有效的制度体系，从而促使其初步具有自我发展的内生动力。简而言之，要基于地区经济发展的差异，因地制宜地优化政策体系，使之更好地服务于本地经济发展需要。

三、优化与创新监管评价指标体系

进入"十四五"以来，我国区域经济发展的空间结构发生了巨大转变，基本形成了以重大区域发展战略为引领、以城市群和都市圈等为主要承载空间的新格局，同期的新型城镇化发展和人口集聚发展也在结构和质量上提出了诸多的要求。在此背景下，区域经济高质量发展和区域与城市结构的调整需要优化与创新监管评价指标体系，从而更好地健全区域发展机制。首先，要注重存量质量的提升，加强城市更新、城市生态修复、老旧设施设备等的改造与监管考核指标体系设计，从而满足新发展阶段的城镇化建设需要；其次，要针对城市群和都市圈建设围绕行政区划和区际关系制定相应的评价考核机制，从而确保区域一体化发展是健康可持续的；最后，区域协调发展要围绕新发展阶段的需求和新发展格局建设的总目标优化供给侧和需求侧，并结合产业链建设与经济循环发展制定明确的评价监管标准。

四、优化布局重大和重点项目

重大区域战略、重点项目和政策的试点往往伴随着巨大的资源倾斜和政策优惠，有助于区域的发展，有利于提升区域的地位和影响力。在具体执行层面,通过国家级新区、自主创新示范区、自由贸易试验区、智能制造示范区、文化传承示范区、生态文明建设示范区等政策改革区的设立和探索,形成先发优势,打造区域发展的龙头,增强引领和集聚能力;通过机场、港口、高速铁路网、城际路网、通信枢纽、区域性大型能源项目等大型基础设施的建设,打通各级城市要素流动渠道,完善资源分配机制,提升区域辐射能力;通过集聚和分配国家重大区域战略、重点项目和政策附带的资源,在中心城市建设企业总部中心、研发中心、金融中心等,提高中心城市在区域内各城市经济社会发展中的参与度和影响力,获得更大的话语权,形成城市建设的范式,提高区域中心城市的制衡能力。

第三节

促进区域战略联动发展

区域经济发展已呈现出以战略为依托突破行政区划限制和促进区际共享共赢的基本态势,目前已形成京津冀协同发展、长江经济带发展、粤港澳大湾区建设、长三角一体化发展、黄河流域生态保护和高质量发展五个区域重大战略。这五大战略并不是各自为政,而是依托城市群与产业链等存在交织与重叠的互动体,联动发展成为当前区域战略合作的基本特征,也是未来推动以国内大循环为主体、国内国外双循环相互促进的新发展格局建设的基础。

一、抓好区域战略自身建设

区域空间战略联动的首要前提是区域战略自身具备参与联动发展的能力，或者是具备参与联动发展的优势，在此基础上才能更好地促进区域协调发展，同时提高各区域发展实力与缩小区域差距。从五大区域战略的发展要求来看，京津冀地区注重加强协调发展建设，在非首都功能疏解有序推进的前提下保障三方的利益，并促进天津和河北两地的发展；长江流域要形成水运畅通、生态环境改善、对外开放度高的经济发展横向带；粤港澳大湾区要加大对外开放力度，形成宜居的现代化高质量城市群、科技创新高地；长三角地区要形成产业互通、经济互联、运输便捷的经济体，打破区域行政壁垒，更好地融合成为承载国内经济高质量发展和抵御国外宏观波动的可持续共同体；黄河流域要加强水资源保护与利用，注重生态环境修复，针对流域内的区域差距制定差异化帮扶和促发展机制。

二、构建有利于区域联动的体制机制

实现区域联动需要有恰当的体制机制支撑，以保障互利共赢、共同发展。从作为经济个体的区域的视角看，在合作中为本地发展带来一定利益是各区域愿意主动参与区域联动的大前提。基于这一前提，进行有效的体制机制设计对区域联动尤为重要。对于发达区域和欠发达区域的联动，要额外确保欠发达地区能享受到发达地区经济外溢所带来的正外部性，从而有效加快欠发达地区发展步伐；对于发达区域之间或欠发达区域之间的联动，要强调形成产业关联和资源共享的稳健态势，从而确保双方愿意共同出力，搭建好联动协作的平台。

三、以典型区域为代表制定有利于欠发达地区的联动策略

欠发达地区不会永远欠发达，从区域发展战略到脱贫攻坚等一系列重大部署极大地促进了欠发达地区发展，因此，欠发达地区存在向发达地区转变的可能，有可能形成与发达地区相近的适宜人口集聚和满足新时代人民群众生活需求的生产生活环境。推动欠发达地区发展需要首先定位好地区发展类型与特色，从而借鉴匹配程度较高的发达地区的发展模式，实现更快更好发展。例如，由于欠发达地区主要集中于生产中低端产品，科技创新能力不足、对外开放水平低，因此可以借鉴所参照的发达地区的相关发展模式，在与之联动的过程中承接相关配套产业，因地制宜形成产业效益链条。又如在生态保护和旅游资源开发方面，欠发达地区可学习模仿发达地区合理的环境保护举措和相关监管立法等，从而确保本地生态环境绿色化和可持续化。

第四节

有序引导产业转移

区域协调发展需要各地具备自我发展的能力和参与经济循环的能力。

对于欠发达地区而言，除了自身加快发展符合本地特色的产业以外，还可以通过承接东部沿海较发达地区产业结构调整所需转移的产业调整产业结构。这一过程对实现区域协调发展具有重要的作用，但是产业转移需要在一定的原则下有序进行。

一、以比较优势为根本原则

就产业转移而言，除了需要有序开展和加强引导外，还需要遵循比较优势原则，使转移产业有助于承接地区发展，切实起到预期效果。推动区域协调发展，要对不同区域实行差异化的产业发展策略，在推进产业转移的过程中也要注意这一点。从比较优势的视角看，东部地区经济发展水平高、科技水平高、对外开放水平和市场化程度高，独特的区位趋势使其具备优先发展高技术产业的优势，从而推动全国产业价值链向高级化迈进；而对西部地区而言，欠发地区较多，需要补短板、强弱项，可通过承接东部地区的传统型和劳动密集型产业促进西部地区劳动力回流，加强集聚经济建设。此外，以比较优势为原则进行产业转移，也是推动要素合理流动和实现产业错位发展的主要基础，有利于避免因不同地区同类型产业发生盲目竞争而对市场产生负面影响。

二、重视培育产业高质量发展内生动力

产业高质量发展不是某一产业居于世界前列或领先地位，而是产业整体形成分工有序、各司其职、共创效益的链条。只有形成了这种可持续和高效益的发展模式，才能更好地推动产业发展，提高综合国力和竞争力。因此，在"十四五"期间要进一步加强培育产业高质量发展内生动力。首

先，要坚持制造强国战略不动摇，继续保持中国拥有全产业链且能够自给自足的独特优势，进而推动制造业优化升级和降本减负；其次，要发展壮大战略性新兴产业，坚持以科技创新为核心，谋划新兴产业和未来产业发展大局，勇于创新，为未来具备国际优势奠定基础；最后，要在服务业和配套基础设施方面满足当前以及未来发展的需求，特别是要结合新发展格局建设推动生产性服务业和生活性服务业发展，并从交通基础设施、能源、供水等多方面为产业高质量发展提供可靠的安全保障，从而为形成产业高质量发展内生动力奠定坚实的基础。

三、建立产业升级合作机制

产业升级需要提高自主创新能力，增加科研经费投入。由于科研成果具有规模经济，而多个地区的科研创新合作能够增加科研投入、促进科学技术进步以及加速科学技术成果转化为市场产品，因此在高质量发展的宏观经济背景下，构建产业升级合作机制、协调产业升级资源的分配和使用、最大化科研资源的使用效率尤为必要。产业升级具有雁阵模式，由于区域发展差距的存在，发达地区失去比较优势的产业和技术转移到经济发展水平相对落后的地区，可实现产业的雁阵式发展。资源密集型产业同质化竞争的现象明显，目前都面临转型升级的压力，因而出现了争夺科研人才和技术的激烈竞争，从而加大了企业转型升级的压力。要通过建立产业升级合作机制，分享产业升级合作的科研技术成果，降低产业升级的成本，为产业升级营造一个相对宽松的市场环境，减少市场无序竞争。

四、根据地区特点承接产业转移

现代化产业体系是当前中国较为注重的内容之一，产业转移也需要与现代化建设结合起来。要运用互联网、大数据和信息通信等中高端技术助力产业加快智能化和现代化，从而促使产业发展更加便利、更加高效和更加安全。同时，以现代化信息技术统筹产业发展，能够更好地基于生产经营数据掌握技术应用普及率、区域间循环发展进度等方面的情况，从而创造产业发展的新空间，对新发展阶段畅通国内国外双循环具有重要作用。由于承接产业转移是促进产业优化升级、实现经济跨越式发展的重要机遇，因此在承接产业转移的过程中，要秉持产业承接与产业多元、产业延伸、产业升级同步原则，发挥比较优势原则，可持续发展原则、促进就业原则、拒绝承接落后生产力原则，以承接为优势特色产业延伸配套加工项目、大型装备制造项目、劳动和资金技术密集型项目、高新技术项目为主攻方向。各地区要根据本地区的禀赋条件和比较优势，选准产业的承接点，注重承接的针对性、有效性和灵活性，通过承接相关产业培育壮大优势特色产业、发展新产业。

第五节

新型城镇化与乡村振兴并举

新型城镇化以城乡统筹和城乡一体化等推动城市与农村协调发展，从这一内涵来看，新型城镇化与乡村振兴具有互通互联的枢纽。二者的共同推进能够密切城乡间的联系、弱化城乡间的显著差异，对中国区域经济高质量发展和现代化发展具有重要作用。要抓住新型城镇化与乡村振兴并举的重要机遇，从而缩小区域发展差距和城乡差距，实现区域协调发展。

一、共同强化以人为核心的发展理念

人是城市内部经济社会生活的主体，在当前社会经济发展主要矛盾发生转变的背景下，强化以人为核心，推动新型城镇化与乡村振兴并举是保障人民群众生活水平不断提高和满足其需求的最有效的手段。以人为核心不应止于口头呐喊，从具体要求看，需要在新型城镇化与乡村振兴并举的过程中，对城乡交通基础设施、要素流通网络、居住条件和环境、产业链等提出新的要求。同时也要在新型城镇化与乡村振兴并举的过程中推动基本公共服务均等化，为城乡医疗保健、异地就医就学、公共事业服务等切实提供便利。

二、加强新型城镇化与乡村振兴的互动

城乡融合发展是当前学术界探讨和关注的主要内容，推进新型城镇化过程中自然而然会考虑到乡村振兴问题，研究乡村振兴的同时也同样会关注新型城镇化，两者相互促进，为区域协调发展打下坚实的基础。但是，在新型城镇化和乡村振兴的关系比较中，应该坚持以乡村振兴为阶段目标、以新型城镇化为最终目标来进行制度设计。因为，乡村振兴主要衔接脱贫攻坚胜利后的欠发达地区，这类地区不具备快速实现城镇化的基本能力，在乡村振兴过程中预置新型城镇化的目标能够更加扎实地推进乡村振兴，使所在地区在推进乡村振兴的过程中逐步贴近城镇化。

三、并举过程中注重解决城乡二元结构问题

从城乡发展的关系来看，城乡二元结构问题始终是中国长期存在且努力克服的问题。二元结构的存在导致农村经济发展迟缓，农村居民受到城市高速发展的吸引，逐渐加入城市经济生产过程，这导致农村经济生产进一步恶化，资源配置滞缓，加剧和固化了农村地区的欠发达状态。推动新型城镇化与乡村振兴并举的过程中需要注重解决上述问题，一方面要规划好农村欠发达地区的产业与基础设施等，以土地为根本做好产业与经济发展的相关设计，保障农村地区留住人，从而缓解二元结构的加剧；另一方面要以新型城镇化为契机，努力缩小城乡发展差距，充分发挥大城市周边小城镇的作用，实现人口向外转移，在缓解城市拥堵问题的同时，提升农村地区的人力资本水平。

第六节

协调基础设施建设与对外开放

区域协调发展在很大程度上依赖快速通道网络的建设。事实上，高速铁路网、高速公路网、信息高速公路、航空网络等快速通道网络重新构建和优化了区域间的互联互通格局，对城市经济的带动作用日益显著。今后

一段时间应进一步加快区域内骨干快速通道的建设步伐,特别是信息化建设步伐,加快区域整合进程,增强区域的整体实力,进一步优化区域网络结构。统一规划、加强省(区、市)际项目对接,保持项目建设的一致性,避免设施不对等造成的运力浪费。其中,应优先考虑省(区、市)际通道的对接,提升铁路等级和运能,完善路网。

一、注重民生工程的推进建设

改善居民的生活质量,推进城市治理,推动城乡公共设施和公共服务体系建设,对现有的轨道交通、供水供热、网络通信等城市基础设施,教育、卫生、体育、文化等公共服务机构和设施进行改造升级。

二、加强交通基础设施建设

便捷完善的交通基础设施是区域间人与物互通往来的基础,完善交通基础设施建设能够更好地推进区域和城市协同发展。提高各区域内部交通基础设施建设水平。公路方面,确保地市县接入高速公路,重要旅游景区接入一级公路,所有具备条件的行政村通沥青水泥路。铁路方面,重要地级市接入高铁网络。航空方面,继续扩大航空业的发展规模,增加国际国内航线。重要的县市建设通用机场。

三、进一步扩大开放与加大地区合作力度

在基础设施不断完善的基础上,建立更加完善的东中西部区域协调发展平台,推进区域间合作发展,尤其是教育、信息、公共设施与服务等方面的合作。丰富现有产业产品,延长现有产业链。利用优质策划资源,增

加旅游产品种类，申请开办商品免税区、外贸商品会展等，延长旅游产业链。各地区要增设开放口岸，有效利用省级地区交界处和边境地区的优势，扩大区域贸易和对外贸易，培育高品质的特色产品，提高区域之间的贸易额。

第七节

加快绿色发展步伐

无论是新发展理念中包含的"绿色"理念，还是习近平总书记曾提出的"两山"理念，绿色是贯穿新时代中国经济发展的主要内容，更在当前国民经济高质量发展中扮演着重要角色。推动绿色发展绝不应止于口头上的环境保护与修复，而应在社会生产各个环节中推广更加环境友好的技术或流程，并注重生态环境修复与治理，为塑造更加绿色友好的宜居环境而不懈努力。

一、坚持生态文明建设不动摇

党的十七大正式提出生态文明建设以来，生态文明的理念不仅对全社会经济发展与环境保护起到了有效指导作用，更被纳入区域协调发展的大语境，对区域经济绿色发展和可持续发展起到了切实的作用。从生态文明的概念来看,生态文明是人与自然、社会的和谐共生,是经济社会发展相对高级的形态。对于经济社会发展仍有较大空间且环境保护也有待进一步加强的中国而言,坚持生态文明建设不动摇对中国发展绿色、循环、低碳经济具有极其重要的作用。对经济建设而言,要在生产建设过程中注重减少对自然环境和人类生活环境的污染与破坏,实现生态与产业的共生发展;对文化和社会建设而言,要形成全民保护的大环境,在意识形态上将生态文明上升到必要高度。总之,要进一步规划和实施生态文明发展的系统工程,以生态文明指导区域经济建设与协调发展。

二、发展绿色科技,践行绿色理念

伴随着绿色科技和绿色专利的普及应用,化工、冶金、能源等高污染产业也逐渐形成了绿色化发展的雏形。绿色科技除了在生产端能够减少对环境的污染、加强资源利用之外,还可以在输出端对所产生的尾气或污水等通过特殊工艺和技术加以处理从而实现零污染。可以看出,绿色技术在产业中的深度应用能够对环境友好和绿色化经济建设起到重要作用,其本质上同传统创新技术相似,只是被赋予了更多的绿色理念。例如,在冶金或化工领域生产产品时,即使是低污染产品,生产过程中也会释放出很多污染气体或排放大量污染废水,当绿色理念应用在产业生产中时,绿色技术的同期应用能够有效减少生产所伴随的污染物。特别是在碳达峰和碳中和环境下,绿色技术同样能够应用于二氧化碳等温室气体的处理中,从而兑现大国承诺。

三、强化行政立法机构在绿色保护中的重要地位

自生态文明提出后,围绕生态与环境保护的相关政策举措相继提出,

逐渐系统化并起到了监管和引导个体行为的作用。虽然从现有社会环境意识与法律监管等多方面形成了较为完备的体制机制，但根据时代发展需求适时调整已有内容也尤为重要。由于政策设计与调整往往是在某些负面行为发生后才会进行，及时根据情况迅速调整相关法律法规和监管体系需要行政立法机构予以支持并扮演绝对的统领角色，因此，强化行政立法机构在环境保护中的重要地位，能够使其更好地起到监管和督促生产企业参与的作用，对保障生态文明建设异常重要。

四、建立健全生态监管和补偿机制

系统建立评估、监督、立法执法等生态监督和监管机制，是促进生态发展、实现碳达峰碳中和目标的有力保障，也是生态补偿和治理常态化、高效化的重要保障。可考虑建立各区域生态补偿的常设机构，负责生态补偿重大事务决策与协商平台建设；建立区际生态补偿评估机制，对补偿标准、补偿形式、补偿效果进行客观动态评估；建立生态补偿监督考核机制，对补偿资金的筹集到付、规范使用等事项进行督察，确保生态补偿资金用在实处；推动生态补偿机制法治化，尽早推动生态补偿协同立法，推进实现生态补偿有法可依，用法律法规保障区域生态利益的公平分配和经济社会成本的合理共担。

参考文献

［1］安树伟，李瑞鹏．黄河流域高质量发展的内涵与推进方略．改革，2020（1）：76－86．

［2］2020 年京津冀区域经济稳步回升．（2021－03－22）［2021-11-24］．http://www. cnr. cn/bj/sijh/20210514/t20210514 _ 525485702. shtml.

［3］北京亮出京津冀协同发展成绩单.（2020-12-09）［2021-11-24］. https://baijiahao. baidu. com/s? id＝16855326813956220038&wfr＝spider&for＝pc.

［4］曹文梁．生态宜居城市建设研究．美与时代（城市版），2021（8）：34－35．

［5］陈岸明，魏东原．粤港澳大湾区重大科技基础设施布局的优化分析：基于国际比较的视角．国际经贸探索，2020，36（10）：86－99．

［6］陈璐．河北蓝皮书：京津冀协同发展报告（2020）．北京：社会科学文献出版社，2020．

［7］陈耀，张可云，陈晓东，等．黄河流域生态保护和高质量发展．区域经济评论，2020（1）：8－22．

［8］戴德梁行．中国都市圈发展报告 2019.（2020-03-30）［2021-11-23］. http://www. 199it. com/archives/1023960. html.

［9］方创琳．科学选择与分级培育适应新常态发展的中国城市群．中国科学院院刊，2015，30（2）：127-136.

［10］方创琳．黄河流域城市群形成发育的空间组织格局与高质量发展．经济地理，2020，40（6）：1-8.

［11］辜胜阻，曹冬梅，杨嵋．构建粤港澳大湾区创新生态系统的战略思考．中国软科学，2018（4）：1-9.

［12］高国力．我国主体功能区划分及其分类政策初步研究．宏观经济研究，2007（4）：3-10.

［13］国家统计局住户调查办公室．中国农村贫困监测报告（2019）．北京：中国统计出版社，2020.

［14］2021年长三角独角兽与未来独角兽企业榜单．（2021-04-28）［2021-11-24］．https://baijiahao.baidu.com/s？id＝16982519723191505468&wfr＝spider&for＝pc.

［15］洪银兴，杨玉珍．构建新发展格局的路径研究．经济学家，2021（3）：5-14.

［16］黄征学．促进辽中南城市群发展研究．经济研究参考，2014（33）：32-43，84.

［17］焦思颖．划红线明底线筑防线：《关于在国土空间规划中统筹划定落实三条控制线的指导意见》解读．资源导刊，2019（11）：12-13.

［18］金凤君，张海荣．长江经济带交通体系建设与重庆的通道战略．西部论坛，2017，27（2）：30-38.

［19］匡文慧．新时代国土空间格局变化和美丽愿景规划实施的若干问题探讨．资源科学，2019，41（1）：23-32.

［20］李国平，宋昌耀．"一核两翼"协同发展与现代化大国首都建设．行政管理改革，2021（2）：81-91.

［21］李兰冰．中国区域协调发展的逻辑框架与理论解释．经济学动态，2020，707（1）：69-82.

［22］李琳．推动长江经济带绿色发展.（2019-07-04）[2021-11-24].https://news. gmw. cn/2019-07/04/content_32971252. htm.

［23］李培林．新型城镇化能否突破胡焕庸线?．环境经济，2015（Z1）：37.

［24］李善同，何建武，唐泽地．从价值链分工看中国经济发展南北差距的扩大．中国经济报告，2019（2）：16-21.

［25］刘炳辉，熊万胜．县城：新时代中国城市化转型升级的关键空间布局．中州学刊，2021（1）：1-6.

［26］刘国涛．绿色产业与绿色产业法．中国人口·资源与环境，2005（4）：95-99.

［27］刘航，张娟．新时期县域城镇化的特征、困境与对策探讨．小城镇建设，2021，39（5）：81-86，103.

［28］刘元春，杨瑞龙，毛振华．CMF中国宏观经济分析与预测报告（2020年第三季度）：中国区域经济格局变动与增长极重构.（2020-09-28）[2021-11-23]. http://ier. ruc. edu. cn/docs/2020-09/4d1ec45320a445deb5bd49394d899b60. pdf.

［29］刘志彪，孔令池．长三角区域一体化发展特征、问题及基本策略．安徽大学学报（哲学社会科学版），2019，43（3）：137-147.

［30］刘佐菁，陈杰．新时期粤港澳人才合作示范区发展战略研究.

科技管理研究，2019，39（8）：122 - 127.

[31] 潘家栋，包海波，周学武 . 基于 SNA 的 G60 科创走廊沿线城市群经济联系研究 . 浙江学刊，2019（5）：73 - 83.

[32] 彭羽，杨作云 . 自贸试验区建设带来区域辐射效应了吗：基于长三角、珠三角和京津冀地区的实证研究 . 国际贸易问题，2020（9）：65 - 80.

[33] 祁帆，贾克敬，常笑 . 在国土空间规划中统筹划定三条控制线的五大趋向 . 中国土地，2019（12）：4 - 8.

[34] 三大片区已形成 115 项制度创新成果.（2020-09-27）[2021-11-24］. https://baijiahao. baidu. com/s? id ＝ 16771558451936663894&wfr ＝ spider&for＝pc.

[35] 我国已签署共建"一带一路"合作文件 205 份.（2021-01-30）[2021-03-21］. https://www. yidaiyilu. gov. cn/xwzx/gnxw/163241. htm.

[36] 上海自由贸易试验区管理委员会 . 上海自由贸易试验区 2019 年运行状况.（2020-06-08）[2021-11-24］. http://www. china-shftz. gov. cn/NewsDetail. aspx? NID=b5d19316 - e279 - 4026 - b5da - 851ea94cd9e0&Type＝44&navType＝1.

[37] 申明浩 . 粤港澳大湾区协同创新发展报告（2020）. 北京：社会科学文献出版社，2020.

[38] 2020 深圳经济运行和进出口情况.（2021-02-02）[2021-11-24］. http://www. sz. gov. cn/cn/xxgk/xwfyr/wqhg/20210202/.

[39] 盛来运，郑鑫，周平，等 . 我国经济发展南北差距扩大的原因分析 . 管理世界，2018，34（9）：16 - 24.

［40］孙久文，蒋治."十四五"时期中国区域经济发展格局展望. 中共中央党校（国家行政学院）学报，2021（4）：77-87.

［41］孙久文，蒋治. 粤港澳大湾区产业结构与国际竞争力水平研究. 特区实践与理论，2019（2）：74-77.

［42］孙久文，卢怡贤，易淑昶. 高质量发展理念下的京津冀产业协同研究. 北京行政学院学报，2020（6）：20-29.

［43］孙久文，宋准. 双循环背景下都市圈建设的理论与实践探索. 中山大学学报（社会科学版），2021，61（3）：179-188.

［44］孙久文，苏玺鉴. 我国城市规模结构的空间特征分析："一市独大"的空间特征、效率损失及化解思路. 西安交通大学学报（社会科学版），2021，41（3）：9-17，24.

［45］孙久文，孙翔宇. 培育经济带：重塑当代中国区域发展战略. 河北学刊，2017，37（2）：114-120.

［46］孙久文，易淑昶，傅娟. 提升我国城市群和中心城市承载力与资源配置能力研究. 天津社会科学，2021（2）：102-109.

［47］孙久文，张皓. 新发展格局下中国区域差距演变与协调发展研究. 经济学家，2021（7）：63-72.

［48］孙久文，张静. 长江经济带发展的时空演变与发展建议. 政治经济学评论，2019，10（1）：151-171.

［49］孙久文，张泽邦. 面向高质量发展的城市群治理. 前线，2019（10）：60-63.

［50］孙久文."十四五"规划与新时代区域经济发展. 中国经济报告，2021（3）：98-104.

[51] 孙久文. 论新时代区域协调发展战略的发展与创新. 国家行政学院学报，2018，115（4）：109-114，151.

[52] 孙久文. 区域经济前沿. 北京：中国人民大学出版社，2020.

[53] 孙久文. 新时代长三角高质量一体化发展的战略构想. 人民论坛，2021（11）：60-63.

[54] 孙铁山，席强敏. 京津冀制造业区域协同发展特征与策略. 河北学刊，2021，41（1）：165-172.

[55] 覃成林，柴庆元. 交通网络建设与粤港澳大湾区一体化发展. 中国软科学，2018（7）：71-79.

[56] 王京生. 粤港澳大湾区创新报告发布.（2019-12-24）[2021-11-24]. http://www. gov. cn/xinwen/2019-12/24/content_5463729. htm.

[57] 王晓娟，曹敏. 长江经济带交通运输业发展报告（2019—2020）.（2021-01-12）[2021-11-24]. https://www. pishu. com. cn/skwx_ps/literature/6347/12299461. html？zas_rct=852f56bbe810a25ff5b71dc8281c4c341962b75f&zas_loginURL=https://www. pishu. com. cn/skwx_ps/ssologin.

[58] 王亚飞，郭锐，樊杰. 国土空间结构演变解析与主体功能区格局优化思路. 中国科学院院刊，2020，35（7）：855-866.

[59] 席强敏，孙瑜康. 京津冀服务业空间分布特征与优化对策研究. 河北学刊，2016，36（1）：137-143.

[60] 熊娜，郑军，汪发元. 长三角区域交通高质量一体化发展水平评估. 改革，2019（7）：141-149.

[61] 徐宁. 长三角产业创新发展报告：基础与现状.（2020-12-11）[2021-11-24]. https://xw. qq. com/amphtml/20201211a04f8i00.

［62］许汇文，黄汉权．新时期中国战略腹地中等城市产业发展困境、机遇与对策．宏观经济研究，2019（1）：77-84．

［63］许宪春，雷泽坤，窦园园，等．中国南北平衡发展差距研究：基于"中国平衡发展指数"的综合分析．中国工业经济，2021（2）：5-22．

［64］闫昊生，孙久文．京津冀协同发展的理论解释：基于"新"新经济地理学的视角．经济与管理研究，2018，39（1）：57-67．

［65］于迎，唐亚林．长三角区域公共服务一体化的实践探索与创新模式建构．改革，2018（12）：92-102．

［66］岳文泽，王田雨．构建高质量的国土空间布局.（2021-02-04）［2021-11-23］. https：//m. gmw. cn/baijia/2021-02/04/34597414. html．

［67］张金良．黄河—西北生态经济带建设的水战略思考．人民黄河，2019（1）：37-40．

［68］张可云，王洋志，孙鹏，等．西部地区南北经济分化的演化过程、成因与影响因素．经济学家，2021（3）：52-62．

［69］张可云．新时代的中国区域经济新常态与区域协调发展．国家行政学院学报，2018（3）：102-108．

［70］张廉，段庆林，王林伶．黄河流域生态保护和高质量发展报告（2020）．北京：社会科学文献出版社，2020．

［71］张梅青，左迎年．首都圈经济一体化发展进程研究．北京交通大学学报（社会科学版），2013，12（1）：15-22．

［72］张秋凤，牟绍波．新发展格局下中国五大城市群创新发展战略研究．区域经济评论，2021（2）：97-105．

［73］张晓杰．长三角基本公共服务一体化：逻辑、目标与推进路径．

经济体制改革，2021（1）：56－62.

[74] 张新民，张晓旭．以完善县乡公共设施和公共服务建设促进消费．中国经济评论，2021（3）：42－44.

[75] 张学良，李丽霞．长三角区域产业一体化发展的困境摆脱．改革，2018（12）：72－82.

[76] 长三角与长江经济带研究中心．长江经济带发展报告（2019—2020）.（2020-12-23）［2021-11-24］. https：//cyrdebr. sass. org. cn/2020/1223/c5775a100921/page. htm.

[77] 长三角与长江经济带研究中心．长江经济带生态发展报告（2019—2020）.（2020-12-23）［2021-11-24］. https：//cyrdebr. sass. org. cn/2020/1223/c5775a100923/page. htm.

[78] 中国发展研究基金会课题组．中国城市群一体化报告.（2019-03-18）［2021-12-25］. http：//www. cdrf. org. cn/jjhdt/4898. htm.

[79] 中国科学技术发展战略研究院．中国区域科技创新评价报告2020. 北京：科学技术文献出版社，2020.

[80] 雄安新区建设取得重大进展.（2021-01-29）［2021-11-24］. https：//baijiahao. baidu. com/s? id ＝ 16902179838190065234&. wfr ＝ spider&. for＝pc.

[81] 周民良．经济重心、区域差距与协调发展．中国社会科学，2000（2）：42－53，206.

后 记

《新型城镇化与区域协调发展》一书，是中国人民大学"中国式现代化研究丛书"中的一本专著。这本书的写作，旨在全面阐述我国新型城镇化与区域协调发展的基本情况，分析我国在"十四五"期间城市与区域的相关政策，以加深读者对于中国经济活动空间分布的印象，进而研究我国区域与城市现代化的基本趋势。

本书由孙久文教授负责框架设计，由孙久文、席强敏、易淑昶等共同撰写完成。具体分工是：第一章，孙久文；第二章，易淑昶；第三章，席强敏、冯晟；第四章，席强敏、冯晟；第五章，席强敏、张杰彬；第六章，易淑昶、张倩、高宇杰；第七章，孙久文、张皓。本书在撰写过程中，收集整理了大量的资料、文献和数据，在修订过程中，孙久文对全书进行了整理与更新，并进行了统稿。

书中引用的学者观点和有关数据，我们都一一进行了注释，或者在全书的后面列出了参考文献。对于由于作者的疏漏而未加注释的，敬请见谅。另外，书中难免有纰漏、缺陷和不妥之处，敬请广大读者批评指正。

孙久文

中国人民大学应用经济学院教授

2021 年 12 月 20 日

图书在版编目（CIP）数据

新型城镇化与区域协调发展/孙久文，席强敏，易
淑昶著. -- 北京：中国人民大学出版社，2023.1
（中国式现代化研究丛书/张东刚，刘伟总主编）
ISBN 978-7-300-31050-3

Ⅰ.①新… Ⅱ.①孙… ②席… ③易… Ⅲ.①城市化
-研究-中国 ②区域经济发展-协调发展-研究-中国
Ⅳ.①F299.21 ②F127

中国版本图书馆 CIP 数据核字（2022）第 176655 号

中国式现代化研究丛书
张东刚　刘　伟　总主编
新型城镇化与区域协调发展
孙久文　席强敏　易淑昶　著
Xinxing Chengzhenhua yu Quyu Xietiao Fazhan

出版发行	中国人民大学出版社		
社　　址	北京中关村大街 31 号	邮政编码	100080
电　　话	010 - 62511242（总编室）	010 - 62511770（质管部）	
	010 - 82501766（邮购部）	010 - 62514148（门市部）	
	010 - 62515195（发行公司）	010 - 62515275（盗版举报）	
网　　址	http://www.crup.com.cn		
经　　销	新华书店		
印　　刷	涿州市星河印刷有限公司		
开　　本	720 mm×1000 mm　1/16	版　　次	2023 年 1 月第 1 版
印　　张	18.75 插页 2	印　　次	2023 年 12 月第 3 次印刷
字　　数	218 000	定　　价	65.00 元

版权所有　侵权必究　印装差错　负责调换